INNSBRUCKER GEOGRAPHISCHE STUDIEN

iGS

Herausgeber: A. Borsdorf, G. Patzelt und J. Stötter
Schriftleitung W. Keller

Band 29

Christine Vogt

Guatemalas verbotene Ressourcen

eine handlungstheoretische Untersuchung

D1702546

Selbstverlag
des Instituts für Geographie der Universität Innsbruck
1999

Der Druck wurde durch Zuschüsse folgender Stellen gefördert:

Universität Innsbruck

1999, Institut für Geographie der Universität Innsbruck

Gesamtherstellung: Druck- und Verlagshaus Thaur GmbH

ISBN 3-901182-29-2

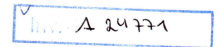

Inhaltsverzeichnis

Tabellenverzeichnis

Abbildungsverzeichnis

Kartenverzeichnis

Vorbemerkung

Wenn der gegenwärtige Zeitabschnitt als postmoderner definiert werden soll, dann muß dies im Sinne der Ent-täuschung über die Werte vorheriger Epochen und der Absage an ein eurozentristisches Weltbild verstanden werden. Die Gleichzeitigkeit von Perspektiven, Bewertungen, Strategien und Kulturen birgt einerseits eine Möglichkeit, den alten Dogmen zu entkommen, andererseits die Gefahr der Abwesenheit von Werten, die das Zusammenleben von Menschen in Regeln fassen und die Ausprägung von Gewalt verhinden können. Im zentraleuropäischen Kulturraum hat mit dem Verlust des Glaubens an die heilsgeschichtliche Einbindung des Menschen in ein übergreifendes Ordnungsgefüge die Hoffnung auf einen vernunftbegabten Menschen eingesetzt, der sich seine Ordnung nach rationalen Prinzipien selbst erstellt. „Ich denke, also bin ich." Diese Perspektive eines autonomen, selbstbestimmten Wesens ist gesellschaftsfeindlich in der Hinsicht, daß nur das Ego kontrolliert, was geschehen soll. Akteure in Machtpositionen verursachen Kriege und belegen, daß die Vernunftbegabung nicht ausreicht, um den Schrecken des dunklen Mittelalters zu entrinnen. Der ethische Bezugsrahmen aufklärerischen Denkens wird durch das Erlebnis von Gewalt und Mord konterkariert. Anscheinend ist die rationale Freiheit des postmodernen Menschen auch die Freiheit zur Gewalt und menschliches Handeln führt damit zur Gleichzeitigkeit von Kriegen, Hunger, Ausbeutung, Solidarität, Nächstenliebe, Verantwortung und aller Varianten zwischen diesen Koordinaten. Die Gegenwart aus europäischer Sicht ist auch ein Zeitalter der immer schnelleren Überwindung räumlicher Distanzen und einer umfassenden Technifizierung fast aller Lebensbereiche. Das technisch Mögliche scheint Selbstzweck zu sein und bedroht das Leben künftiger und gegenwärtiger Generationen durch einen ungebremsten Verbrauch der natürlichen Ressourcen.

Es scheint daher notwenig zu sein, die menschliche Gewalt zu zügeln. Dies wird nicht durch einen Rückzug in die Kleinheit überschaubarer Lebensgemeinschaften ermöglicht werden, sondern durch die Annahme je allgemeiner Werte in den unterschiedlichen gesellschaftlichen Systemen und den persönlichen Einsatz für diese. Stellungnahme und Einsatzbereitschaft sind die Instrumente, die zur Verfügung jedes Akteurs stehen. Die so häufig anzutreffende, elegante Position des zurückgezogenen Intellektuellen in der Nische seiner Gedanken ist demgegenüber unerträglich.

In den drei Jahren, die ich in Guatemala verbracht habe, bot mir meine Arbeit Gelegenheit, mich mit anderen Perspektiven auf das Leben auseinanderzusetzen. Davon in den folgenden Kapiteln mehr. Außerdem lernte ich Teile einer Kultur kennen, die in vielerlei Hinsicht pragmatischer auf die täglichen Probleme reagiert, als ich es aus dem europäischen Kontext kenne. Auf jenem Kontinent ist wenig Platz für Diskussionen, wenn man sich im alltäglichen Überlebenskampf zurechtfinden muß. Bevor ich mit Daten und Analysen diese Wirklichkeit nachzuzeichnen versuche, möchte ich meiner Familie, meinen Freunden und Kollegen für ihre Unterstützung danken. Ohne Pepe Balderrama, Martin Benz, Fridolin Birk, Roger Brenner, „die Cammerlanders", Edgar Castillo, Margarita Chojolán, Enrique Crisóstomo, Martina Düvel, Nicy Ernst, Frisly Escobar, Victor Ferrigno, Christian Georges, Raúl Izas, Elisabeth Krempp, Gertrud Krömer, Judith Landes, Emmi und Eva Lehner-Ritt, Fernando López, Hajo Löwer, Sabine Malecek, Gildardo Martínez, Gerti Meißl, die Familie Méndez, Uwe Meyer-Burow, Christine und Herrmann Moosbrugger, Otto Mora, Fernando Morales-De la Cruz, Helmut und Ulrike Müller-Glodde, Carlos Pascual, Uriel Pérez, Ines Rummel, Wolf-Dietrich Sahr, Rudi Sailer, Gerhard Schöffthaler, Detlev Thiel, Gustavo Tigüila und Raquel Yrigoyen wäre diese Arbeit, und so vieles andere, nicht zustande gekommen. Dank für die Zeit und Offenheit von Prof. Dr. Peter Weichhart, die institutionelle Unterstützung der FES Guatemala, von PROFOCO/GTZ Quetzaltenango, CECI Barrillas und der TIAS-Gesellschaft Nürnberg. Unersetzlich war die Hilfe meiner wissenschaftlichen Betreuer, Prof. Dr. Axel Borsdorf und Univ.Doz. DDr. Wolfgang Dietrich, für deren fachliche und persönliche Anteilnahme ich mich ebenfalls herzlich bedanke.

Innsbruck, September 1998   Christine Vogt

1. Forschung, Menschen und Interessen. Zu den Grundlagen dieser Arbeit

Ziel und Anliegen dieses Kapitels ist, die Vorstellungen, auf denen die weiteren Kapitel aufbauen, darzulegen. Der zentrale Punkt ist dabei das Verständnis von Wirtschaft als ein System, das durch den handelnden Menschen konstituiert und strukturiert wird und damit prinzipiell auch veränderbar ist. Ebenso hängt die Gestaltung des Wirtschaftsraumes von der Dichotomie von Struktur und Handeln ab. Der konkrete Raumausschnitt, auf den sich die empirischen Studien beziehen, das Land Guatemala, wird durch seine politischen Grenzen definiert. Diese sind nicht als willkürliche Setzung, sondern vor allem aufgrund der staatlichen Ausdehnung von strukturellen Einflußgrößen wie Handels- und Zollbestimmungen, Währung, Inflation und Verschuldung, politischem System und militärischem Einflußbereich zu verstehen. Die engagierte Stellungnahme am Ende der Arbeit beruht auf einem optimistischen Menschenbild.

1.1 Das Untersuchungsinteresse

Seit den achtziger Jahren findet die handlungstheoretische Diskussion Eingang in humangeographische Fragestellungen. Im Bereich der Wirtschaftsgeographie sind diese neuen Ansätze bisher wenig konstruktiv verarbeitet worden und letztlich bleibt diese auf dem Stand der traditionellen standortorientierten Vorstellungen und Modelle. Diese bieten nicht nur im Zusammenhang der zunehmenden wirtschaftlichen Globalisierung keinen umfassenden Erklärungshorizont mehr an, sondern sie vernachlässigen auch einen entscheidenden Faktor im Wirtschaftsleben: den handelnden Menschen. Ressourcen, Infrastruktur und Finanzkapital sind wichtige Bedingungen zur Ausbildung von Wirtschaftsräumen, die Präsenz eines Akteurs aber ist die entscheidende. Daher wird in dieser Arbeit versucht, in einem konkreten räumlichen Ausschnitt die Interdependenz sozialer und räumlicher Strukturen und menschlichem Handeln zu beschreiben und zu erklären. Als methodologischer Leitfaden dient eine geographisch ausgerichtete Weiterentwicklung der handlungstheoretischen Überlegungen von *Anthony Giddens*, der ein Modell zur gegenseitigen Bedingtheit individuellen Handelns und gesellschaftlicher Struktur entwickelt hat.

Aber nicht allein die Analyse des wirtschaftlichen Handelns von Menschen und die damit verbundenen räumlichen Strukturen sind für diese Arbeit von Interesse, sondern auch die Frage, woran sich zukünftiges Handeln zur Verbesserung der Lebensumstände benachteiligter Gruppen orientieren könnte. Die empirischen und theoretischen Ergebnisse der Untersuchung werden daher als Koordinaten für die Entwicklung von Handlungsperspektiven verstanden. Dies bedeutet den Versuch, die Grenzen der universitären Geographie zu überwinden, gerade weil die meisten humangeographischen Analysen vorwiegend in den institutionellen Räumen und von Personen diskutiert werden, die diese Themen letztlich nicht betrifft. Die Entwicklungsexperten der internationalen Zusammenarbeit sind nicht immer Teil dieser Diskussion und zudem den politischen Interessen ihres Dienstherren verpflichtet. Forschung und Menschen, Objekte, Erkenntnis und Handlung sollten aber Gegenstand eines Kommunikationsprozesses sein, der aus dem Zusammenspiel aller betroffenen Akteure heraus gestaltet wird, in den Bereichen der Wissenschaft, des Alltagslebens und der Politik. Teil des handlungstheoretischen Ansatzes dieser Arbeit ist daher, Sinn und Anwendbarkeit der Forschungsergebnisse zu reflektieren.

1.2 Der Untersuchungsgegenstand

Der regionale Bezug, die Auswahl „Guatemalas" als Rahmen für die vorliegende Untersuchung, war zunächst eher zufällig. Im Verlauf der Untersuchungen in diesem Land wurde aber deutlich, daß dessen Charakteristika, wie die überschaubare räumliche Ausdehnung, die naturräumliche Ausstattung, die Geschichte, die Stellung im Weltmarkt und die politische Situation auch zu regional übergreifenden Fragestellungen führen. Darüberhinaus waren auch persönliche Kontakte, die eine besondere Forschungstiefe ermöglichten, von großer Bedeutung. Bestimmte Wechselwirkungen zwischen dem materiellen Umfeld, individuellem Handeln und gesellschaftlicher Struktur konnten daher relativ detailliert nachvollzogen werden. Die soziale und materielle Ausstattung in unterschiedlich definierten Raumausschnitten, die im folgenden beschrieben wird, soll in den folgenden Kapiteln auch als Bedingung, Ursache bzw. Folge von Handlungen thematisiert werden. Zentrale Fragen werden dabei sein, welche wirtschaftlichen Aktivitäten innerhalb dieses Handlungsrahmens stattfinden (können), ob und wie die materielle und soziale Struktur in diesen Ausschnitten verändert wird, in wessen Interesse dies geschieht und wie dies auf die dort lebenden Menschen wirkt.

1.2.1 Gesellschaftliche Diversität

Guatemala in seinen heutigen nationalstaatlichen Grenzen umfaßt eine Vielfalt an Natur- und Kulturräumen. Seine gesellschaftliche Diversität wird zumeist durch die Gegenüberstellung zweier Bevölkerungsgruppen, der mestizischen *ladinos* und der indianischen *indígenas* ausgedrückt. Diese Sichtweise impliziert eine scheinbare Homogenität innerhalb der beiden Gruppen, die irreführend ist. Nicht nur die 22 verschiedenen Maya-Sprachen, sondern auch die unendlichen Möglichkeiten der Adaptation oder der Ablehnung der anderen, der *ladino*-Kultur, differenzieren die indianische Bevölkerungsmehrheit intern. Andererseits kann die mestizische Gesellschaft für sich kein durchgängiges Selbstverständnis formulieren. Die Imitation erst europäischer und heute nordamerikanischer Lebensstile, die Verdrängung des halben indianischen Erbes und der ökonomische Überlebenskampf charakterisieren eine Gruppe, die keine ist, sondern nur kraft Bezeichnung zusammengehalten wird.

Quer zu den ethnischen Zugehörigkeiten verläuft das Bekenntnis zu einer Religionsgemeinschaft. Das Vordringen charismatischer Glaubensgemeinschaften nordamerikanischen Ursprungs, das während der Militärdiktatur *Ríos Montts* bewußt gefördert wurde, spaltet inzwischen dörfliche und städtische Gemeinschaften in vielfältige Gruppierungen, die teilweise so blumige Namen tragen wie „Kirche der allein gültigen Bibelauslegung bekennender Geschäftsleute". Außer den Glaubensgegensätzen zwischen protestantischen Sekten, denen inzwischen etwa 30 Prozent der Bevölkerung angehören (*Prensa Libre* v. 18.05.1997 :3) und einem mit Maya-Elementen verwobenen Katholizismus, gibt es starke politische Spannungen in Stadt und Land. Im Vorfeld von Wahlen kommt es häufig zu gewaltsamen Auseinandersetzungen, bei denen die Zugangsberechtigung zu den Finanztöpfen der Gemeinde im ländlichen Raum mit Macheten, Fäusten und Revolvern, im städtischen Bereich durch gezielte Verleumdung und Korruption ausgetragen wird. Diese Konflikte wirken auf der persönlichen Ebene auch nach vollzogener Wahl und Wahlbetrug weiter, da nicht Parteiprogramme, sondern Machtpositionen den Kern der Auseinandersetzung bilden. Landstreitigkeiten zwischen *indígena*-Gemeinden können tödlich enden, wie in *Totonicapán*, wo Nachbarn mit Macheten, Steinen, Feuerwerkskörpern und Schußwaffen aufeinander trafen und zehn Tote zurückließen (*Tax/Sáenz* 1997 :2).

Die Bereitschaft zur Gewaltausübung, die sich in allen Bereichen des Alltagslebens zeigt, kann als eine Folge des 36-jährigen Bürgerkrieges verstanden werden. Die Bruchlinien verlaufen innerhalb der dörflichen und städtischen Gemeinden, selbst der Familien, und die ethnische Zugehörigkeit ist nicht notwendigerweise ein verbindender Faktor. Dieser Eindruck der Zersplitterung, Instabilität und Vieldeutigkeit der gesellschaftlichen Beziehungen ist vielleicht die einzige Konstante, die zur Beschreibung der gegenwärtigen Situation alltäglichen Lebens in Guatemala herangezogen werden kann.

Vor diesem Hintergrund fällt es schwer, z.B. „traditionelle Siedlungsgebiete" kartographisch auszuweisen oder überhaupt mit den Etiketten Land-Stadt-Bevölkerung und der jeweiligen Prozentzahl umzugehen. Vereinfachend wird etwas mehr als die Hälfte der Gesamtbevölkerung Guatemalas von 11 Millionen (*Crónica* 1997 :15) unter dem Oberbegriff der indianischen Bevölkerung zusammengefaßt. Die kulturelle Diversität und die zentralen Siedlungsgebiete illustriert Karte 1 unter Rückgriff auf die linguistischen Räume.

1.2.2 Politische Differenzierung

Die offizielle Staatsform Guatemalas ist die Präsidialrepublik mit demokratischer Gewaltenteilung zwischen Abgeordnetenhaus, Verfassungsgericht und Regierung. Die tatsächliche politische Macht liegt, gerade in den letzten Jahren zunehmend, bei einem informellen Netzwerk von Politikern, Militärs, Drogenhändlern und Großunternehmern. Die verwaltungstechnische Unterteilung des Landes orientiert sich an Bezirken und den 1993 definierten überregionalen Planungsregionen (Karte 2), die teilweise quer zu den naturräumlichen Einheiten und vorherrschenden Landnutzungsformen verlaufen (Karte 3).

1.2.3 Kulturräumliche Differenzierung und Ressourcen

Die kulturräumliche Differenzierung baut auf den vorherrschenden Landnutzungsformen auf, und wird unter Rückbezug auf klimatische, geologische und siedlungsgeschichtliche Faktoren erläutert. Karte 3 zeigt eine zonale Gliederung der wichtigsten Kulturräume.

Plantagenregionen im Süden: Costa del Sur und Boca Costa:

Die *Costa del Sur* umfaßt den Bereich der heißen, semiariden Tieflandzone, der *tierra caliente*, die im Süden durch den Pazifik und im Norden durch die Hänge der Vulkankordillere begrenzt wird. Den Untergrund bilden ausnahmslos quartäre Alluvialablagerungen, die durch Flußläufe durchschnitten werden, wobei sich das Relief zur Küste hin verebnet. Im nördlichen Bereich der *Costa del Sur,* zwischen 300 bis 500 m über dem Meeresspiegel, läuft die Vulkankordillere in einer hügeligen Landschaft aus. Nur in den Mündungsbereichen der großen Flüsse sind noch einzelne Landschaften mit der natürlichen Vegetationsbedeckung des Mangrovenwaldes zu finden, die im Westen durch ein Naturreservat geschützt werden. Der nördliche Abschnitt wird ausnahmslos von Großbetrieben mit Zuckerrohrplantagen und Rinderweidewirtschaft genutzt. Im Süden überwiegen wegen des geringeren Wasserangebots extensivere Formen der Weidewirtschaft, Sesam- und Maisanbau. Aufgrund des internationalen Preisverfalls für Baumwolle in den letzten 15 Jahren wird diese kaum noch produziert.

Die *Boca Costa* ist die Plantagenzone der semihumiden *tierra templada*, in der zwischen 500 und 1700 m ü.nN Kaffee vorwiegend von Großbetrieben produziert wird. In den unteren Lagen werden die Kaffeekulturen von Kakao- und Kautschukanpflanzungen durchsetzt, in den oberen Grenzbereichen gehen diese in die natürliche Vegetation des Bergnebelwaldes über. Aufgrund des regionalen Zirkulationssystems kommt es zu Staungsregen an den Vulkanhängen, die auf einer Distanz von 25 km Luftlinie um ca. 3000 Höhenmeter ansteigen. Die abnehmende Höhe der Vulkankette begrenzt die ökologischen Möglichkeiten des Kaffeeanbaus nach Osten, wo die *Boca Costa* an die östliche Zentralregion Guatemalas grenzt und der Kaffee nur noch vereinzelt in Kleinbetrieben produziert wird.

Überweidung, Erosion, Bodenverdichtung und Vergiftung von Böden und Gewässern durch überhöhten Einsatz von Pestiziden und Dünger sind die ökologischen Probleme der Plantagenwirtschaft. In sozialer Hinsicht schließen die kolonial gewachsenen Landbesitzstrukturen die regionale Bevölkerung von der Bewirtschaftung des Großteils der agrarisch nutzbaren Landschaften aus.

Die Zentralregionen: Westliches Hochland, Metropolitanregion und Östliches Bergland:

Nördlich der *Boca Costa* schließt das *Westliche Hochland* oder *Altiplano* an, das sich nach Osten und Norden bis zur Grenze zwischen *tierra fría* und *tierra templada* erstreckt. Das Hochland schließt auch Bereiche der *tierra helada* im Gebiet der Vulkankordillere und den Höhenlagen des Gebirgszugs der *Cuchumatanes* ein. Landwirtschaft wird in diesen Extremlagen nur extensiv betrieben, als Maisanbau und Schaf- und Ziegenzucht bäuerlicher Familienwirtschaften.

Der übrige Bereich des Hochlandes gehört zur *tierra fría*, bei semiaridem Klima mit ausgeprägter Trockenzeit zwischen Oktober und April. Dieses agrarisch intensiv genutzte Gebiet wird fast ausschließlich von kleinbäuerlichen Betrieben mit traditionellen Anbautechniken bewirtschaftet. In der fünf- bis sechsmonatigen Regenzeitperiode werden Mais, Bohnen und Kürbisse im traditionellen *Milpa*-System für die Eigenversorgung und vorwiegend Weizen und Kartoffeln als *cash crop* produziert.

Das intramontane Becken um *Quetzaltenango* und Talverebnungen bei *Almolonga*, *Zunil* und *Cantel* erlauben intensive Formen des Gemüseanbaus mit Bewässerungssystemen auf den ansonsten gering fruchtbaren Andosolen. Eine weitere Ausnahme ist die Caldera des *Atitlán*-Sees, wo an den steilen Abhängen im Klimabereich der *tierra templada* im Terrassenbau Gemüse produziert wird.

Orographisch ist das Hochland in zwei Höhenzüge differenziert, die durch die *Quiché*-Depression, die westliche Verlängerung der Bruchlinie des *Motagua*-und *Polochic*-Tales, voneinander getrennt werden. Der südliche Teil des *Altiplano* wird von tertiärem, vulkanischem Gestein und Sedimenten aufgebaut und gehört zur Karibischen Platte, unter die sich von der Pazifikseite die Cocos-Platte schiebt. Dieses Gebiet liegt zwischen 2500 und 3500 m ü.nN und ist durch tektonische Bruchlinien und eine intensive Erosion in den weichen Vulkansedimenten stark zerschnitten. In der Nähe von aktiven Vulkanen sind mehrere Möglichkeiten zur Gewinnung geothermischer Energie ausgemacht worden (*Salazar* 1995 : 125) (*Zunil*, *Amatitlán*, *San Marcos, Tecamburro*).

Die Bruchstufe zwischen dem südlichen und dem nördlichen Bereich des *Altiplano* trennt geologisch gesehen die karibische von der nordamerikanischen Platte, wobei paläozoische metamorphe Gesteine, (vorwiegend Gneise) an die Oberfläche treten und einen unfruchtbaren, von offenen Kiefernwäldern bestandenen Landstrich prägen, der eine ausgeprägte Abstufung nach Norden bis auf 1850 m ü.nN hinunter bildet.

Nördlich von *Huehuetenango*, entlang der tektonischen Bruchlinie, die sich ins *Polochic*-Tal verlängert, steigt der Höhenzug des Rumpfgebirges der *Cuchumatanes* auf bis zu 3600 m ü.nN an. In geschützteren Lagen dieses Gebirgszugs wird ebenfalls kleinbäuerliche Landwirtschaft betrieben, wobei die agrarische Tragfähigkeit der Böden unter der des südlichen Bereichs des *Altiplano* liegt, da hier einerseits mineralische Elemente aus dem tertiären und quartären Vulkanismus fehlen und andererseits die Höhenbereiche der *Cuchumatanes* im Regenschatten des Passatsystems liegen, das an der nördlichen Abdachung für Steigungsniederschlag sorgt. Die Hochlandbereiche der Bezirke *Quiché* und *Huehuetenango* sind von der militärischen Repression des Bürgerkrieges besonders getroffen worden, weshalb diese Bereiche heute neben der naturräumlichen Ungunst zu den am geringsten mit Infrastruktureinrichtungen ausgestatteten Regionen Guatemalas gehören. Wirtschaftliche Alternativen außerhalb der kleinbäuerlichen Familienwirtschaft, die Subsistenzlandwirtschaft mit Handwerks- und Handelstätigkeiten im Kleingewerbebereich kombiniert, gibt es in dieser Region kaum. An der nordwestlichen Abdachung der Cuchumatanes schließt sich ein Gebiet an, das klimatisch im Bereich der *tierra templada* liegt und aufgrund von Steigungsregen zum Kaffeanbau geeignet ist. Aufgrund der ungünstigen Verkehrslage finden sich hier allerdings nur kleinbäuerliche Betriebe.

Die *Metropolitanregion* um Guatemala-Stadt bildet einen wirtschaftlichen Knotenpunkt mit hoher Bevölkerungsdichte und dem Hauptteil der Industrie- und Dienstleistungsbetriebe des Landes. Auf den ausgedehnten Talflächen westlich von Guatemala-Stadt wird im Bewässerungsfeldbau im Klima der *tierra templada* Gemüse für den Inlandsbedarf und Export angebaut. Lohnveredelungsbetriebe haben sich hier und im Süden der Hauptstadt angesiedelt und der Pendlereinzugsbereich reicht von *Chimaltenango* im Westen über *Palín* im Süden und *San José Pinula* im Osten bis zu Satellitensiedlungen an der Überlandstraße zur Karibik. *Antigua*, die koloniale Hauptstadt, die durch einem Vulkanausbruch zerstört und als Verwaltungshauptsitz aufgegeben wurde, ist touristisches Ziel für Hauptstädter und Ausländer.

Die Infrastruktureinrichtungen der Hauptstadtregion sind im Vergleich zum Inland sehr gut und Wirtschaftsunternehmungen nutzen die vorhandenen Agglomerationsvorteile. Aufgrund der Land-Stadt-Migration siedeln sich immer mehr Personen in marginalen Wohnvierteln in den Schluchten oder Randzonen der Stadt an. In Guatemala-Stadt leben heute 2,4 Millionen Menschen (*Crónica* 1997 :16), ein Fünftel der Gesamtbevölkerung des Landes.

Das Stadtgebiet (Vgl. Karte 10) ist in seiner Flächenausdehnung begrenzt durch Schluchten, die entlang tektonischer Störungslinien verlaufen, und den Untergrund aus quartären Vulkanaschen und -sanden zerschneiden. Der Transportverkehr stockt auf zwei Achsen, die die Stadt in WO- und NS-Richtung durchziehen, der *Panamericana* (CA 1) und der *Transatlantica* (CA 9). Die städtische Müllhalde liegt in einer Schlucht nahe am Stadtzentrum und verteilt bei dauerndem Schwelbrand giftige Gase. Das öffentliche Nahverkehrssystem bricht regelmäßig zusammen. Kanalisation, Wasser- und Stromversorgung sind Dienstleistungen, die nur in bestimmten Stadtvierteln funktionieren. In den südlich gelegenen *Amatitlán*-See werden die ungeklärten Abwässer aus Guatemala-Stadt eingeleitet.

Das *Östliche Bergland* senkt sich zur Grenze nach *El Salvador* im Osten und dem *Motagua*-Tal im Norden auf Höhen bis um 300 m ü.nN ab. In semiaridem Klima und den tieferen Lagen bilden sich Savannenlandschaften aus, die gering besiedelt sind. Die landwirtschaftliche Nutzung besteht aus einer Mischform von Großbetrieben mit extensiver Tierhaltung, bzw. kleinbäuerlichen Tabak, Kaffee- und Obstanbau in Flußtälern. Kalk- und Gipsvorkommen und die Waldressourcen in den Bergzügen um das *Motagua*-Tal und an der Grenze zu *Honduras* und *El Salvador* werden industriell ausgebeutet. Den Untergrund bilden leicht saure, tertiäre Vulkangesteine und -sedimente.

Motagua-Tal, Polochic-Tal und Verapaz-Hochland:

Das *Motagua*-Tal im Bereich der *tierra caliente* eröffnet entlang einer tektonischen Bruchlinie die Hauptverkehrsachse zwischen Zentralregion und Karibik, und verbreitert sich nach Nordosten in eine Talebene, die durch Bananenplantagen und Rinderweidewirtschaft in Großgrundbesitz genutzt wird. Westlich geht es in die *Quiché*-Depression über. Nördlich wird es durch die *Sierra de Chuacus*, die *Sierra de las Minas* und die *Montañas del Mico* begrenzt, Höhenzüge zwischen den Bruchlinien des *Motagua*- und *Polochic*-Tals. Erstere werden aus paläozoischen metamorphen Gesteinen aufgebaut, die Nickelvorkommen aufweisen. Momentan werden vornehmlich Gips und Kalk aus benachbarten Kreideschichten zur Zementherstellung bei *El Progreso* gewonnen und die *Sierra* als Holzlieferant genutzt. Im Südwesten geht das *Polochic*-Tal in Höhenzüge aus paläozoischen, metamorphen Gesteinen mit einer Dornsavannenlandschaft über, im Südosten schließen sich einzelne Kaffee- und Tabakplantagen an. In den Talauen des Motagua-Flusses liegen Fruchtplantagen (Mango, Melonen, Bananen) und Rinderfarmen. Die tektonisch bedingten Talebenen von *Zacapa* und *Chiquimula* ermöglichen die Verkehrsverbindung nach *El Salvador* und *Honduras*.

Nördlich der Klimascheide der *Sierra de Chuacus* und *Sierrra de las Minas* schließt sich das *Verapaz*-Hochland an, das nördlich von *Salamá* oberhalb 1700 m ü.nN mit ausgedehnten Flächen natürlicher Bergnebelwaldvegetation bedeckt ist und sich nach Norden und Osten abdacht. In den Lagen der *tierra templada* im Gebiet von *Cobán* liegen es ebenfalls ausgedehnte Kaffeeplantagen, die sich in das angrenzende *Polochic*-Tal fortsetzen. Dieses Tal öffnet sich zum *Lago de Izabal*, und war die ehemalige Verkehrsader für die Kaffeetransporte nach Europa für die deutschen Unternehmer in den *Verapaz*-Gebieten. Heute wird die Tiefebene um den *Izabal*-See durch extensive Rinderweidewirtschaft in Großbetrieben genutzt. Die Bruchlinie des *Polochic*-Tals grenzt auch geologische Einheiten voneinander ab, da nördlich dieser Linie die Kegelkarstgebiete des *Verapaz* beginnen, die auf marinen, kreidezeitlichen Sedimenten der Nordamerikanischen Platte aufbauen. Der Stausee des *Río Chichoy*, der das größte Wasserkraftwerk Guatemalas speist, wurde im Einzugsbereich dieses beginnenden Karstgebietes angelegt. Die Stromversorgung der hauptstädtischen Industrieregion hängt vollständig von diesem Kraftwerk ab. Mangelnde technische Wartung und das Sinken des Wasserstandes im Stausee sind für rückläufige Stromproduktion (*Statistisches Bundesamt* 1996 :60) und häufige technische Ausfälle verantwortlich.

Nordregion:

Die *Nordregion* gliedert sich in Kegel- und Kuppenkarstgebiete und Sumpfebenen entlang der Flußläufe. Sie weist die geringste Bevölkerungsdichte und Infrastrukturausstattung auf. Das Klima ist das der *tierra caliente*, die potentielle natürliche Vegetation aus tropischem immergrünen und halb-immergrünen Tieflandregenwald fällt vielfach illegalem Holzeinschlag zum Opfer. Gegenwärtig melden internationale Konsortien Interesse an der Ausbeutung vermuteter Erdölfelder an der Grenze nach Mexiko und nördlich des *Lago Petén Itza* an (*Prensa Libre* v. 17.05.1997 :6). Die Nordregion ist ebenfalls für den Tourismus bedeutsam, infrastrukturmäßig gut erschlossen ist allerdings nur *Tikal*, das über den Flughafen in *Flores* und eine Straßenanbindung erreicht werden kann. Mit der Beendigung des Bürgerkrieges ist zu erwarten, daß die Ausbeutung der natürlichen Ressouren der Region an Wald und Bodenschätzen rapide zunehmen wird. Gewalttätige Konflikte zwischen eingesessenen Gummizapfern, den *chicleros*, und Landspekulanten gibt es schon seit Jahren.

Potentiale:

Die vorherrschende Inwertsetzung der unterschiedlichen Regionen Guatemalas spiegelt nur unvollständig die Möglichkeiten der wirtschaftliche Aktivitäten wieder, die der Naturraum und die relative Lage bieten. Im Bereich der Energiegewinnung wäre die Anlage mehrerer kleiner, dezentraler Wasserkraftwerke entlang der Vulkankordillere zur Versorgung des inländischen Strombedarfs zumindest technisch möglich. Private Anlagen auf größeren Kaffeeplantagen existieren bereits seit Jahren, und könnten umliegende Ortschaften ebenfalls versorgen (*Stuhlhofer*, Interview 27.03.1995 m.d.A.). Das hydroelektrische Potential des Landes wird auf 5000 MW geschätzt, das Doppelte des Verbrauches von 1993. Gegenwärtig wird die Hälte der Stromerzeugung über kostenintensive Wärmekraftwerke gedeckt (*Statistisches Bundesamt* 1996 :60-61).

Die vulkanischen Sedimente des Quartärs (Sande und Aschen) und ausgedehnte Schwarzkalkvorkommen in den Kreideschichten am Nordrand der *Cuchumatanes* bieten vielfältige Möglichkeiten im Bereich der Baustoffherstellung. Die vielfältigen klimatischen Räume würden über die Produktion von Gemüsen ebenso wie tropischen Früchten, Medizinalpflanzen, Gewürzen und Blumen erlauben. Engpässe dafür liegen in der Infrastruktur (Bewässerungssysteme, Beförderungsmöglichkeiten), der staatlichen Verwaltung (Exportgenehmigungen), dem Finanzierungs- und Ausbildungssystem.

Die relative Lage Guatemalas als Nachbar Mexikos und damit der Freihandelszone NAFTA weckt im Inland hohe Erwartungen, gegenwärtig ist Guatemala allerdings eher

Anbieter von Billigarbeitskräften, wie die negative Außenhandelsbilanz belegt (Vgl. Kap. 3). Eine Stärkung des produzierenden Gewerbes im Inland ist daher notwendig. Pläne, in Guatemala einen „trockenen Kanal" zwischen Pazifik und Karibik anzulegen, scheitern nach wie vor an der Privatisierung der Eisenbahn, deren Netz stark erneuerungsbedürftig und deren Beförderungsleistung auf dem historischen Tiefstand angelangt ist (*Statistisches Bundesamt* 1996 :76).

Als Tourismusziel ist Guatemala gegenwärtig weniger attraktiv als Mexiko oder Costa Rica, was durch den hohen Kriminalitätsgrad im Land und das qualitativ geringere Infrastruktur- und Serviceangebot bedingt ist. Kulturhistorisch und naturräumlich gesehen bietet das Land auf geringerer Flächenausdehnung allerdings viele touristische Ziele an.

1.2.4 Charakterisierung spezifischer Untersuchungsgebiete: „Region VI"

In Kapitel drei konzentriert sich die Untersuchung auf nationale Wirtschaftsstrukturen und damit auf den gesamten, staatlich definierten Wirtschaftsraum Guatemala. Für die Fallbeispiele in Kapitel vier war eine Auswahl bestimmter Orte allerdings notwendig. Diese gehören zu der Planungsregion VI, die die Bezirke *Quetzaltenango, Retalhuleu, San Marcos, Sololá, Suchitepéquez* und *Totonicapán* umfaßt (Vgl. Karte 2). Diese Verwaltungseinheit verläuft quer zu ethnischen und kulturräumlichen Grenzen (Vgl. Karten 1 und 3) und ermöglicht aufgrund dieser Heterogenität eine Fülle von Beobachtungen und Fragestellungen. Um die Repräsentativität der Beispiele aus Kapitel drei und vier und deren Verarbeitung in Kapitel fünf angemessen einschätzen zu können, folgt ein Überblick über die Besonderheiten der Region VI.

Tab. 1:   Bevölkerungsverteilung in der Region VI (Stand 1992)

	Anteil der Bezirke (%)	Personen/ km²	ländliche Be- völkerung (%)	indianische Be- völkerung (%)	Anzahl von Gemeinden
Guatemala		89	62	43	k.A.
Region VI	100	202	74	65	139
Quetzaltenango	23	294	61	61	24
Retalhuleu	10	133	71	31	9
San Marcos	29	191	87	48	28
Sololá	10	235	64	94	19
Suchitepéquez	15	148	67	56	20
Totonicapán	12	289	85	97	8

Quelle: ASIES (1993 :2)

Die Bevölkerung der Region VI beträgt insgesamt ca. 2,5 Mio Einwohner, die auf 11 Prozent der Fläche des Staates Guatemala, bzw. 12.230 km² leben. Von der Bevölkerung im erwerbsfähigen Alter (30 Prozent der Gesamtbevölkerung) sind 70 Prozent unterbeschäftigt. Die Einkommen verteilen sich auf die Sektoren Landwirtschaft (56 Prozent), Handel (14 Prozent) und Handwerk (12 Prozent). 83 Prozent der Bevölkerung in der Region VI werden als arm, 67 Prozent als extrem arm eingestuft. Die Schulbesuchsquote liegt zwischen 60 und 50 Prozent. (*ASIES* 1993 :2-3). Die Versorgung mit Infrastruktureinrichtungen ist ungenügend.

Tab. 2: Wasser- und Stromversorgung in der Region VI (Stand 1991)
(Hausanschlüsse)

	Wasser (%)		Strom (%)	
	Stadt	Land	Stadt	Land
Region VI	47	14	62	10
Quetzaltenango	45	6	64	10
Retalhuleu	46	14	74	7
San Marcos	60	18	73	11
Sololá	27	20	42	7
Suchitepéquez	41	9	57	10
Totonicapán	44	18	59	13

Quelle: ASIES (1993 :3)

Tab. 3: Bodengüte und -nutzung in der Region VI (Stand 1989)

	Bodeneignung in Prozent der Gesamtfläche	Naturraum	tatsächliche Boden-nutzung in Prozent der Gesamtfläche	Naturraum
Permanente agrarische Nutzung	25	Costa Sur, Boca Costa, Becken v. Quetzaltenango	16 (Kaffee) 12 (Mischkulturen und Wald) 10 (Mais und Bohnen) 4,4 (Zucker)	Boca Costa Altiplano Altiplano Costa Sur
Weiden	6	Costa Sur, Becken v. Quetzaltenango	18	Costa Sur
Waldschutzgebiete	18	Vulkankette der *tierra fría, tierra helada*	14	Vulkankette der *tierra fría, tierra helada*
Forstwirtschaft	49	Altiplano, Nordabfall der Vulkankette	-	-

Quelle: *ASIES* (1993 :7), verändert.

Auf die Region VI entfällt ca. 47 Prozent der nationalen Kaffee- und ca. 24 Prozent der Maisproduktion. 3,4 Prozent der Region teilen sich 52 Prozent aller Produzenten mit Betriebsgrößen zwischen 1 bis 15 *cuerdas* (1 cuerda = 625 km²). 1,1 Prozent der Produzenten nutzen dahingegen 65 Prozent der Region mit Betriebsgrößen ab 45 ha (*ASIES* 1993 :6).

Handwerk und Industrie:

Das traditionelle Handwerk arbeitet vorwiegend mit lokalen Ressourcen und stellt Webereien, Holzarbeiten, Tongeschirr und Lederprodukte her. Regionale Schwerpunkte liegen in Quetzaltenango, Cantel, Totonicapán, Sololá, San Pedro Sacatepéquez, San Marcos. Industrielle Betriebe sind vorwiegend in Quetzaltenango angesiedelt (49 Prozent), unter diesen stechen die Leichtindustrien (Kleidungsherstellung, Großbäckereien), die holzverarbeitenden Betriebe (Sägereien, Tischlereien) und Gerbereien hervor.

Umweltprobleme:

Mülldeponien und Abwässer belasten Grund- und Oberflächenwasser. Lediglich 9 Prozent der städtischen Haushalte sind an die Kanalisation angeschlossen (*ASIES* 1993 :3), Kläranlagen gibt es nicht. Die Choleraepedimie von 1991 und chronische Magen- und Darmkrankheiten vor allem bei Kindern sind einige der Folgen. Die höchsten Verseuchungsgrade weisen der Fluß *Samalá* und der *Lago Atitlán* auf. Auf den intensiv genutzten Flächen der *Costa Sur* hat die übermäßige Anwendung von Pestiziden auf Zucker- und Baumwollfeldern und im Bereich der *Boca Costa* in den Kaffeeplantagen zu Vergiftungserscheinungen bei Arbeitern und ökologischen Schäden in Boden, Wasser und Vegetationsbedeckung geführt. Im Becken von *Quetzaltenango* sind vor allem die intensiven Gemüseanbauzonen um die Orte *Almolonga, Cantel, Zunil* und die Randzonen von *Quetzaltenango* selbst betroffen. Ebenfalls die Kartoffelanbaugebiete zwischen *Palestina de los Altos* und *San Martín Sacatepéquez* weisen hohe Vergiftungsgrade durch die übermäßige Anwendung von Schädlingsvernichtungsmitteln auf, die Lungenschäden, Hautverätzungen und Gehirnhautentzündung hervorrufen (*ASIES* 1993 :8).

Der Vorstoß der Agrargrenze, unkontrollierte Abholzung zur Brennholz- und Industrieholzgewinnung, der Mangel an geregelter Forstwirtschaft und Brände in der Trockenzeit sind die Gründe für die geringe Waldbedeckung der Region VI. Erosion, Bodenverarmung und Wassermangel in der Trockenzeit sind die Folgen. Betroffen sind davon im Prinzip alle Gemeinden der *tierra fría* des *Altiplano*, besonders schwer *Cabricán* und *Huitán, Momostenango, Santa María Chiquimula, San Juan Ostuncalco,* und die Hänge um den *Atitlán*-See (*ASIES* 1993 :8-9).

Karte vier zeigt die Lage der Ortschaften in der Region VI, auf die in dieser Arbeit Bezug genommen wird. Darüberhinaus veranschaulicht sie deren jeweilige Anbindung an das nationale Verkehrsnetz, was erste Rückschlüsse auf die Zentralität dieser Orte zuläßt.

1.3 Die Forschungslage

Die regional bezogene Forschung zu Guatemala wird von verschiedenen Fachdisziplinen aus betrieben und ist entsprechend heterogen. Das Interesse richtet sich auf ethnologische, entwicklungspolitische, historische, soziologische und ökonomische Themen. Gerade die aktuelle Situation, die von einer optimistischen Erwartung anläßlich des am 29.12.1996 unterzeichneten Friedensvertrages zwischen Regierung und Guerrilla in Guatemala-Stadt geprägt wird, rechtfertigt ein genaueres Nachfragen nach den Bedingungen für die zunächst nur proklamierte Epoche nach dem Bürgerkrieg, die „Frieden" und „Entwicklung" bringen soll. Dazu bezieht diese Arbeit Stellung.

In bezug auf wirtschaftliche Fragen wird dem Ansatz neoliberaler Strukturanpassungsprogramme, die unter der Schirmherrschaft von Weltbank und IWF in Guatemala Anwendung und Zuspruch finden (*Rosenthal/Caballeros* 1992, *Sosa* 1995), in dieser Arbeit eine Perspektive entgegengestellt, die makroökonomische Größen wie Inflation, Verschuldung, Bruttoinlandsprodukt etc. nicht als neutrale Werte begreift, sondern als Handlungsprodukte. Will man diese Größen also beeinflussen, muß man sich auch mit den Verursachern auseinandersetzen und sollte nicht allein den Indikatoren vertrauen. Eine niedrige Inflationsrate ist nicht notgedrungen gleichbedeutend mit wirtschaftlicher Stabilität und eine hohe Investitionsquote schafft nicht automatisch höhere Beschäftigung und sozialen Ausgleich.

Die historisch-soziologische Forschungslinie ist geprägt von der Dichotomie zwischen der mayastämmigen und mestizischen Bevölkerung. Die Systeme der wirtschaftlichen Ausbeutung und politischen Unterdrückung der Einwohner Mesoamerikas seit der *conquista* sind umfassend dokumentiert und beziehen sich je nach historischer Epoche auf spanische oder nordamerikanische Einflußnahme, bzw. die Militärdiktaturen seit 1954 (*Cambranes* 1985,

1986; *Carmack* 1988; *Handy* 1984; *Jonas* 1991). Die gesellschaftlichen Auswirkungen des Zusammenpralls zweier Kulturen thematisieren Autoren wie *Allebrand* (1997), *Guzmán Boeckler* (1986), *Lovell* (1988), *Martínez Peláez* (1990, 1991), *Rojas Lima* (1988, 1990) und *Torres Rivas* (1981). In bezug auf die gesellschaftliche Konstitution und das Zusammenleben verschiedener Ethnien in Guatemala liegt in dieser Arbeit der Schwerpunkt bei der Frage, ob und wenn ja, wie stark sich gesellschaftliche Machtstrukturen und individuelles Handeln gegenseitig bedingen. Es soll hier gezeigt werden, daß die soziale Fragmentierung auch innerhalb ethnischer Gruppen stattfindet und diese entscheidenden Einfluß auf das wirtschaftliche Handeln und die Nutzung von Ressourcen ausübt. Das Etikettendenken *Maya* versus *Ladino* wird das Zusammenleben der Menschen auf guatemaltekischem Territorium nicht befrieden und sollte nicht der Ausgangspunkt für entwicklungspolitische Szenarien sein, auch wenn radikale gesellschaftliche Gruppen dieses von der internationalen Gemeinschaft fordern. Die politikorientierte Forschung beschäftigt sich vornehmlich mit den verschiedenen Militärdiktaturen und der CIA-Intervention in Guatemala im Jahr 1954, die den sog. „demokratischen Frühling" jäh beendete. (*Schlesinger/Kinzer* 1986; *Dixon/Jonas* 1983; *Smith* 1990; *CEIDEC* 1988; *CEG* 1994). Bezüglich der Guerrillabewegung muß festgehalten werden, daß weder ihre Entstehung aus einem gescheiterten Militärputsch (*Castañeda* 1993) noch ihre rein ladinische Führung bis zum Abschluß der Friedensverhandlungen dafür sprechen, daß es sich bei dieser Organisation um ein Vertretung der *Indígena*-Bevölkerung handelt. Vielmehr integrierten sich viele Landbewohner aus Verzweiflung über den militärischen Druck zwischen 1981-1983 in die Guerrillabewegung. Die jüngsten Ereignisse um die Führung der URNG (Vgl. Kap.3) lassen den Verdacht aufkommen, daß die berühmten *comandantes* der Guerrilla als moralische Identifikationsfiguren oder politische Alternative für Guatemala nicht taugen.

Die entwicklungspolitischen Überlegungen gehen prinzipiell von zwei Ansätzen aus. Auf der einen Seite steht die Zielsetzung, demokratische und wirtschaftliche Strukturen vermittels eines Entwicklungsmodells zu fördern, dessen theoretische Grundannahmen in vier verlorenen Entwicklungsdekaden und angesichts einer drohenden ökologischen Katastrophe als nicht mehr tragfähig und erträglich angesehen werden müssen (*Gobierno de Guatemala/ URNG* 1997). Auf der anderen Seite wird gefordert, das gescheiterte Konzept „Entwicklung" einfach zu unterlassen (*Brunner/Dietrich/Kaller* 1993, *Esteva* 1992) und durch ein Prinzip der Gastlichkeit zu ersetzen. Welche Möglichkeiten in Guatemala bestehen, diese oder andere Vorstellungen mit Leben zu füllen, wird in Kapitel sieben dieser Arbeit diskutiert werden.

Geographische und interdisziplinäre Regionalstudien (*Birk* 1995, 1997) vermitteln ein differenziertes Bild von „Guatemala" und verbinden unterschiedliche Wissenschaftsdisziplinen durch den Raumbezug, verzichten aber auf die engagierte Stellungnahme für konkretes Handeln. Diese ist, neben dem interdisziplinären Ansatz, für diese Arbeit konstitutiv.

Der Stand der geographischen Diskussion um handlungstheoretische Ansätze und der Beitrag dieser Arbeit dazu wird in Kapitel zwei ausführlich behandelt werden. Eine philosophische Grundlegung der Untersuchung folgt im nächsten Abschnitt.

1.4 Der Untersuchungshintergrund: Menschen und Wissenschaft

Die Argumentation dieser Arbeit beruht auf einem Menschenbild, das die Entwicklung eines handlungstheoretischen Ansatzes als Erklärungshintergrund für wirtschaftsräumliche Strukturen notwendig machte. Es hat Bedeutung, welcher wissenschaftstheoretische Ansatz anderen vorgezogen wird, da jede Auswahl zugleich Stellungnahme und Mitteilung von Wertkategorien ist. Die Welt kann als Struktur begriffen und dargestellt werden, die auf so unauflöslichen und differenzierten Machtverbindungen beruht, daß der einzelne Mensch als Akteur bedeutungslos wird. Sie kann aber auch als Resultat von Handlungen konkreter Personen, die allgemeinere Strukturen erst schaffen, erscheinen. Es ist möglich, sich über den Gehalt der Wahrheit von Aussagen auseinanderzusetzen, und es ist möglich, diese Diskussion zu verlassen, zugunsten der Frage, wie eine Politik aussehen soll, „die sich im wesentlichen darum kümmert, die Reichen daran zu hindern, die übrige Bevölkerung auszunehmen" (*Rorty* 1997 :40). Wissenschaftliches Arbeiten hat die Wahl, zur gesellschaftspolitischen Diskussion um Gerechtigkeit und Freiheit beizutragen, oder sich von dieser auszuschließen.

In Anlehnung an *Jonas* (1993 :186) wird hier behauptet, daß allein die Möglichkeit, daß menschliches Zusammenleben auf Prinzipien wie Gleichberechtigung, Achtung, Toleranz beruhen kann, eine Verantwortung schafft, diesen Zustand anzustreben. Der Mensch ist grundsätzlich frei, sein Handeln zu bestimmen. Damit ist er auch „zweideutig" (*Jonas* 1993 :382), d.h. der Einzelne kann gleichzeitig Besitz und Begehren, Friede und Gewalt, Liebe und Mord erfahren und hervorbringen. Die Diskussion um die Postmoderne und die tägliche Erfahrung der Gleichzeitigkeit von Gewalt, Hunger, Ausbeutung, Krieg, Solidarität, Kunst und Nächstenliebe belegen dies zur Genüge. Aber: wenn der Mensch frei ist, sein Handeln zu bestimmen und von seiner Unzulänglichkeit weiß, dann ist es ihm auch möglich, nach dem Prinzip Verantwortung zu agieren. Dieses Handeln wäre darauf ausgerichtet, aktuelles und potentielles Leben in allen seinen Aspekten von „der nackten Existenz zu den höchsten Interessen" zu fördern (*Jonas* 1993 :189). Verantwortliches Handeln hat eine geschichtliche Dimension, da es die Herkunft und die Folgen von Handlungsergebnissen einbezieht. Es ist „total", da auch zukünftige Generationen Teil der Überlegung bilden und weil es kontinuierlich verläuft (*Jonas* 1993 :196-197). Es gibt keine Ferien vom Prinzip Verantwortung. Es wird den zerstörerischen Folgen von politischer Despotie, der Willkür, Grausamkeit, Feigheit, Heuchelei, Verleumdung und fatalistischer Gleichgültigkeit entgegengehalten. Es ist ein Gegenpol zum Überleben um jeden Preis durch wirtschaftliche Ausbeutung (*Jonas* 1993 :298-300). Und es ist vielleicht ein Gegengift gegen die organisierte Unverantwortlichkeit der modernen Risikogesellschaft im Sinne *Becks* (1988, 1986). Es gibt keine Garantie für einen generellen Erfolg verantwortlichen Handelns, aber deshalb muß es nicht unterbleiben. Die Hoffnung auf einen möglichen positiven Ausgang und die Furcht um den Gegenstand der Verantwortung sind seine Bedingungen. „Verantwortung ist die als Pflicht anerkannte Sorge um ein anderes Sein" (*Jonas* 1993 :391).

Wenn es so ist, daß der Mensch fähig ist, sein postmodernes Dasein positiv zu beeinflussen, dann muß die wissenschaftliche Analyse gesellschaftlicher, ökonomischer und politischer Strukturen dem „Faktor Mensch" einen theoretischen Hintergrund verschaffen. Die Handlungstheorie tut dies, wobei der Ansatz von *Giddens* (1992) durch die Verknüpfung gesellschaftlicher Struktur mit individuellem Handeln besonders umfassend ist und *Jonas* undeutliche Vorstellung vom „kollektiven Akteur", der „Verant-wortung" zeigt, auf notwendige Weise ergänzt. *Giddens* bietet ein Handlungsmodell an, das die Hintergründe menschlichen Handelns und die damit verbundene Ausprägung gesellschaftlich umfassender Strukturen einem analytischen Zugriff eröffnet. Die Entstehung von Strukturen ist verstehbar und diese sind damit prinzipiell auch wieder durch den Akteur veränderbar. Die absichtsvolle Beeinflussung struktureller Ordnung durch den Handelnden aber ist von dessen Wertvorstellungen getragen. Werte müssen gemeinschaftlich definiert werden, wenn gesellschaftliches Handeln zu einem friedlicheren Zusammenleben als bisher, sei es in ökonomischer oder politischer Perspektive, kommen soll. Auch dazu sollte wissenschaftliches Arbeiten beitragen.

Das Prinzip Verantwortung im wissenschaftlichen Handeln kann sehr konkret angewendet werden. Humanwissenschaftler können versuchen, strukturelle Gewalt zu begrenzen. Denn die angeblich neutrale Position wissenschaftlicher Analyse muß dann hinterfragt werden, wenn sie dazu dient, Instrumentarien der wirtschaftlichen oder physischen Gewaltausübung zu bestätigen oder zu unterstützen. Die Diskussion um Globalisierung ist dann überflüssig, wenn sie nicht dazu dient, Ansatzpunkte für antisystemisches Handeln aufzuzeigen. Die entwicklungspolitische Auseinandersetzung wird zum Spiegelgefecht unter Theoretikern, wenn sie nur die Übermacht der Strukturen und die Komplexität der Verhältnisse konstatiert. Demokratie, Frieden und Gerechtigkeit brechen nicht aus, sondern werden im Alltag hergestellt. Es müssen notwendige und allgemeine „Bedingungen für eine kommunikative Alltagspraxis und für ein Verfahren der diskursiven Willensbildung [geschaffen werden, die] die Beteiligten selbst in die Lage versetzen könnten, konkrete Möglichkeiten eines besseren und weniger gefährdeten Lebens nach eigenen Bedürfnissen und Einsichten aus eigener Initiative zu verwirklichen" (*Habermas* 1985 :161-162). Dazu dient von wissenschaftlicher Seite zunächst eine umfassende, rationale Analyse vorgestellter Problemzusammenhänge. Dann wird eine Stellungnahme notwendig sein: In welchen Zusammenhang steht das Untersuchungsergebnis mit den gesellschaftlich definierten positiven Wertvorstellungen? Drittens sollte diskutiert werden, wo die Alternativen für zukünftiges Handeln liegen. Letztlich geht es darum, Wissenschaft, Alltagsleben und Politik miteinander zu verknüpfen, um Überlebensfähigkeit und Lebensqualität in konkreten Handlungsräumen zu ermöglichen.

1.5 Die Strukturierung der Untersuchung

Abschließend für dieses einführende Kapitel werden die untersuchungsleitenden Thesen formuliert. In Kapitel zwei wird das Handlungsmodell, das sich an die Überlegungen zum Untersuchungshintergrund dieser Arbeit anlehnt, entwickelt. Dieses strukturiert die empirischen Untersuchungen der Kapitel drei bis fünf vor, indem es drei grundlegende Bereiche (individuelles Handeln, gesellschaftliches System, geographisches Umfeld) und deren Verknüpfungen kennzeichnet. Kapitel drei beschreibt einige der wichtigsten strukturellen Merkmale des guatemaltekischen Wirtschaftslebens als Teil des gesellschaftlichen Systems und führt diese auf das Handeln konkreter Akteure zurück. Kapitel vier stellt aus einer entgegengesetzten Perspektive individuelle Handlungsstrategien von Akteuren im städtischen und ländlichen Raum vor, wobei das Verhältnis bestehender wirtschaftlicher Strukturen zu subjektiven Handlungsstrategien thematisiert wird. In Kapitel fünf werden dann die Ergebnisse der vorherigen zwei Abschnitte auf die räumliche Bezugsebene projiziert. Denn das geographische Umfeld kann einerseits als Bedingung und Ursache für individuelles und gesellschaftlich vermitteltes Handeln interpretiert werden, andererseits wird es durch die Folgen solcher Handlungen geprägt. Zusammenfassend wird an dieser Stelle das Konzept von Wirtschaftsregionen als Aktionsräume definiert. Mit dem Abschluß des empirischen Teils wird eine erneute Reflexion der theoretischen Ausgangslage notwendig. Kapitel sechs greift daher zurück auf die wissenschaftstheoretische Fragestellung der Möglichkeiten und Grenzen geographischer Forschung. Dabei geht es um eine engagierte, handlungsorientierte, interdisziplinäre, mehrschichtige und regional ausgerichtete Wirtschaftsgeographie. Als engagierten Beitrag versteht sich abschließend vor allem Kapitel sieben. Dort wird der Sprung von der Analyse zur Stellungnahme gewagt: Welches können die Koordinaten des Handelns für eine lokale und regionale Wirtschaftsförderung in Guatemala sein? In Form eines Schlußwortes werden die wichtigsten Ergebnisse der Kapitel eins bis sieben im letzten Abschnitt zusammengefaßt und kommentiert.

1.6 Die forschungsleitenden Thesen

1. Die gegenwärtige wirtschaftliche und damit zum Teil auch soziale Situation in Guatemala wird ursächlich davon beeinflußt, daß das vorhandene Potential des Landes selektiv genutzt wird und dessen Erträge nur einem begrenzten Personenkreis zur Verfügung stehen.

2. Sowohl gesellschaftliche und wirtschaftliche Institutionen als auch subjektiv ausgerichtetes Handeln tragen dazu bei, daß wirtschaftliche Ressourcen brach liegen und andere ungleich verteilt sind.

3. Die Bezeichnung der „Verbotenen Ressourcen" erklärt sich aus der je spezifischen Zusammenwirkung gesellschaftlicher Strukturen und individueller Handlungsstrategien, sodaß der Großteil der guatemaltekischen Bevölkerung *ohne* wirtschaftliche und soziale Handlungsfreiheit sein Leben gestalten muß.

4. Die Verflechtung gesellschaftlicher, individueller und räumlich-materieller Handlungsbedingungen und -folgen ist konstitutiv für die Ausprägung bestimmter Wirtschaftsregionen. Diese müssen unter Rückbezug auf das gesellschaftlich vermittelte Handeln von Akteuren unter nicht selbstbestimmten institutionellen und räumlichen Bedingungen definiert werden. Die dazustellenden Regionen sind daher raum-zeitlich flexible Gebilde, die sich jeweils über Handlungsvollzüge konstituieren und differenzieren.

5. Die wissenschaftliche Auseinandersetzung mit der Entstehung solcher Wirtschaftsregionen muß eine Analyse institutioneller und subjektzentrierter Zwänge einschließen. Eine Stellungnahme zu der wirtschaftlichen und sozialen Bedeutung des Handelns aus je unterschiedlichen Machtpositionen heraus ist Teil des handlungstheoretischen Ansatzes.

2. Der Faktor Mensch: Handlungstheorie und -forschung in der Humangeographie

2.1 Einleitung

Die Vertreter handlungstheoretischer Ansätze für die Sozialgeographie[1] verlangen, daß die Erforschung und Erklärung räumlicher Strukturen bei der Erforschung und Erklärung der Handlungen der beteiligten Gesellschaftsmitglieder beginne. So wie eine aktuelle Gesellschaftsform das Resultat aller beabsichtigten und unbeabsichtigten Handlungsfolgen ihrer Mitglieder ist, so ist auch die von Menschen gestaltete Erdoberfläche Resultat ihrer Tätigkeiten in einem bestimmten sozialen Kontext. Wenn wir die gesellschaftlichen Bedingungen und persönlichen Intentionen einer Handlung verstehen, dann sind wir auch in der Lage, ihre Folgen angemessen zu erklären. Der Sonderfall der Folgen menschlicher Handlungen, für die sich die geographische Forschung interessiert, sind dann räumliche Strukturen in einer problemorientierten Perspektive. Hier beginnt die Unterteilung in die unterschiedlichen Fachdisziplinen der Wirtschaftsgeographie, Siedlungsgeographie etc. Die Sozialgeographie versteht sich dann als „Handlungswissenschaft" und nicht als „Raumwissenschaft" (*Werlen* 1988).

In der soziologischen Diskussion findet sich dieses Konzept unter dem Begriff des „methodologischen Individualismus" wieder. „Alle sozialen Phänomene, insbesondere das Funktionieren der sozialen Institutionen, [sollten] als das Resultat der Entscheidungen, Handlungen, Einstellungen usf. menschlicher Individuen verstanden werden". Daher dürfe und könne man „nie mit einer Erklärung auf Grund sogenannter ´Kollektive´ (Staaten, Nationen, Rassen usw.)" zufrieden sein (*Popper* 1980 : 124). Von diesem Konzept auszugehen, heißt, räumliche Spuren bis zu ihrem Verursacher zurückzuverfolgen. Es bedeutet auch, daß Verantwortungen zugewiesen werden können. Die Verteilung gesellschaftlicher Macht wird auch zum Thema der Geographie. Letzlich wird eine engagierte Wissenschaft von diesem Standpunkt aus zukünftige Handlungsstrategien entwerfen können und müssen, die im Interesse der betroffenen Menschen liegen.

Das heißt nun, daß es für die sozialgeographische Forschung legitim ist, beim Individuum zu beginnen, und für das Individuum tätig zu sein. Die Problemstellung wird dabei räumlich orientiert sein. Die Untersuchungsgegenstände sind die Handlungen von Menschen aus zwei verschiedenen Perspektiven heraus betrachtet: einerseits hinsichtlich der Handlungsfolgen, die als sogenannte objektive „Tat-sachen" betrachtet werden können, andererseits aus der subjektiven Sicht der Handlungsabläufe selber, die von individueller Motivation, Intention und Reflexion abhängen.

2.2 Handlungstheoretische Modelle für die geographische Forschung

Ausgehend davon, daß die gestellte Frage nach den wirtschaftsräumlichen Strukturen Guatemalas unter Rückbezug auf handlungstheoretische Erklärungsmodelle beantwortet werden kann, sollen an dieser Stelle zentrale Begriffe der Handlungstheorie vorgestellt werden. Die

---

[1] *Bartels* 1968, 1970, 1979, *Hard* 1989, *Hartke* 1959, *Sedlacek* 1982, 1988, *Weichhart* 1986, *Werlen* 1986, 1988, 1993, *Wirth*, 1981, *Wöhlke* 1969.

umfassendsten Arbeiten in der deutschsprachigen Geographie über die Bedeutung der soziologischen Handlungsforschung für die eigene Disziplin stammen von *Werlen* (1988, 1995, 1997). Im folgenden soll auf die bereits zur Verfügung stehenden Modelle kritisch eingegangen werden, um zunächst die Begriffe für diese Arbeit zu klären. In einem weiteren Schritt wird ein auf geographische Forschung ausgerichtetes Handlungsmodell entwickelt, daß im wesentlichen auf den Überlegungen von *Giddens* (1992), *Borsdorf* (1976) und *Weichhart* (1986) aufbaut.

2.2.1 Das Modell individuellen Handelns

Menschliche Handlungen sind abgrenzbare Einheiten, die hinsichtlich ihrer einzelnen Komponenten (Absicht, Mittel etc.) untersucht werden können. Handeln bedeutet hingegen das prinzipielle Vermögen etwas zu tun. *Werlen* (1988 :12-15) weist darauf hin, daß jede Handlung analytisch in vier aufeinander folgende Schritte unterteilt werden kann. Das jeweilige theoretische Interesse der Forscher ist dann Ursache für die Betonung des einen oder anderen Aspekts. Diese Schritte sind:

A) Der *Handlungsentwurf*: Der Handelnde stellt sich eine Situation vor, die er durch sein persönliches Handeln erreichen möchte. Er definiert sein gewünschtes Ziel.

B) Die *Situationsdefinition*: Die eigene Situation wird gedeutet. Welche Mittel stehen mir zur Verfügung, um mein Ziel zu erreichen? Welche Zwänge können mich an der Ausführung meiner Handlung hindern? Wie verhält sich meine Handlung zu den gesellschaftlich akzeptierten Werten und Normen? Verweist meine Handlung auf einen übergeordneten Sinnzusammenhang, den ich durch diese bestätigen will?

C) Die *Handlungsrealisierung*: Die vorgestellte Tätigkeit wird ausgeführt, um das erwünschte Ziel zu erreichen.

D) Das *Handlungsresultat*: Die realisierte Handlung kann beabsichtigte und unbeabsichtigte Folgen haben. Dieses können der Anlaß für weitere Handlungen sein (Korrektur unbeabsichtigter Folgen), eine Opposition gegenüber gesellschaftlich akzeptierten Wertmaßstäben darstellen (Konflikt) oder als Voraussetzung zum Ablauf gegenseitig aufeinander bezogener Handlungen zweier oder mehr Individuen (Interaktion) dienen.

Die gewählte Darstellungsform macht deutlich, daß innerhalb des Ablaufs der einzelnen Handlung zwei Abschnitte unterschieden werden können: der Herstellungsakt und das

Abb. 1:   Handlungsmodell individuellen Handelns

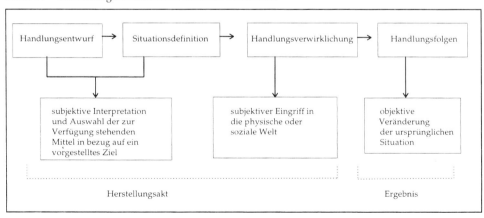

verändert nach *Werlen* (1988 :13)

Ergebnis. Diese werden in soziologischer Begrifflichkeit verbunden mit der *subjektiven* bzw. *objektiven* Perspektive.

Die *Herstellung* einer veränderten Situation ist abhängig von den individuellen Zielvorstellungen der Akteure, ihrer Interpretation des gesellschaftlichen Umfeldes, die die persönliche Mittelauswahl beeinflußt (Möglichkeiten und Zwänge im gesellschaftlichen Kontext, bzw. der konkreten Handlungssituation) und der subjektiven Reichweite ihrer Handlungen (als Möglichkeit, andere Akteure durch sie zu beeinflussen, als Ausdruck gesellschaftlicher Macht). Um den Herstellungsakt angemessen analysieren zu können, muß auf der Ebene der individuellen Wahrnehmung und des individuellen Handelns argumentiert werden. Dies bedeutet den Versuch der Rekonstruktion des Sinns, den der Akteur seiner Handlung zugewiesen hat. Dieser ist abhängig von seiner Alltagswahrnehmung, seiner persönlichen Biographie etc., also in eindeutiger Weise *subjektiv* bestimmt. Das *Ergebnis* einer Handlung kann aber unabhängig von seinem Autor weiterexistieren. Es erhält eine Bedeutung auch für andere Mitglieder der Gesellschaft und ist als Veränderung in der sozialen oder physischen Welt nachweisbar und erforschbar. Es ist. Und somit *objektiv* vorhanden.

Die Frage, ob die Interpretation der gesellschaftlichen Welt aus der Sicht objektivierter Tatbestände oder subjektiver Sinnzuweisungen heraus begründet werden sollte, wird von den Vertretern der unterschiedlichen Richtungen jeweils aus ihrer Perspektive beantwortet. Dennoch sind sowohl der subjektive als auch der objektive Ansatz - allein betrachtet - unvollständig, da sie Teil eines Gesamtprozesses darstellen. Wo der Faden für die wissenschaftliche Analyse aufgenommen wird, muß in bezug auf das Interesse und den Gegenstand der Untersuchung geklärt werden.

2.2.2 Handlungen konstituieren gesellschaftliche Strukturen

Unabhängig von der Überlegung, ob sozialwissenschaftliche Forschung aus objektiver Perspektive beginnen soll, wie die Vertreter der strukturalistischen und funktionalistischen Ansätze sagen, oder ob eine subjektive Perspektive angemessener wäre, wie in den hermeneutischen Ansätzen vorgeführt wird, stellt sich den Sozialwissenschaften neben der Erklärung menschlichen Handelns ein weiteres Problem: Wie entstehen Gesellschaften? Wie kann man die einer Gesellschaft eigenen Regeln, die Identifikation nach innen und außen ermöglichen, beschreiben? Wie entstehen sie? Und in welchem Verhältnis steht das menschliche individuelle Handeln zu umfassenderen sozialen Systemen?

Nach dem Postulat des methodologischen Individualismus, das von beiden Hauptvertretern der konkurrierenden Forschungsansätze akzeptiert wird[2], werden gesellschaftliche Institutionen durch eine Fülle von individuellen Handlungen hervorgebracht und bestätigt. Handlungen stellen die Grundeinheiten von Vergesellschaftungsprozessen dar und sind somit die kleinste Untersuchungseinheit der Gesellschaftswissenschaften (*Weber* 1980 :13-31). Oder anders ausgedrückt: „Eine aktuelle Gesellschaftsform ist [...] das Ergebnis aller beabsichtigten und unbeabsichtigten Folgen der Handlungen aller Personen, welche mit ihren Tätigkeiten an dieser Gesellschaft partizipieren" (*Werlen* 1988 :22). *Werlen* (1988 :278) zog die Schlußfolgerung, daß die objektive und die subjektive Perspektive handlungstheoretischer Gesellschaftsforschung in einem komplementären Verhältnis zueinander stünden. Zum erklärenden Sprung von der individuellen Handlung zur allgemeineren Gesellschaftsform verhilft dann die Modellbildung. Es werden idealtypische Aussagen getroffen, die die empirischen Gegebenheiten in verallgemeinerter Form wiedergeben. Diese Annahmen dienen als heuristisches Hilfsmittel. Wie kann es aber sein, daß eine Gesellschaft als einigermaßen kohärentes soziales

---

[2] sowohl *Popper* als auch *Schütz* gehen von diesem Postulat aus. Vgl. umfassendere Darstellung bei *Werlen* 1988 :109

System wahrgenommen wird, wenn sie durch die Fülle von Einzelhandlungen konstituiert wird ?

Giddens (1992) antwortet auf diese Frage, indem er die Begriffe der *Struktur* und der *Handlung* miteinander verbindet. Er sagt, daß die Ergebnisse des Handelns fortwährend Ausgangspunkt für neue Handlungen sind und durch diese auch bestätigt und verfestigt werden können. Durch die Wiederholung von Handlungen bei gleichbleibenden Voraussetzungen bildet sich innerhalb einer Gesellschaft eine Struktur aus, die in Form von Handlungsregeln oder -bedingungen faßbar ist. Die Strukturierung sozialer Systeme gründet also in den bewußten Handlungen sozialer Akteure. Diese besitzen ein beträchtliches Wissen über Gesellschaftskonventionen, über sich und andere, das in ihr Handeln einfließt. Sie wägen ab, was innerhalb der gesellschaftlichen Konventionen „machbar" ist, oder wie sie auf diese reagieren wollen. Somit ist das situative (individuelle) Handeln sowohl kontextabhängig als auch -unabhängig. Der Rückbezug auf den Kontext läßt Handeln sinnvoll erscheinen und bestätigt die Gültigkeit der gesellschaftlichen Regeln. *Giddens* verklammert mit dieser Argumentation die subjektive mit der objektiven Perspektive. Seine Vorstellung vom Handeln ist die eines zirkulären Prozesses, nicht eines linearen, wie das eingangs vorgestellte Modell zeigt.

2.2.3 Die Verbindung von subjektiver und objektiver Perspektive im Handlungsmodell von Giddens

Giddens (1992) versteht seine „Theorie der Strukturierung" vornehmlich als eine kritische Beurteilung der konkurrierenden sozialtheoretischen Schulen. Unter diesen ist es strittig, wie die Konzepte des Handelns, des Sinns und der Subjektivität spezifiziert und mit den Begriffen der Struktur und des Zwangs in Zusammenhang gebracht werden können. Es geht ihm um die produktive Zusammenführung des hermeneutischen und des funktionalistisch-strukturalistischen Denkens. Sein Handlungsmodell ist neuartig, weil er sich in seiner Argumentation nicht für eine der gegensätzlichen Positionen entscheidet, sondern sie miteinander verknüpft. *Giddens* konzentriert sich auf die Erforschung der „über Zeit und Raum geregelten gesellschaftlichen Praktiken" (1992 :52). Diese Praktiken entstehen aus dem dialektischen Zusammenspiel individuellen Handelns und der Bedingungen dieses Handelns. Die Bedingungen sind faßbar als *Regeln* im sozialen Kontext.

Das Handeln ist *rekursiv,* wenn es Handlungsregeln innerhalb einer Gesellschaft bestätigt. Handlungen sind *reflexiv,* wenn der Handelnde auf den Prozeß des gesellschaftlichen Lebens steuernd Einfluß nimmt. Als Bestandteil des Alltagshandelns können sich reflexive Handlungen auf das eigene Verhalten, das des Partners, auf den sozialen und physischen Kontext der Handlungssituation richten. Ziel des reflexiven Handelns ist die gestaltende Veränderung vorgefundener Handlungsbedingungen. Jeder Akteur hat bewußte Gründe für sein Handeln, die er *rationalisiert.* Nicht alle Personen können diese sprachlich genau aufschlüsseln, *diskursiv* darlegen, aber sie besitzen zumindest ein *praktisches* Bewußtsein über die Gründe und Ursachen ihres Handelns.

Die *Handlungsmotivation* bezeichnet die Bedürfnisse, die eine Handlung veranlassen. Sie ist als ein Handlungspotential, Gesamtplan oder Programm aufzufassen und meistens unbewußt. *Handlungsintentionen* sind spezifischer. Die intentionale Handlung ist auf eine bestimmte unmittelbare Wirkung hin ausgerichtet, die der Akteur vor Handlungsbeginn als Zielvorstellung definiert. Handlungen können *unbeabsichtigte Handlungsfolgen* hervorrufen, die sich auf für den Akteur *unerkannte Handlungsbedingungen* beziehen und auf die er im Verlauf seines Handelns keinen Einfluß nehmen konnte. Unbeabsichtigte Folgen können die erkannten Bedingungen weiteren Handelns für denselben Akteur sein. Im allgemeinen gilt aber, daß alle Handlungsfolgen, ob beabsichtigt oder unbeabsichtigt, Ausgangslage für das Handeln anderer Akteure sind. Rekursives Handeln führt zu der Ausbildung von Hand-

Abb. 2: Handlungsmodell des gesellschaftlich vermittelten Handelns nach Giddens

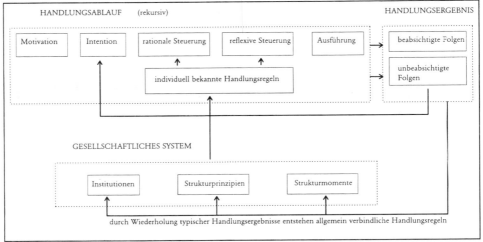

Entwurf und Zeichnung: C. Vogt 1998

lungsregeln: es wird immer wieder dasselbe getan; damit akzeptieren und bestätigen die Akteure die Handlungsbedingungen und verfestigen sie zur gesellschaftlichen *Struktur.* Je nach dem Grad der Akzeptanz dieser Regeln durch handelnde Personen kann man von *Strukturmomenten, Strukturprinzipien* und *Institutionen* sprechen. Institutionen besitzen den höchsten Grad an durch Handlungen erwirkte Bestätigung in Raum und Zeit. Alle Akteure, die sich innerhalb eines definierbaren raum-zeitlichen Kontinuums auf dieselben Regeln beziehen, bilden zusammen ein *gesellschaftliches System.* Diese handlungstheoretische Konzeption soll anhand von Abbildung 2 verdeutlicht und systematisiert werden.

2.2.4 Die Regionalisierung von Handlungen

Warum sind *Giddens* Erkenntnisse interessant für Geographen? Als zentral für die „Theorie der Strukturierung" nennt *Giddens* einen Begriff, der spezifisch geographisch zu sein scheint: *Regionalisierung.* Zusätzlich bezieht er sich ausdrücklich auf humangeographische Forschungsansätze und diskutiert sie hinsichtlich ihrer Bedeutung für die Soziologie. Schließlich behauptet er, es gebe „keine logischen und methodologischen Differenzen zwischen der Humangeographie und der Soziologie" (*Giddens* 1992 :427). Aber schon *Bobeks* Definition der vergleichenden Sozialgeographie wies auf die Wechselwirkung zwischen gesellschaftlicher Struktur und räumlichem Umfeld hin (1950 :35). *Arnolds* Kennzeichnung des Gegenstandes sozialgeographischer Forschung (1988 :384) erweiterte diese schließlich um den Aspekt der individuellen Handlung. Fachgrenzen zwischen der Soziologie und Sozialgeographie haben daher nie so bestanden, wie *Giddens* behauptet. Weder die Geographie noch die Soziologie hatten je ein ausschließliches Anrecht auf die Erklärung des sich in Raum und Zeit verortbaren Handelns von Menschen, sondern nur unterschiedliche Untersuchungsansätze und Methodenschwerpunkte.

Somit ist die von *Giddens* vorgeführte Synthese zwischen Geschichtswissenschaft, Geographie und Soziologie, die den Kern seiner Theorie bildet, gar nicht so spektakulär. Aber sie bietet gute Argumente für eine Erweiterung der Sozialgeographie. Die Hinzuziehung der Handlungstheorie eröffnet ein differenziertes Instrumentarium, um die prozesshafte, gesellschaftlich vermittelte und individuelle Gestaltung des räumlichen Umfeldes zu beschreiben und zu erklären. Die geographische Modellbildung bezüglich der menschlichen Aus- und Umgestaltung der Kulturlandschaft (*Borsdorf* 1976 :121-124; *Wöhlke* 1969 :306) zeigt bereits lange vor *Giddens* die Dualität gesellschaftlicher Strukturen und individueller Bewertung. Darüberhinaus veranschaulichen diese geographischen Modelle die Differenzierung zwischen Ausgangspunkt der Handlung („primäres Milieu"), also den physischen und sozialen Strukturen der Umwelt, die die individuelle Gestaltung beeinflussen, und dem Handlungsergebnis („Inwertsetzung der Kulturlandschaft"). Dem Modell von *Borsdorf* fehlt allerdings die kritische Bezugnahme auf die Herausbildung gesellschaftlicher Machtstrukturen, die die Gestaltung des menschlichen Kulturraums entscheidend beeinflussen. Diesen Anspruch erfüllt das handlungstheoretische Modell von *Weichhart* (1986 :85).

Das Interessante am Handlungsmodells von *Giddens* liegt eben darin, daß es die menschlichen Handlungen in ihrer gesellschaftlichen Struktur einer genaueren Analyse zugänglich macht. Damit wird eine kritische, problemorientierte Perspektive sehr erleichtert. Der Vorzug der geographischen Modelle von *Borsdorf*, *Weichhart* und *Wöhlke* ist, daß die soziale („anthropogeographisches Potential") und die physische Ausstattung („physisch-geographisches Potential") des menschlichen Handlungsraumes als gleichberechtigte Faktoren gezeigt werden. Die Mensch-Umwelt-Beziehung ist nicht allein auf die soziale Welt zu reduzieren, wie es die soziologische Handlungstheorie zeigt, sondern es ist eine komplexe Beziehung zwischen den drei Faktoren Mensch-Gesellschaft-Kulturraum. Damit wird menschliches Handeln in einen größeren Bezugsrahmen eingebettet und dem „gesellschaftlich Machbaren" das „natur- und kulturräumlich Machbare" zur Seite gestellt. An späterer Stelle werden diese sich ergänzenden Ansätze in ein Modell des „Aktionsraums" integriert (Vgl. Abb. 4).

Giddens verdeutlicht den interdisziplinären Zusammenhang - „Menschen machen ihre eigene Geographie, ebenso wie sie ihre eigene Geschichte machen" (*Giddens* 1992 :427) - unter Rückbezug auf den aktionsräumlichen Ansatz der Zeitgeographie. Es wird gezeigt werden, daß er damit nicht sehr weit reicht, aber interessante Ansatzpunkte liefert. Dazu ist es notwendig, seinen Begriff der *Regionalisierung* etwas näher zu betrachten. Darüberhinaus wird es für diese Arbeit wichtig sein, den daran anschließenden Begriff des *Aktionsraums* von der theoretischen Betrachtung zur praktischen Anwendung zu überführen. Denn es bleibt bei *Giddens* offen, wie er sich den Schritt von der Methodologie zu den Techniken und Methoden vorstellt. Darüberhinaus arbeitet er auf der Ebene von Fallbeispielen auf mehreren sehr unterschiedlichen Ebenen, ohne diese systematisch zu ordnen. So nutzt er Beispiele aus dem „sozialen System" des Krankenhauses, Szenen des industriellen Arbeitslebens, des Schulalltags von Arbeiterkindern und die Darstellung von „Institutionen" und „Strukturprinzipien" des kapitalistischen Wirtschaftssystems aus unkommentierter marxistischer Sicht als gleichwertige Belege der eigenen Theorie (*Giddens* 1992 : 171-174; 181-182; 189-192; 240-243).

Unter *Regionalisierung* versteht *Giddens* den Umstand, daß Handelnde innerhalb eines definierbaren Rahmens in Raum und Zeit allgemeine, verbindliche Handlungsregeln befolgen bzw. immer wieder durch ihr Handeln bestätigen. Ihr Handeln ist somit an raumzeitlich begrenzten, aber identischen Strukturmomenten, Strukturprinzipien und Institutionen ausgerichtet. Die gesamte Gruppe dieser so Handelnden bildet ein *soziales System*, das hinsichtlich seiner spezifischen Struktur von Handlungsregeln gegen andere soziale Systeme abzugrenzen ist. Die Art der Abgrenzung, also die bekannte Problematik, wie soziale Handlungen in raumzeitlicher Ausdehnung dargestellt werden können, definiert er nicht. Wohl aber verweist er auf die zeitgeographischen Arbeiten zum *Aktionsraum*.

Problematisch ist, daß die Definition dessen, was man unter „sozialem System" bzw. Gesellschaft verstehen will, davon abhängt, *welche* Handlungsregeln für die wissenschaftliche Analyse ausgewählt werden. Die gewählten Beispiele, die *Giddens* Überlegungen verifizieren sollen, sind selber noch diskussionswürdig: *Marx*´Analyse des modernen Kapitalismus, auf die er sich besonders stützt, ist zwar ein „Klassiker" der Gesellschaftsforschung, aber es gibt noch wesentlich andere Untersuchungen zu diesem Thema, die weitreichende Analysen gesellschaftlicher Strukturen anbieten. *Wallersteins* Weltsystemtheorie oder auch die freiwirtschaftliche Geldtheorie nach *Gesell* widerlegen den historischen Materialismus in zentralen Punkten. Damit verschwimmen die Grenzen des Begriffs. Wenn nicht deutlich ist, welche Institutionen als zentral in die Modellbildung eingehen sollen und wie sie funktionieren, wie kann dann unter Rückbezug auf diese Institutionen analytisch bestimmt werden, wie sich eine Gesellschaft regional differenziert?

Was *Regionalisierung* im handlungstheoretischen und geographischen Kontext heißen kann, soll daher anhand der empirischen Ergebnisse dieser Arbeit und einer theoretischen Abgrenzung von Institutionen des Wirtschaftssystems in Kapitel sechs erneut überprüft werden.

In Zusammenhang mit dem Begriff der Regionalisierung bezieht sich *Giddens* auf die aktionsräumlichen Forschungsansätze der Zeitgeographie. Als wichtig hebt er drei Aspekte hervor: Erstens untersuche diese die Zusammenhänge zwischen menschlicher Interaktion und physischer Ausstattung eines Milieus. Zweitens konzentriere sie sich auf routinisierte Alltagshandlungen, die „den Kern jeder sozialen Institution" (*Giddens* 1992 :423) ausmachten. Drittens werden die routinisierten Handlungen als eine Serie von sich überschneidenden Raum-Zeit-Wegen verstanden, womit sich Möglichkeiten der raumzeitlichen Verortung und Darstellung routinisierter Handlungsabläufe verbinden. Eine neue Methodik der Darstellung dieser raumzeitlichen Bewegungsmuster liefert *Giddens* nicht. Zunächst soll die wissenschaftstheoretische Konzeption des Begriffes „Aktionsraum" näher erkundet werden, bevor auch alternative Darstellungsformen zur Anwendung kommen können.

2.2.5 Zum Begriff des Aktionsraumes

2.2.5.1 Aus zeitgeographischer Sicht

Der Begriff des Aktionsraumes ist für die sogenannte Zeitgeographie nach *Hägerstrand*[3] zentral. Bei diesem Ansatz wurden vor allem die räumlichen Verhaltensmuster des Menschen im Zusammenhang mit technologischen Innovationen analysiert, indem Raum und Zeit als gleichberechtigte Beschreibungsdimensionen verwendet werden. Letztlich geht diese Vorstellung auf *Kant* zurück, der „Raum" als ideales Konzept, nicht als Gegenstand an sich definiert (1985 :85). Als Modell dient der Zeitgeographie ein Raum-Zeit-Block, in den die Bewegungsabläufe des Menschen („Lebens-bahnen") in Form von Linien eingetragen werden. Ebenso sollen im Modell die „Spuren all der Elemente im Zeit-Raum [...], die im Umfeld des Menschen dessen Handlungen beeinflussen", hervorgehoben werden.[4] Erforscht werden vor allem die „Projekte" der Individuen, d.h. zukünftige Handlungen von Menschen bei gegebenen Mitteln (Verkehrsmittel, Zeitrahmen etc.). Diese Projekte sind hochgradig routinisiert, da sie zum großen Teil von der Befriedigung menschlicher Bedürfnisse abhängen, wie Schlafen, Essen, oder Arbeiten. In der Verwirklichung seiner Projekte ist der Mensch physiologischen oder physischen Beschränkungen ausgesetzt, die durch „Leistungsgrenzen", „Bindungen" und „Reglementierungen" entstehen (*Kaster/Lammers* 1979 :14-15). Untersuchungseinheit sind Haushalte. So kann z.B. der tägliche Weg zweier Kinder und ihrer Eltern zwischen Arbeitsplatz, Studienort, Kindergarten und Grundschule folgendermaßen dargestellt werden:

---

[3] *Hägerstrand* 1975; 1977; 1978. *Ellegard* et al. 1977 und *Carlstein/Parkes/Thrift* 1978. Einen allgemeinen Überblick geben *Kaster/Lammers* 1979

[4] *Kaster/Lammers* 1979 :8-9. Mit „Spuren" sind hier konkrete räumliche Gegebenheiten, wie der Standort von Ämtern, der Verlauf von Verkehrslinien etc. gemeint.

Abb. 3:   Bewegungsmuster im Raum-Zeit-Block

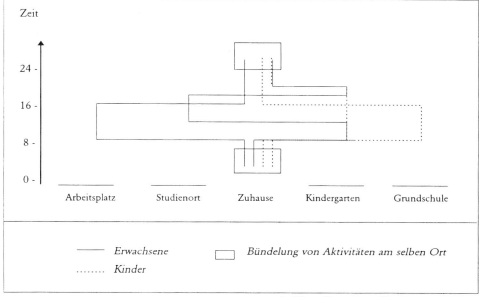

nach: *Ellegard/Hägerstrand/Lenntorp* (1977 :143)

Das zeitgeographische Modell analysiert, wie es den Menschen gelingt, ihre Projekte mit den begrenzten Ressourcen Raum und Zeit zu verwirklichen. Der Aktionsraum ist dabei der von Menschen genutzte Bewegungsbereich in einer bestimmten Zeitsequenz. Mit der Beschreibung der Lebensbahnen von Menschen innerhalb ihres Aktionsraumes sollen vor allem die Grenzen für das raumzeitliche Handeln aufgedeckt werden, um so eine Grundlage für die Verbesserung der Lebensqualität durch regionale Planung zu entwickeln.[5] Wie der Handelnde seinen spezifischen Aktionsraum wahrnimmt und wie er daraufhin die persönliche Auswahl der zur Verfügung stehenden Mittel trifft, werden in zeitgeographischen Forschungen nicht thematisiert.

Interessanter ist der Begriff des Reviers (*Hägerstrand* 1978 :124-125.). Reviere sind räumliche Einheiten, in denen bestimmte Akteure das sozial akzeptierte Recht haben, Kontrolle auszuüben. Zum Beispiel in Privathäusern, Gemeinden oder Staaten. Auch Einrichtungen wie Banken, Büchereien und Behörden unterliegen Zugangsbeschränkung durch soziale Normen. Die Beschreibung individueller Lebensbahnen zu bestimmten Zeitsequenzen ermöglicht daher auch Rückschlüsse auf begrenzende gesellschaftliche Regeln, die Verteilung von Macht. Leider verzichtet die zeitgeographische Forschung auf das Erklärungspotential, das in der Anwendung einer Machttheorie liegt. Stattdessen konzentrieren sich die empirischen Untersuchungen auf die Rolle technologischer Innovationen im alltäglichen Leben.

Die genannten Unterlassungen sind folgenreich. Grundlage der zeitgeographischen Forschung ist ein Menschenbild vom sozialstatistischen Datenträger. Es darf aber nicht im Interesse der wissenschaftlichen Forschung liegen, allein die reibungslose Erfüllung der Daseinsgrundfunktionen von Menschen zu organisieren. Eine Wissenschaft *für* Menschen

---

[5]   Beispielhaft hierzu: *Ellegard/Hägerstrand /Lenntorp* 1977. Vorgestellt wird ein Modell zur zukünftigen Verkehrsplanung in Schweden. Oder: *Klingbeil* 1978. Er untersucht Zeitpotentiale und ihre räumliche Nutzung im Verdichtungsraum.

versteht diese als Individuen, deren Ziele und Wünsche zugleich rational, emotional, politisch, funktional, ethisch, sozial, historisch und vieles mehr sein können.

Die Würdigung der Zeitgeographie durch *Giddens* präsentiert sich nun in etwas zweifelhaftem Licht. Weder ist die theoretische Durchdringung menschlichen Handelns in diesem Ansatz besonders weit gediehen, noch ist die geometrische Aufzeichnung individueller Lebensbahnen eine praktische Grundlage der Gesellschaftsforschung. Was bleibt, ist der normative Satz von der familiären Beziehung der Geographie mit der Soziologie. Und die offene Frage, wie Aktionsräume geographisch angemessen darzustellen wären. In Kapitel fünf werden auf der Grundlage der eigenen empirischen Untersuchungen einige Vorschläge dazu entwickelt und in Kapitel sechs aus der Sicht der aktuellen wissenschaftstheoretischen Auseinandersetzung in der Humangeographie diskutiert.

2.2.5.2 *Aus wirtschaftsgeographischer Sicht*

Sedlacek bietet aus wirtschaftsgeographischer Sicht eine Definition des Aktionsraumes an. Er erweitert die klassische Standorttheorie *Webers*, indem er nicht nur die Produktionskosten an einem bestimmten Standort einbezieht, sondern auch nach dem potentiell günstigsten Absatzgebiet für die zu produzierenden Produkte fragt. In diesem Zusammenhang führt er den Begriff des Aktionsraums (*Sedlacek* 1988 :26-27) eines Unternehmens ein. Ein zu gründendes Unternehmen, das sich über das Marktsegment, innerhalb dessen es tätig werden will, entschieden hat, muß auch das „Gebiet, in dem das neue Unternehmen tätig werden möchte" auswählen. Die Auswahl hänge von dem Nachfragepotential und der Wettbewerbssituation für dieses Gebiet ab. Aktionsräume könnten in Geldeinheiten abgegrenzt werden. Und sie sind variabel: Wenn sich für ein schon bestehendes Unternehmen die Marktbedingungen ändern, stehen der Unternehmensleitung auch verschiedene raumwirksame Strategien der Standorterhaltung, -teilung oder -verlagerung zur Verfügung, um den gewählten Aktionsraum entsprechend mit zu verändern.

Standortentscheidungen sind somit zweckrationale Handlungsstrategien, die sich nach regional variablen Handlungsbedingungen ausrichten. Diese Handlungsbedingungen entstehen aus der jeweiligen Marktsituation. Inwieweit eine Entscheidung für einen bestimmten Standort für die Unternehmensentwicklung entscheidend ist, hängt von der Branche ab, innerhalb derer es tätig ist und von der Art der produzierten Güter. Überregional vermarktbare Produkte fordern einen überregionalen Aktionsraum, die Standortentscheidung ist weniger gebunden als für Anbieter lokaler Produkte und Dienstleistungen.

Angesichts der Globalisierung der Märkte einerseits und der Zersplitterung von Produktionsstandorten nur eines Unternehmens (z.B. Fertigung in der Textilindustrie) andererseits, bieten diese Überlegungen ein recht geringes theoretisches Potential. Es erscheint wenig sinnvoll, als Aktionsraum eines Unternehmens gleich mehrere Kontinente zu definieren, da diese Aussage derart allgemein ist, daß sie keinerlei Entscheidungshilfen anbietet. Aus handlungstheoretischer Sicht entstehen zusätzliche Probleme:

1. *Sedlacek* verleiht dem zweckrationalen Handlungsmodell einen normativen Anspruch, da es nicht nur Handlungen erklären, sondern auch Handlungsanleitungen entwickeln soll. Da er Handlungen aber auf Kosten-Nutzen Parameter zurückführt, repliziert er in seinen Aussagen letztlich nur die schon bekannten Lehrsätze der Ökonomie unter Hinzufügung einer verschwommenen Raumkomponente.
2. Das verwendete Handlungsmodell kann nicht die ursächlichen Faktoren raumwirksamen Handelns erklären. Dazu müßte eine Analyse der Funktionsregeln des kapitalistischen Wirtschaftssystems einerseits und der subjektiven Handlungsintentionen andererseits durchgeführt werden. Ökonometrische Abgrenzungen sind nicht ausreichend zur Regionalisierung von Wirtschaftsräumen, da sie den „Faktor Mensch" als Handelnden nicht in Betracht ziehen.

2.2.5.3 Aus soziologischer Sicht

In der soziologischen Diskussion erscheint der Begriff des Aktionsraumes wesentlich differenzierter. *Parsons* (1960 :251-254) unterscheidet zwei Kategorien: Handlungen können sich auf die objektive Welt materieller Sachverhalte oder auf die soziale Welt beziehen: Der Aktionsraum eines Individuums (*action space*) ist der sozial-weltliche Handlungsbereich, der aus dem physisch-weltlichen Bewegungsbereich (*behavioral space*) hervorgeht. Der *behavioral space* umfaßt das Territorium des Handelnden, das bezüglich der (Lebens-)Zeit und den zur Verfügung stehenden Transport- und Kommunikationsmitteln begrenzt ist. Die sozialen Rollen des Handelnden strukturieren dieses Territorium in typische *bases of operation*, die der Handelnde wiederholt und regelmäßig aufsucht. (Arbeitsplatz, Wohnung, etc.). Diese sind die Grundlage für den sozial-weltlichen Handlungsbereich des Individuums. *Parsons* untergliedert einerseits Territorien der Handelnden, wie Wohnbereich, Arbeitsplatz, Jurisdiktion und Kommunikation. Andererseits betrachtet er die Maßstabsebenen der Interaktion, von der direkten (*face to face*) Handlungssituation bis zur staatspolitischen Herrschaft.

Einen Schritt weiter geht *Schütz* mit seinem Begriff der Reichweite (*Schütz/Luckmann* 1979 :63-69). Er fragt, welcher Ausschnitt der physischen Wirklichkeit für den Menschen die größte Bedeutung habe und welchen Bewertungen physisch-weltliche Distanzen unterliegen. Er stellt fest, daß der Mensch vor allem an dem Ausschnitt seiner Alltagswelt interessiert sei, der in seiner Reichweite liege, wobei er selbst der raumzeitliche Mittelpunkt dieses Ausschnitts sei. Dabei ist zu unterscheiden zwischen der physischen Welt in aktueller und in potentieller Reichweite, die sich jeweils in unmittelbarer oder in erinnernder Erfahrung repräsentiert. Die Konsequenz für den Handelnden besteht darin, daß sich dieser in seinen Handlungen auf die Erfahrungen und Bedeutungen, die der physischen Welt in seiner Reichweite auferlegt sind, bezieht. Der menschliche Aktionsraum nach *Schütz* ist also subjektiv-biographisch strukturiert.

2.3 Schlußfolgerung

Insgesamt ist die geographische Diskussion um den Begriff des Aktionsraumes hinter der soziologischen stehengeblieben. Damit ein Erklärungspotential für räumlich differenzierte soziale Prozesse zur Verfügung steht, muß dieser Begriff erst neu definiert werden. Die lebensweltlich orientierte Sozialforschung bietet nun die Dimension an, die der zeit- ebenso wie der wirtschaftsgeographischen abgeht: die Strukturierung des menschlichen Bewegungsraumes in einen Handlungsraum, der aus subjektiver Sinnzuweisung entsteht. Diese Differenzierung ist von großer Wichtigkeit, wenn man menschliches Handeln und die räumlich erkennbaren Handlungsfolgen verstehen will. Dennoch sollte auch nicht aus dem Auge verloren werden, daß sich die subjektiven Sinnzuweisungen in objektiv nachweisbaren Handlungsfolgen manifestieren. Als Resultat der bisherigen theoretischen Diskussion werden die folgenden methodischen Grundannahmen für diese Arbeit aufgestellt:

2.3.1 Zur Handlungstheorie

1. Die menschliche Gestaltung des physischen und sozialen Umfeldes geschieht durch Handeln.
2. Der Ablauf einzelner Handlungen wird wesentlich von den subjektiven Bedeutungszuweisungen der Akteure geprägt. Diese wiederum werden beeinflußt von sozialen und physischen Strukturen im Umfeld der Akteure, auf die sie sich in ihren individuellen Deutungen beziehen oder die sie als strukturellen Zwang erfahren.
3. Die Ergebnisse des Handelns sind als objektive Veränderungen einer vorherigen Situation nachweisbar (objektivierte Handlung).

4. Die Erforschung, wie Handlungen gesellschaftliche und räumlich nachweisbare Strukturen ausbilden, bestätigen, verwerfen, reformieren oder ignorieren, kann sowohl von den objektivierten Handlungsfolgen oder von der subjektiven Bedeutungszuweisung ausgehen. Die Betonung einer der beiden Perspektiven je nach Untersuchungsinteresse ist zulässig. Unzureichend ist es, menschliche Handlungen aus nur einer der beiden Perspektiven zu untersuchen.
5. Die geographische Handlungsforschung geht von einer raumbezogenen Problemstellung aus.
6. Es ist an dieser Stelle noch ein offenes Problem, wie Gesellschaften angemessen als differenziertes System dargestellt werden können. (Regionalisierung von Handlungen). Innerhalb welches physischen Rahmens sind Handlungen sinnvoll zu lokalisieren? Welchen Einfluß haben die Problemstellung und die Forschungsperspektive auf die Regionalisierung von Handlungen? Welche Darstellungsformen können herangezogen werden?
7. Das Ziel der wissenschaftlichen Forschung ist die Verbesserung der Lebensumstände von Menschen, in dem Sinn, wie *sie* diese als verbessert verstehen würden. Das schließt ein, daß Forschung empfehlen kann, daß bestimmte Handlungen von bestimmten Machtpositionen aus unterlassen werden sollten.
8. Es muß und kann ein geographischer Beitrag sein, Handlungsempfehlungen für Menschen in spezifischen Regionen zu geben. Dabei darf die Geographie nicht als isolierte Wissenschaft auftreten, sondern muß interdisziplinär arbeiten.

2.3.2 Zum aktionsräumlichen Ansatz

1. Unter Aktionsraum soll der physische Auschnitt des menschlichen Bewegungsraumes verstanden werden, in dem das Individuum durch seine Handlungsfähigkeit und aufgund von gesellschaftlicher Akzeptanz die Möglichkeit zur handelnden Einflußnahme auf sein soziales und physisches Umfeld besitzt.
2. Dieses Verständnis vom Aktionsraum setzt voraus, daß „soziale Systeme" als Teil von Gesamtgesellschaften jeweils eindeutig definiert werden.
3. Ebenso muß deutlich werden, was unter einer Institution, Strukturprinzipien und Strukturmomenten zu verstehen ist, und in welchem Verhältnis diese zueinander stehen.

2.3.3 Integriertes Handlungsmodell des menschlichen Aktionsraums

Die sich ergänzenden handlungstheoretischen Übrlegungen geographischer und soziologischer Gesellschaftsforschung sollen hier in ein integriertes Handlungsmodell des menschlichen Aktionsraumes übertragen werden. Grundlage für dieses Modell sind die vorangestellten modelltheoretischen Überlegungen bezüglich der Ausprägung gesellschaftlicher (*Giddens* 1992) und kulturlandschaftlicher Strukturen (*Borsdorf* 1976 :121-123, *Weichhart* 1986). Beide Ansätze miteinander zu verknüpfen, heißt, ein aktionsräumliches Modell zu schaffen, das Handlungen und ihre Ergebnisse in der sozialen Welt und in der physischen Welt differenziert. Mit dem Begriffsinstrumentarium, das dieses anbietet, ist es möglich, in handlungstheoretisch angemessener Weise über sozialgeographische Interessensgebiete zu reflektieren: über soziale und räumliche Strukturen, die als Ergebnis von Handlungen unsere aktuelle Umwelt prägen und auf alle zukünftigen Handlungen einwirken.

Die methodische Unterscheidung in „Geographisches Umfeld", „Individuelles Handeln" und „Gesellschaftliches System" in drei getrennten Blöcken dient lediglich einer besseren Überschaubarkeit und der klaren Begriffsbestimmung. Alle drei Bereiche sind als gleichwertig zu betrachten und wirken prinzipiell aufeinander ein. Daher werden sie in der Handlungsanalyse als komplexes Gesamtsystem verstanden. Aber da es auch Handlungen gibt, deren Folgen nur in der materiellen oder nur in der sozialen Welt sichtbar werden, ist es notwendig, diese auch voneinander getrennt ansprechen zu können. Schließlich ist es dem jeweiligen Schwerpunkt der Argumentation überlassen, an welchem Punkt angesetzt werden soll.

Die Untersuchung gesellschaftlicher Systeme z.B. wird zunächst bei der Beschreibung und Deutung objektivierter Handlungsergebnisse beginnen, die als Strukturmomente, Strukturprinzipien und Institutionen ausgeprägt sind. Um gesellschaftliche Struktur zu erklären, kann sie aber auch auf konkrete Handlungen von Individuen historisch zurückgeführt werden. Weiterhin kann diese Struktur als Regelwerk für aktuelle und zukünftige Handlungen von Akteuren desselben sozialen Systems deutlich werden und somit Handlungsbedingung für individuelles Handeln sein. Die Betrachtung von global, regional oder lokal wirkenden Strukturregeln wird jeweils aus einer problemorientierten Perspektive differenziert begründet werden müssen. Gesellschaftliche Institutionen wie z.B. internationale Finanzmärkte können ebenso Gegenstand der Analyse sein, wie die instituionellen Regeln lokaler Geldverleiher. Schließlich steuern soziale Handlungsregeln auch die individuelle Gestaltung des kulturellen und natürlichen Umfeldes von Menschen, sodaß gesellschaftliche Struktur auch zu materiellen Spuren führt.

Abb. 4: Integriertes Handlungsmodell des menschlichen Aktionsraumes

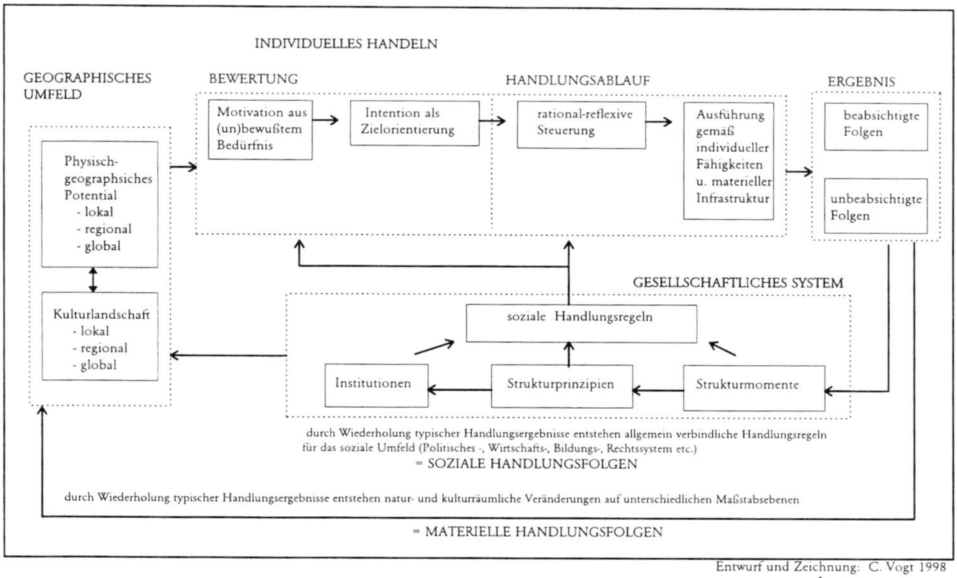

Entwurf und Zeichnung: C. Vogt 1998

33

En la búsqueda del crecimiento,
la política económica debe orientarse a impedir
que se produzcan procesos de exclusión socioeconómica,
tales como el desempleo o el empobrecimiento, y que,
al contrario, se maximicen los beneficios
de crecimiento económico para todos los guatenaltecos.
(Gobierno de Guatemala, URNG.
Acuerdo socioeconómico 1997 :112)

3. Institutionen und ihre Hüter

In diesem Kapitel wird der Zusammenhang zwischen sozialwirtschaftlichen Strukturen und Handlungen untersucht. Dabei steht die Analyse der wirtschaftlichen Entwicklung Guatemalas seit den achtziger Jahren an erster Stelle. Diese Wirtschaftsdaten werden dann im zweiten Abschnitt als Ergebnisse wirtschaftspolitischen Handelns einiger, mit Verantwortung ausgestatteter, Akteure interpretiert, was dem Postulat des methodologischen Individualismus entspricht.

Der „Staat" Guatemala stellt keine Handlungseinheit dar, ebensowenig wie nationalwirtschaftliche Strukturen als gegeben vorausgesetzt werden können. Erst der Rückbezug auf die Akteure, deren Handeln für die Ausprägung bestimmter Strukturen konstitutiv ist, ermöglicht die kritische Bewertung von Daten und Fakten, die in jeder ökonomischen Bestandsaufnahme verwendet werden.

Aber auch langfristig wirkende gesellschaftliche Strukturen haben Anteil an der Herstellung von aktuellen Handlungsergebnissen. Die Identifizierung von Institutionen, Strukturprinzipien und Strukturmomenten, die die vorab analysierten Handlungen ermöglichen und durch diese „rückbestätigt" werden, ist Gegenstand des dritten Teils dieses Kapitels.

Schließlich wird viertens nachgefragt, mit welchen sozialen Handlungsregeln als Teil gesellschaftlicher Struktur der Großteil der Akteure in Guatemala lebt und wirtschaftet.

3.1 Merkmale der guatemaltekischen Wirtschaft

3.1.1 Anmerkungen zum methodischen Vorgehen: Wie Zahlen lügen können.

Die Wiedergabe und Interpretation statistischer Daten über Guatemala wird von der mangelnden Verläßlichkeit der Datenerhebung der nationalen statistischen Ämter beeinträchtigt. Wirtschaftswissenschaftler des regierungsnahen Instituts *Asociación de Investigación Económica y Social* (ASIES) schätzen die technische Fehlerquote auf 10-20 Prozent (*Sosa López*, Interview 25.03.1996 m.d.A.). Außerdem kann bei totalitären Regierungssystemen davon ausgegangen werden, daß gezielte Fehlinformationen aus politischem Interesse heraus betrieben werden.

Auf jeden Fall geben offizielle Statistiken nur Daten des formellen und damit meist städtischen Sektors wieder. Schließlich deklarieren viele steuerpflichtige Betriebe des formellen Sektors ihre Jahresproduktion unter Wert, um Steuerkosten zu vermeiden. Eine absolut verläßliche Angabe beispielsweise zum BIP darf aus der amtlichen Statistik demnach kaum erwartet werden.

Die meisten ökonomischen Daten über Guatemala spiegeln eine Wirklichkeit vor, die nur für einen Bruchteil der Bevölkerung gilt. Bei 35 Prozent Beschäftigten der ökonomisch aktiven Bevölkerung im formellen Sektor (*PNUD* 1996 :Tab. 18), bei einem Verhältnis der Land-Stadt-Bevölkerung von drei zu zwei (*PNUD* 1996 :Tab. 22), bei einer Analphabetenrate um die 50 Prozent (*PNUD* 1996 :Tab. 4) und bei einer geschätzten Steuerhinterziehung von 40 Prozent des Gesamtaufkommens (*González Merlo* 1995 :35) kann davon ausgegangen werden, daß am Bild des Staats und der ihn repräsentierenden Daten die meisten Bewohner des Staatsgebietes keinen Anteil haben.

Alle weiteren Statistiken über Guatemala, wie die nationaler Institute (ASIES, CIEN, FIE) oder die Länderberichte des deutschen statistischen Bundesamtes, sowie die verschiedenen UN-Statistiken bauen auch auf den amtlichen Angaben des *Instituto Nacional de Estadística* (INE), der *Secretaría General de Planificación* (SEGEPLAN), des *Ministerio de Finanzas* (MF) und der *Banco de Guatemala* (BANGUAT) auf. Somit sind ausländische Statistiken über Guatemala nicht unbedingt verläßlicher als die inländischen. Daraus resultieren zwei methodische Folgerungen für dieses Kapitel:

1. Es wird darauf verzichtet, die folgende Argumentation auf absolute, isolierte Daten aufzubauen, sondern die offizielle statistische Grundlage wird vielmehr im Hinblick auf Anhaltspunkte und Trends interpretiert.

2. Es wird als wissenschaftlich legitim angesehen, in die Argumentation auch Daten einzubringen, die nicht öffentlich bestätigt sind. Da alle Regierungen der letzten zwanzig Jahre, inklusive die aktuelle Regierung *Arzú*, Pressezensur und gezielte Fehlinformationen betrieben haben, können Angaben aus persönlichen Quellen (Ex-Regierungsberater, exilierte Wissenschaftler, Journalisten, Diplomaten, Unternehmer) berechtigterweise neben offiziell publizierte Daten gestellt werden.

3.1.2 Die Wirtschaftsentwicklung ab 1980 bis heute

Ab 1980 unternahm der IWF in Guatemala mehrere Anläufe zur Durchsetzung von Strukturanpassungsprogrammen. Keines der Programme gelang (*Ayau Cordón* 1989; *Rosenthal/Caballeros* 1992). Trotz der grundsätzlichen Kritik, die an solchen Programmen zu äußern wäre, hätte deren Durchsetzung zumindestens die Möglichkeit geboten, für einige ökonomische Probleme konstruktive Lösungen zu suchen. Anstatt richtungsweisende Veränderungen bei der Steuerpolitik und der Ausgabenstruktur vorzunehmen, erschöpften sich die Regierungen in der Anwendung kurzfristiger, konjunktureller Instrumente wie der Beeinflussung des Wechselkurses, der Zinssätze und der Geldmenge (*Sosa López* 1995 :189).

Diese Einflußnahme der Politik auf die Maßnahmen der Nationalbank hat das lateinamerikanische „verlorene Jahrzehnt" der achtziger Jahre für Guatemala zusätzlich verschärft. Kapitalbeschaffung um jeden Preis hat zu einem monetären Ungleichgewicht zwischen Gütern und Kapitalangebot, Binneninflation, kontraproduktiven Zinssätzen, einem unrealistischen Wechselkurs, künstlicher Importverbilligung, persönlicher Bereicherung einiger Akteure in Regierung, Militär und Bankensektor und zur Verarmung von drei Vierteln der Bevölkerung geführt. Die Nationalbank trägt die langfristigen Kosten für die überdimensionierte Ausweitung der Geldmenge und verzeichnet jährlich steigende Verluste.

Von einigen Folgen, wie den Preissteigerungsraten für die Güter des täglichen Bedarfs bzw. Realeinkommensverlusten wird die Bevölkerung unmittelbar betroffen. Davon können auch die kleinbäuerlichen Familienwirtschaften nicht ausgenommen werden. Da der Anteil der Produktion von Nahrungsmitteln im Bereich dieser ehemaligen Subsistenzbetriebe im besten Fall 75 Prozent des Grundbedarfs abdeckt (*Birk* 1995a :217) und alle weiteren Einkünfte außerhalb der eigenen Parzelle erwirtschaftet werden müssen, wirken sich monetäre Entwicklungen auch in diesem Bereich aus.

Laut UNDP-Definition leben 6,9 Millionen Menschen in Guatemala in „absoluter Armut", davon sind 4,3 Millionen Landbevölkerung (*Deutsche Gesellschaft für die Vereinten Nationen* 1994 :162). 71 Prozent der Gesamtbevölkerung hat demnach weniger, als zum

Abb. 5:   Preissteigerung 1983 - 1996

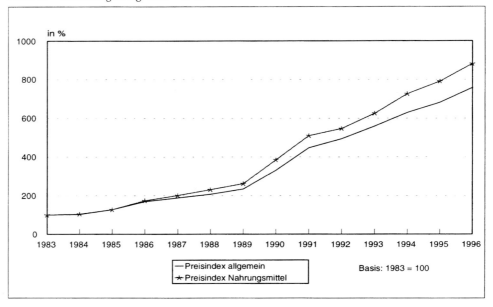

Abb. 6:   Kaufkraftverlust des Quetzal Februar 1983 - Februar 1997

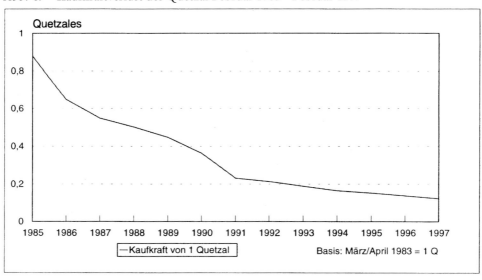

Quelle für beide Abb.: *Crystal Group*, Perfil de Guatemala 1997

Abb. 7: Entwicklung des BIP/pro Kopf von 1980 - 1996 (inflationsbereinigt)

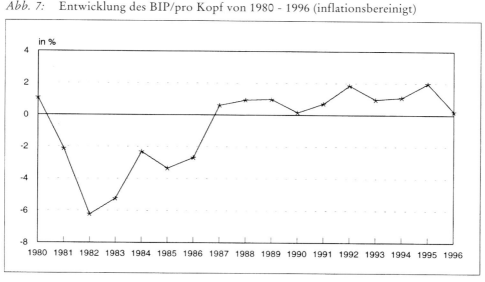

Quelle: *Banco de Guatemala* 1997

Abb. 8: Veränderung gesetzlicher Mindestlöhne 1980 - 1996 *(Tageslohn in US- $)*

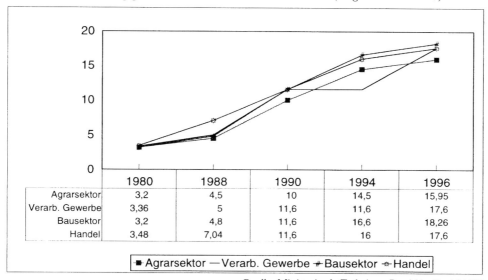

	1980	1988	1990	1994	1996
Agrarsektor	3,2	4,5	10	14,5	15,95
Verarb. Gewerbe	3,36	5	11,6	11,6	17,6
Bausektor	3,2	4,8	11,6	16,6	18,26
Handel	3,48	7,04	11,6	16	17,6

■ Agrarsektor — Verarb. Gewerbe ✱ Bausektor ✦ Handel

Quelle: *Ministerio de Trabajo y Previsión Social* 1996

Überleben notwendig ist. Das heutige Pro-Kopf-Einkommen entspricht dem Wert von 1970 *(PNUD* 1996 :Tab. 29). Die folgenden Abbildungen zeigen die kumulierte Preissteigerungsrate, den realen Kaufkraftverlust der Inlandswährung und die Höhe der Mindestlöhne für den Zeitraum von 1980 - 1996. Die Entwicklung des BIP zeigt, inflationsbereinigt und pro Kopf, negative oder sehr geringe Wachstumsraten. Der Anstieg der Mindestlöhne kann die jährliche Preissteigerung bzw. den Kaufkraftverlust nicht ausgleichen. Die Preissteigerung bei Nahrungsmitteln liegt noch über dem Jahresdurchschnitt der Inflation.

Die staatlichen Ausgaben entfallen vornehmlich auf die Erhaltung des Staatsapparats und auf Infrastrukturmaßnahmen in der Hauptstadt. Die Straßen sind in allgemein schlechtem Zustand, lediglich 26 Prozent des gesamten Netzes von 12 034 km sind asphaltiert (*Statistisches Bundesamt* 1996 :77). Pro hundert Einwohner werden 2,1 Telefone gezählt (*PNUD* 1996 :Tab. 17). Nur 35 Prozent der Bevölkerung hat eine offizielle Anstellung (*PNUD* 1996 :Tab. 18). Zugang zu Gesundheitseinrichtungen haben 25 Prozent der ländlichen und 47 Prozent der städtischen Bevölkerung (*PNUD* 1996 :Tab. 10). Die ärztliche Behandlung zu bezahlen, können sich wesentlich weniger Menschen leisten.

Um einen Eindruck von den Extremen der Lebensumstände jenseits der Mittelwerte zu vermitteln, werden noch einige Beispiele angefügt: Der tägliche Geldbedarf eines Straßenkindes in *Quetzaltenango* beträgt Q 10.- (2,50 DM), um Schlafplatz und Essen zahlen zu können. Als Schuhputzer verdienen sie pro Paar geputzter Schuhe Q 0,50, nach Abzug der Leihgebühr für ihre Ausrüstung. Selten aber finden sie zwanzig Kunden pro Tag (*Eigene Erh.*). Der offizielle Mindestlohn für acht Stunden Arbeit im Agrarsektor beträgt gegenwärtig Q 16.-. Arbeiter auf den Kaffeeplantagen verdienen fast immer weniger (Männer Q 12.-, Frauen Q 10.- (*Flores Alvarado* 1995 :49-50)) und arbeiten durchschnittlich zehn Stunden. Ein Pfund Bohnen kostet Q 8.-, ein Hühnerei Q 0,80, eine kleine Flasche Coca-Cola Q 1,75, eine Busfahrkarte für 100 km Q 12.- , Einzelkarten im Stadverkehr jeweils Q 1.-. Ein Capuccino im *Café Vienna* von Guatemala Stadt ist schon einen Tageslohn wert: Q 12.- (Stand Februar 1997). Den Volksvertretern im Kongress fehlt es aber nicht an Mitteln, in der Hauptstadt zu überleben. Ihr Monatseinkommen liegt bei Q 17.450.-

3.2 Durch Finanzspekulation zur Misere. Die entscheidenden Handlungsabläufe

3.2.1 Ausweitung der Geldmenge

Die inflationäre Entwicklung der letzten fünfzehn Jahre läßt sich als Ungleichgewicht zwischen der umlaufenden Geldmenge (M1) und der binnenländischen Produktion von Gütern und Dienstleistungen definieren. Abbildung 9 zeigt, daß die jährliche Variation der Geldmenge nicht mit dem realen Wirtschaftswachstum gekoppelt ist. Das äußert sich zunächst in der jährlichen Inflationsrate, die ab 1993 allerdings relativ stabil ist. Das liegt wiederum daran, daß von der Zentralbank ein Teil des umlaufenden Geldes „stillgelegt" wird. Auf diesen Mechanismus, der eine „monetäre Bombe" schafft, wird an späterer Stelle eingegangen.

Warum wuchs die umlaufende Geldmenge so stark an und wer veranlaßte dies?

Für alle monetären Maßnahmen der Geldmengenregulierung ist die *Banco de Guatemala* zuständig. Diese Notenbank war aber nie ein unabhängiges Institut, so wie es von der Gesetzgebung ursprünglich vorgesehen war. Die Militärregierungen der siebziger und frühen achtziger Jahre nutzten ihre Ressourcen zur Finanzierung der Kontrolle, Unterdrückung und Ermordung der ländlichen Bevölkerung und zur persönlichen Bereicherung. In diese Zeitspanne fällt bezeichnenderweise der strukturelle Wechsel des Militärs vom Beschützer der landbesitzenden Oligarchie zur eigenständigen wirtschaftlichen Machtgruppe, der von der Regierung *Arana Osorio* eingeleitet wurde (*Berger* 1992 :168).

Da durch Bürgerkrieg, Militärausgaben, Korruption und den allgemeinen Preisverfall für Agrarexportgüter in den achtziger Jahren entsprechende Außenhandels- und Haushalts-

Abb. 9: Jährliche Variation der Geldmenge (M1), der Inflation und des BIP
1985 - 1996

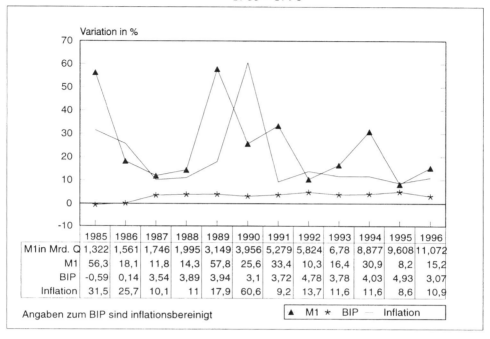

1985 - 1996

Variation in %

	1985	1986	1987	1988	1989	1990	1991	1992	1993	1994	1995	1996
M1 in Mrd. Q	1,322	1,561	1,746	1,995	3,149	3,956	5,279	5,824	6,78	8,877	9,608	11,072
M1	56,3	18,1	11,8	14,3	57,8	25,6	33,4	10,3	16,4	30,9	8,2	15,2
BIP	-0,59	0,14	3,54	3,89	3,94	3,1	3,72	4,78	3,78	4,03	4,93	3,07
Inflation	31,5	25,7	10,1	11	17,9	60,6	9,2	13,7	11,6	11,6	8,6	10,9

Angaben zum BIP sind inflationsbereinigt   ▲ M1 ★ BIP — Inflation

Quelle: *Crónica* 1997 :34, *Banco de Guatemala* 1997

Bem.: Die Geldmenge M1 ist die Summe des umlaufenden Bargeldes und der Sichteinlagen inländischer Nichtbanken bei Kreditinstituten und der Zentralbank. (*Duwendag* et.al., 1993 : 456-457)

defizite entstanden, mußten die jeweiligen Militärregierungen von *Arana Osorio, Laugerud García, Lucas García, Ríos Montt* und *Mejía Víctores* nach Lösungen suchen. Zu diesem Zweck wurde schon unter *Arana Osorio* ein Artikel des Notenbankgesetzes geändert. Dieser hatte bislang die mögliche Nettokreditaufnahme der Regierung bei dem *Banco de Guatemala* an eine Mindestmenge vorhandener Devisenreserven (äquivalent der durchschnittlichen Devisennachfrage der vorangegangenen drei Monate) begrenzt. Mit Änderung des Artikels stand den folgenden Regierungen eine unbeschränkte Kreditaufnahme bei der Notenbank offen. Damit wurde die inflationäre Geldmengenausweitung, zu der es in den achtziger Jahren kommen sollte, von der Legislative gestützt (*Salazar Santizo* 1995 :19-20).

Diese Erhöhung der Geldmenge ist als Auswirkung der Geldbeschaffungspolitik zu verstehen, denn finanziert wurden Haushalts- und Außenhandelsdefizit durch internationales Spekulationskapital, das von bestimmten monetären Operationen der Notenbank angezogen wurde. Wie die Anmerkungen zu den Abbildungen 10 und 11 belegen, sind die Werte für die Preissteigerung, das Haushaltsdefizit und die Handelsbilanz bis 1985 aufgrund von Umschichtungen von Schulden relativ moderat. Nach diesem Zeitpunkt ist die krisenhafte Tendenz wesentlich deutlicher nachzuverfolgen.

Abb. 10: Haushaltsdefizit 1980 - 1996

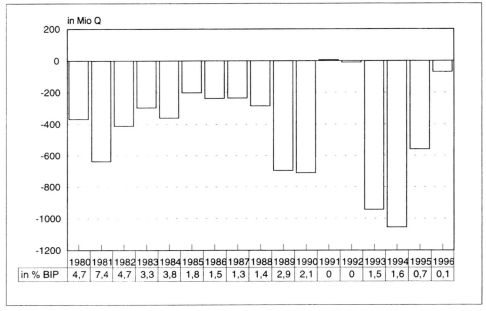

in % BIP	1980	1981	1982	1983	1984	1985	1986	1987	1988	1989	1990	1991	1992	1993	1994	1995	1996
	4,7	7,4	4,7	3,3	3,8	1,8	1,5	1,3	1,4	2,9	2,1	0	0	1,5	1,6	0,7	0,1

Quelle: *Banco de Guatemala* 1997

Abb. 11: Handelsbilanz 1981 - 1996

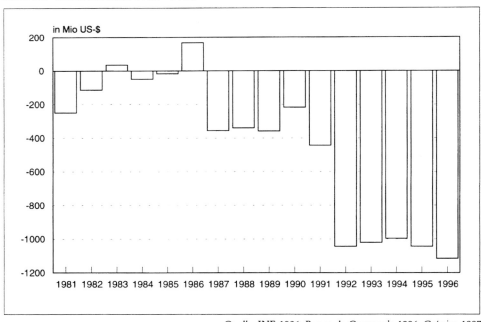

Quelle: INE 1986, Banco de Guatemala 1996, Crónica 1997

40

Anmerkungen zu den Abbildungen 10 und 11:

1. Bis 1983 wurde die negative Handelsbilanz mit den Devisenreserven des *Banco de Guatemala* finanziert. Daher erklärt sich das relativ niedrige Haushaltsdefizit. Die Devisenreserven des *Banco de Guatemala* schrumpften von 1978 bis 1981 von 743 Mio U$ auf 70 Mio U$. (*Salazar Santizo* 1995 :23)
2. 1983 und 1984 wurden vom *Banco de Guatemala* sog. *Bonos de Estabilización* für 700 Mio U$ ausgegeben, deren Nominalwert 1Q zu 1 U$ betrug. Diese „Schuldscheine" der Notenbank wurden genutzt, um einen Teil der Auslandschulden abzudecken. Den Wechselkursverlust und die Zinslast schrieb die Notenbank ab. Dieser wird auf 2,8 Milliarden Q geschätzt. (*Salazar Santizo* 1995 :27-28)
3. Die hohen Kaffeepreise (200 U$ pro Zentner im Jahresmittel) und die Inkraftnahme des hydroelektrischen Großkraftwerks *Chixoy*, wodurch die Ölimporte vermindert werden konnten, führten zu einer positiven Handelsbilanz für 1986. Diese verleitete die Regierung *Cerezo* zu einer starken Ausweitung der öffentlichen Ausgaben, so daß das Haushaltsdefizit ab 1987 stark anstieg (*Salazar Santizo* 1995 :32-33).
4. Das geringe Haushaltsdefizit von 1991 und 1992 erklärt sich trotz negativer Handelsbilanz aus dem Beginn der Offenmarktgeschäfte der Notenbank mit Staatsanleihen (*CENIVACUS*) und der Ausgabe von sog. *Bonos de Emergencia* im Wert von 800 Mio Q, die als „neue Schuldscheine" dazu dienten, die Staatsverschuldung zu verringern. (*Salazar Santizo* 1995 :37)

3.2.2 „Monetäre Alchimie"

Die monetäre Politik der Notenbank, über die internationales Spekulationskapital angezogen wird, kann als „monetäre Alchimie" (*Maul* 1994 :1) bezeichnet werden: Seit 1983 wurden regelmäßig Staatsanleihen verkauft, die je nach Regierung und Jahr *bonos de estabilización*, *bonos de emergencia*, *CERTIBONOS* oder *CENIVACUS* heißen. Letztere sind gegenwärtig auf dem Markt und waren bis März 1997 mit festen Laufzeiten von drei, sechs oder zwölf Monaten und garantierter Rendite zwischen 20 und 26 Prozent effektivem Jahreszins ausgestattet.

Das Staatsdefizit 1992 wurde auf diese Weise mit Kapitaleinkünften in Höhe von 615 Millionen US-$ finanziert. Für 1993 lagen die Einkünfte bei 818 Mio. US-$ (*Maul* 1994 :1). Der Wechselkurs des US-$ zum Quetzal wird von der Notenbank gestützt. Am Ende der Laufzeit werden die Anleihen erneut veräußert, die Zinsen zahlt die *Banco de Guatemala*, die dadurch jährliche Verluste verzeichnet, das sogenannte „Quasi-Staatsdefizit". Dieses wird teilweise über die Ausgabe neuen Geldes getilgt, teilweise über den Verkauf neuer Anleihen. „Tatsächlich druckt die Zentralbank das Geld, um die Zinsen für *CENIVACUS* zu zahlen" (*Gonzalez Merlo* 1995 :49).

Der Versuch, die Geldmenge wieder zu kontrollieren, wird über die Ausgabe weiterer Offenmarktpapiere (*OMA = Operaciones de Mercado Abierto*) gemacht, deren Ankaufswert „stillgelegt" wird. Diese stellen den Hauptteil der staatlichen Binnenverschuldung. Damit schließt sich der monetäre Teufelskreis.

Wer kauft diese Anleihen und warum? Die Vermittlerdienste zwischen internationalem Spekulationskapital und guatemaltekischen Staatsanleihen bestreiten die inländischen Finanzinstitute. Deren Anzahl ist ab 1980 von dreizehn Banken und drei Finanzierungsgesellschaften auf 34 Privatbanken und 19 Finanzierungsgesellschaften bis Oktober 1997 angestiegen (*Superintendencia de Bancos* 1980 :12; 1997 :14). Da die inländische Wirtschaftsentwicklung eine solche Expansion des Bankensektors nicht hat verursachen können, wird deutlich, daß das Spekulationsgeschäft heute einer der einträglichsten Wirtschaftszweige ist. 1994 und 1995 waren die Banken der erfolgreichste Sektor mit Umsatzzuwächsen im Kreditbereich von 26 Prozent bzw. 24 Prozent (*Crónica* 1996 :35).

Seit mit einer Verfassungsreform 1994 die Vergabe direkter Kredite von der Notenbank an die Regierung verboten wurde, werden diese nur noch auf dem nationalen Geldmarkt aufgenommen.

Tab. 4: Zinssätze, „Quasi-Defizit", Haushaltsdefizit und Verschuldung
1990-1996

Jahr	Zinssatz für Offen-markt-Geschäfte in Prozent	Quasi-Defizit in Mio Q	Quasi-Defizit in Pro-zent/BIP	Haushalts-Defizit in Mio Q	Staats-verschuldung im Inland in Mio Q (Saldo)	Verschuldung der Notenbank im Inland in Mio Q (Saldo)
1990	20,1	728	2,12	710,6	4081,2	2784
1991	24,4	749,6	1,58	-	4314,7	6397
1992	26	625,3	1,16	10,8	4625	6897
1993	25,7	722,6	1,15	944,5	5642,9	7683
1994	24	961,2	1,29	1053,8	6140,5	8620
1995	20,9	794,3	0,92	560,3	6021,5	9215
1996	22,5	1138,6	1,17	71,1	5755,1	10843,5

Quelle: *Banco de Guatemala* (Hg.) Boletines Estadísticos, versch. Jg.

Der Ablauf ist folgender: die Privatbanken kaufen die angebotenen Staatsanleihen auf und deklarieren sie als Teil ihrer Aktiva, die ihre Kreditgeschäfte absichern (*Superintendencia de Bancos* 1996 :34). Bei Beendigung der Laufzeit erhalten sie die garantierten Zinsen und prolongieren die Anleihen. Die Finanzmittel erlangen die Banken von ausländischen Kapital-anlegern, denen sie eine Rendite über dem Durchschnitt des internationalen Geldmarktes anbieten können. Diese Rendite wird durch die Notenbank garantiert, die die Zinshöhe und den Wechselkurs des US-$ zum Quetzal stabil hält.

Da nicht nur die schon auf dem Markt befindlichen Staatsanleihen immer wieder veräußert werden, sondern auch neue angeboten werden, können die Bankinhaber inzwischen die Regierung unter Druck setzen. Würden sie nämlich zu einem einzigen Zeitpunkt alle aufge-laufenen Staatsanleihen zur Auszahlung vorlegen, bräche das Finanzsystem zusammen. Für den gegenwärtigen Zeitpunkt beziffert *Sosa López*, der vorherige Präsident der Nationalbank (1997 :31), diese „monetäre Bombe" auf zehn Milliarden Quetzales (=2,5 Milliarden DM), der äquivalente Wert von 12 Prozent des BIP Guatemalas von 1995.

3.2.3 Familiäre Beziehungen

Bei dem Zusammenspiel zwischen Notenbank, Regierung und privatem Bankensektor spielen vor allem persönliche Verbindungen eine Rolle.

Die nationalstaatliche Entwicklung Guatemalas wurde seit der Unabhängigkeit 1821 von einer zahlenmäßig eng begrenzten städtischen Bourgeoisie getragen, die ihre Vormachtstel-lung mit liberalen, konservativen und jetzt neoliberalen Argumenten verteidigt. Familien, die mit den liberalen Reformen 1871 ihre wirtschaftliche Monopolstellung aufzubauen begannen, stellen auch heute noch das Personal in Regierung, Militär und Großunternehmertum (*Brun-ner/Dietrich/Kaller* 1993).

War in den siebziger und achtziger Jahren noch die gewünschte strategische Familienver-bindung ein Triumvirat von ranghohem Militär, Großgrundbesitzer und Politiker, so ist heute der Großgrundbesitzer durch den Bankier ausgetauscht. Zusätzlich kaufen sich Militärs verstärkt in Großunternehmen ein und spielen auch im Bankensektor durch den *Banco del Ejército* eine wichtige Rolle. Der Clan der Familie *Arana* des ehemaligen Statspräsidenten *Carlos Arana Osorio* beispielsweise beschränkt sich schon seit zwanzig Jahren nicht mehr allein auf den militärischen Bereich, sondern gehört zu den erfolgreichsten Wirtschaftstreibenden des Landes durch seine Beteiligungen im Bau-, Agroexport-, Bank- und Versicherungswesen mit hohem Einfluß auf die Politik des Unternehmerverbandes CACIF (*Dietrich* 1995 :169). Jener stärkt wiederum der heutigen Regierung *Arzú* den Rücken.

Ein Beispiel für die von Personen getragene Verflechtung zwischen Regierung, Unternehmern und Banken ist die Zusammensetzung der *Junta Monetaria*, der Instanz, die die monetäre Politik für die Notenbank zu definieren hat. Sie wird laut Verfassung (Artikel 132) konstituiert durch acht ordentliche Mitglieder, die von der Regierung, dem Abgeordnetenhaus, den privaten Unternehmern und Banken und der Universität gestellt werden. Diese sind: 1. der Präsident der Notenbank, 2. der Finanz-, 3. der Wirtschafts- und 4. der Landwirtschaftsminister, 5. ein Abgeordneter, 6. ein Vetreter der Unternehmerverbände (ohne Banken), 7. ein Vertreter der Vorstände der Privatbanken, 8. ein Vorstandsmitglied der staatlichen Universität.

Diese Gruppe kann als ein gutes Beispiel für Gewalten-Konzentration anstelle von Gewaltenteilung bezeichnet werden. Die *Junta Monetaria* erläßt die Dekrete bezüglich der Geldmengenregulierung, der Zinshöhe für die Staatsanleihen, des Devisenhandels und des Ausgleichs des Staatsdefizits.

> *La Junta Monetaria es la autoridad del Banco de Guatemala, entidad regente y directora del sistema financiero y, en esa calidad, determina la política monetaria, cambiaria y crediticia del país, debiendo salvaguardar la liquidez, solvencia y estabilidad del sistema; además, a partir de las reformas constitucionales vigentes desde abril de 1994, este mismo artículo prohíbe el crédito de Banca Central al gobierno.* "(*ASIES* 1994 :2, Auszug aus der Verfassung Gutemalas von 1994, Artikel 133)

Ihre Aufgabe ist es auch, die ausländischen Kapitalströme zu kontrollieren. Allerdings sind die privaten Banken nur an zwei Tagen des Monats reportpflichtig. Von woher und wohin sich Kapital an den anderen 28 Tagen bewegt, bleibt der Vorstellungskraft überlassen. Es ist also nicht zu beweisen, liegt aber nahe, daß in den Finanzgeschäften auch Drogengelder eine Rolle spielen. Die vielfältigen Presseberichte über Aktivitäten hoher Militärs in Zusammenhang mit Drogengeschäften liefern weitere Indizien für diese Vermutung.

Trotz der eindeutigen Gesetzeslage sorgen also die mit politischer und wirtschaftlicher Macht ausgestatteten Akteure der *Junta Monetaria* für die Wahrung der Interessen der privaten Banken, die Stabilität einer von der Bevölkerung über Inflation bezahlten Rendite von Spekulationsgeschäften und den freien Zugang internationalen Kapitals zweifelhafter Herkunft.

Die verfassungsrechtliche Verankerung des familiären Zugangs der Vertreter aus Regierung, Bankensektor, Unternehmertum und Militär zur zentralen Steuerungsinstanz der nationalen Geldpolitik, der *Junta Monetaria*, zeigt, daß die monetären Ungleichgewichte weder aus Zufall noch aus Unwissenheit, sondern aus einer bestimmten Bündelung von Interessen heraus entstanden sind.

Der Teufelskreis aus Staatsanleihen, überhöhten Zinsen, Inlandsschulden und neuen Staatsanleihen wurde als konzertierte Handlung der genannten Akteure geschaffen und von diesen aufrechterhalten. Die monetäre Politik wird als funktionale Einrichtung genutzt, um Bankiers und ihre Familien zu Nutznießern zu machen. So ist kaum zu erwarten, daß gravierende Veränderungen in der Handhabung der geldpolitischen Instrumente eintreten werden. Niemand hat gegenwärtig die gesellschaftliche Macht, die verantwortlichen Akteure daran zu hindern, den nationalen Schulden- und privaten Bereicherungskreislauf in Schwung zu halten, den andere Personen über die Inflationsrate und den wahrscheinlichen, mittelfristigen Zusammenbruch der Landeswährung finanzieren.

3.3 Kriminalität als Wirtschaftsunternehmung

Neben der Finanzspekulation, die kaum als illegale Tätigkeit wahrgenommen wird, verzeichnet das organisierte Verbrechen in Guatemala hohe Umsätze. Diese kriminellen Strukturen sind von erheblicher Bedeutung für die nationale Wirtschaft und das Alltagsleben der Bevölkerung.

Es ist schwierig, den genauen Umfang dieser Aktivitäten zu beziffern, und die Zahlenwerte dieses Abschnitts dienen daher vorwiegend als Indikatoren der wirtschaftlichen Bedeutung des organisierten Verbrechens.

3.3.1 Neue Industriezweige: Entführungen, Schmuggel, Raub, Drogen

Gerade im Jahr 1996 gab es eine umfangreiche öffentliche Diskussion um Ausmaß und Einfluß kriminellen Handelns in Guatemala. Die Beiträge der Presse zu dem Thema sind zwar ausschnitthaft, aber verdeutlichen dennoch, daß die Kriminalität als gut organisierter Wirtschaftszweig aufgefaßt werden kann, dessen Geschäftsführer vornehmlich aus Spitzenpositionen in Militär und Politik stammen.

Entführungen:

Eine der vielfältigen kriminellen Einkommensquellen sind Entführungen. Nach offiziellen Quellen liegt die Spannweite der Lösegeldsummen zwischen 150 Tausend Quetzales für Mittelschicht-Opfer und zehn Millionen bei der Entführung von Großindustriellen, wie im Fall der *Sra. De Botrán.* Angeblich sollen im Laufe des Jahres 1996 insgesamt 50 Millionen Quetzales von Unternehmerfamilien an Entführer gezahlt worden sein (*Recinos Lima* 1996 :24). Der damalige Präsident des Unternehmerverbandes CACIF, *Humberto Preti,* äußerte schon im Juli 1996 in der Presse, daß ihm allein von Verbandsmitgliedern 140 Fälle von Entführungen bekannt geworden seien (*Morales de la Cruz* 1996 :23).

Der Chef der Nationalpolizei, *Angel Conte Cojolún,* wiederum gibt an, daß bis Februar 1996 lediglich 16 Fälle von Entführungen durch die hauptstädtische Polizei untersucht würden, konnte aber gleichzeitig neun Banden benennen, die sich auf Entführungen spezialisiert hätten (*Colindres/Gramajo* 1996 :20). *Oscar Recinos,* der Präsident der Bürgerbewegung „Wächter der Nachbarschaft", die mehr als 2.800 Gruppen umfaßt (*Colindres/Gramajo* 1996 :23), forderte sogar die Verhängung des Ausnahmezustandes, damit die Kriminalität kontrolliert werden könne. Die Bürgerbewegung habe Kenntnis von 20 bis 25 Entführungsfällen monatlich allein für den Hauptstadbezirk und entsprechenden 40 Fällen im Inland (*Shetemul* 1997 :26). Von den bis Mai 1997 an die Nationalpolizei gemeldeten 176 Entführungen würden aber lediglich 36 als solche aufgenommen (*Prensa Libre* v. 15.05.1997 :10).

Einer der prominentesten Entführungsfälle wurde im Oktober 1996 publik: *Sra. Olga de Novella,* Angehörige der Familie, die das Zementmonopol in Guatemala hält, konnte am 20. Oktober 1996 nach 56 Tagen Gefangenschaft befreit werden. Die Polizei nahm einen der Entführer fest, der sich als Guerrillamitglied der ORPA auswies. Deren Vorsitzender, *Rodrigo Asturias,* übernahm wenig später die Verantwortung für den Fall und mußte aus der Komission der URNG, die die Friedensverhandlungen mit der guatemaltekischen Regierung in Mexico-Stadt führte, austreten (*Blanck* 1996b :19). Politischen Ursprungs konnte diese Entführung kurz vor dem erfolgreichen Abschluß der Friedensverhandlungen nicht sein. Die geforderte Lösegeldsumme von mehreren Millionen US-$ hätte der Kapitalisierung der neu zu gründenden Partei der URNG nach dem Friedensschluß gedient.

Abgesehen von der unübersichtlichen Datenlage und der öffentlichen Polemisierung um das Thema Entführungen kann festgehalten werden, daß unter diesen hauptsächlich die Mittel- und Oberschicht der hauptstädtischen Bevölkerung leidet. Die Motive der Entführer sind zumeist rein finanzieller Natur und ihr Organisationsgrad ist relativ hoch. Die Ausführenden sind nicht immer an der Planung beteiligt und schnell ersetzbar, denn trotz der relativ hohen Zahl an Festnahmen von mindestens 205 Mitgliedern aus 35 Banden bis November 1996 (*Recinos Lima* 1996 :25), hat sich die Zahl von Entführungen weiter gesteigert, und die Banden konnten sich wieder reorganisieren (*Shetemul* 1996 :26). Polizei und Justiz haben die Situation nicht unter Kontrolle, wodurch unter der Bevölkerung Angst und Gewaltbereitschaft zunehmen. Aufgrund der unsicheren Lage verringert sich die Bereitschaft von Unternehmern, in Guatemala zu investieren und zu arbeiten, weshalb eine weitere Informalisierung und Kriminalisierung der nationalen Wirtschaft wahrscheinlich ist.

Schmuggel und Raub:

Noch besser organisiert sind die Aktivitäten im Bereich des Schmuggels. Wenige, mafiaähnliche Organisationen teilen sich das Geschäft mit der Hinterziehung von Einfuhrzöllen und dem Raub ganzer Container mit Importwaren. Mit der Verhaftung des angeblichen Chefs eines der beiden großen Schmuggler- und Drogenringe im September 1996, *Alfredo Moreno Molina*, glaubte die Regierung *Arzú*, den monatlichen Verlust von 90 Millionen Quetzales an Zollgebühren beendet zu haben (*González* et.al. 1996 :19). Der Direktor der Zollbehörde nimmt an, daß die jährliche Hinterziehung mindestens drei Milliarden Quetzales betrage (*González* et.al. :23). Diese Summe entspricht 3,5 Prozent des BIP Guatemalas von 1995.

Angeblich baute *Moreno* seinen Schmugglerring namens *Salvavidas* unter der Regierung von *Vinicio Cerezo* seit 1989 auf, und erhielt ebenfalls von den Regierungen *Serrano Elías* und *De Léon Carpío* Protektion. Die illegale Organisation besitzt Verbindungen zur Zollpolizei, Nationalpolizei, der Zollbehörde und zum Finanzministerium (*González* et.al. :23). Nationale Warenhausketten profitierten vom Einkauf zollfreier Waren (*Marroquin* 1996 :30), und Militärs in hohen Positionen boten Logistik und Schutz, wofür sie Autos, Bargeld, elektrische Haushaltsgeräte und Reisen erhielten (Hernández 1997b :4-5).

Aber schon bald nach der spektakulären Verhaftung *Morenos* wurde deutlich, daß die Schmuggelaktivitäten damit nicht beendet waren. Offizielle Quellen gaben zu, daß vielleicht nur 40 Prozent aller Schmuggel-umsätze unterbunden wurden und die anderen 60 Prozent von einem zweiten Ring um den Salvadorianer *Santos Hipólito Reyes Salvador* eingenommen würden (*Morales Monzón* 1996 :29). Andere Personen nehmen an, daß *Moreno* lediglich als Bauernopfer diente und der Ring nach wie vor ungestört operiert. Bis Juli 1997 wurde noch keiner der sieben hohen Militärs, die nach Ansicht des zuständigen Staatsanwaltes in den Fall verwickelt sind, namentlich genannt, verhaftet oder angeklagt (*Colíndres* 1997 :20). Genausowenig wurde bis Oktober 1997 gegen die beteiligten Unternehmer vorgegangen (*González/ Léon* 1997 :20).

Der organisierte Raub von Neuwagen und Sattelschleppern hat ebenfalls Hochkonjunktur. Nach polizeilichen Quellen werden pro Tag in ganz Guatemala zwanzig Neuwagen gestohlen (*González Moraga* 1996c :16). Das entspricht einem täglichen Umsatz von 3 Mio. Q, bzw. einem Jahresumsatz von 1,27 Prozent des BIP von 1995. Durch eine vernetzte Aktion von Autodieben, Hehlern, Beamten im Finanzministerium, Polizei, Rechtsanwälten und Zoll werden die meisten Wagen umgehend mit neuen Papieren versehen und innerhalb des Landes weiter verschoben. Angeblich sind 20.000 gestohlene Wagen auf guatemaltekischen Sraßen unterwegs, mit einem Gesamtwert von 3 Milliarden Quetzales oder 3,5 Prozent des BIP 1995. (*Prensa Libre* v. 28.02.1996 :2).

Nicht quantifizierbar ist die Summe der wiederkehrenden Bandenüberfälle auf Kaffeeplantagen, wo Teile der Ernte oder die Lohngelder gestohlen werden (*Moraga* 1996 :21). Fuhrunternehmer und Privatpersonen müssen auf den Überlandstraßen im Westlichen Hochland und an den Grenzen zu Mexico und San Salvador ebenfalls damit rechnen, in eine der häufigen Straßensperren von organisierten Banden zu geraten, die bis zu 50 Mitglieder zählen (*Colindres/Gramajo* 1996 :20-23).

Drogenhandel:

Neben dem Schmuggel betreiben Organisationen wie das *Moreno*-Kartell ebenfalls Drogenhandel. Allein in einem Stadtteil von Guatemala Ciudad, dem Bezirk *El Gallito* werden nach Schätzungen der *Crónica* (v. 15.03.1996 :19) pro Jahr Drogen im Wert von 30 Mio U$ umgesetzt. Das entspricht 0,21 Prozent des BIP Guatemalas im Jahr 1995. Im Mai 1997 gelang es der Polizei, einen Drogentransport mit einer Tonne Kokain im Wert von 200 Millionen Quetzales aufzubringen (*Campos/Hernández* 1997 :11). Das sind zwei Fünftel der Gesamtschulden der staatlichen Elektrizitätsgesellschaft INDE bzw. der Verkaufspreis des kompletten Kraftwerks *La Laguna* (*Prensa Libre* v. 15.05.1997 :2).

Andere Erfolge der Anti-Drogen Polizei, wie die Verhaftung des Oberstleutnants *Ochoa Ruiz*, der im Mai 1997 mit dreißig Kilogramm Kokain zum Marktwert von sieben Millionen Quetzales im Kofferraum seines Wagens in Guatemala Stadt zu einem Übergabe-Termin unterwegs war (*Hernández* 1997a :9), lassen erahnen, daß die Drogenaktivitäten in Guatemala insgesamt zunehmen und die Organisationsstrukturen der Kartelle bislang nicht von der Polizei angetastet worden sind.

3.3.2 Die Mitglieder der ehrenwerten Gesellschaft

Im Zuge der Verhaftung von *Alfredo Moreno Molina* begannen viele Spekulationen in der Presse um die „tatsächlichen Hintermänner" seines Schmuggel-Drogen-Rings. Die bei der Verhaftung beschlagnahmte Liste seiner Kontaktpersonen wurde erst zwei Wochen später vom militärischen Nachrichtendienst den zuständigen Gerichten übergeben, offensichtlich in bereinigter Form, denn die Schmuggelgeschäfte und der Drogenhandel haben bislang nicht nachgelassen.

Die Intensität und der Umfang der kriminellen Aktivitäten erfordern eine effiziente Organisation und ein reibungsloses Zusammenspiel mit staatlichen Stellen. Diese könnte nie an dem militärischen Nachrichtendienst vorbei agieren, wenn dieser nicht auch Vorteile aus den kriminellen Geschäften hätte. Zwei sehr prominente Militärs werden in Zusammenhang mit dem *Moreno*-Netz gebracht: *Otto Pérez Molina*, Generalinspekteur des Heeres und Vertreter des Militärs in der Friedenskommision COPAZ, vorheriger Chef des militärischen Nachrichtendienstes und nach dem „Selbstputsch" von Präsident *Serrano Elías* von der neuen Regierung *De León Carpío* berufen; und der Generalstabsschef *Marco Tulio Espinoza* (*González* et al., 1996 :24). Man kann nun darüber spekulieren, inwiefern der Machtwechsel von *Serrano Elías* zu *De León Carpío* lediglich eine gelungene Inszenierung des Militärs war, um interne Machtverhältnisse neu zu gestalten und das schlechte Image Guatemalas im Ausland aufzuwerten (*Dietrich* 1995 :70-71) und wie dieser mit kriminellen Aktivitäten zusammenhängt.

Rückendeckung bekam *Moreno* sofort von dem Richter *Osmundo Villatoro*, der noch während der laufenden Verhaftung *Morenos* versuchte, diesen auszulösen. Weitere Richter sollen in das Netz eingebunden sein (*Morales/Colindres* 1996 :19). Schließlich führte der Fall *Moreno* zur Entlassung des bisherigen Vize-Innenministers *Cifuentes*, dem Verbindungen zu dem Schmuggelring nachgewiesen werden konnten (*González Moraga* 1996a :23).

Auf der politischen Ebene unterhielt *Moreno* rege Kontakte zur Partei des ehemaligen Diktators *Ríos Montt*, der FRG (*Frente Republicano Guatemalteco*). Es heißt, er habe den Wahlkampf von *Alfonso Portillo* gegen den heutigen Präsidenten *Alvaro Arzú* mit wöchentlichen Zahlungen von 70.000 Quetzales unterstützt. Fotos belegen ein anscheinend freundschaftliches Verhältnis zwischen *Portillo* und *Moreno* (*González* et. al. 1996 : 24).

Clemente Marroquín, der Direktor der Tageszeitung *La Hora* behauptet, daß *Moreno* lediglich der Agent anderer Personen war, die im Hintergrund bleiben und auch von den nach der Verhaftung einsetzenden Ermittlungen nicht betroffen sind. Eine Gruppe derer, die von den kriminellen Aktivitäten *Morenos* profitierten und nicht in den Ermittlungen genannt werden, sind die Besitzer der großen Einzelhandelsketten, die Mitglieder im Unternehmerverband CACIF und Wähler der heutigen Regierung sind. Darüber hinaus verdienten auch Militärs, die in der bereinigten Liste der Mittelsmänner *Morenos* nicht mehr auftauchen, wie der General *Manuel Callejas* (*Clemente Marroquin*, 1996 :30), an den Schmuggelaktivitäten. Auch die Guerrilla wird in Verbindung mit illegalen Geschäften genannt. Nicht nur der beschriebene Entführungsfall, sondern auch Drogenhandel soll eine Einkunftsquelle der URNG sein, wie Polizeiberichte aus Costa Rica darlegen (*Prensa Libre* v. 18.05.1997 :4-5).

3.4 Handlungen und gesellschaftliche Strukturen

Das konzertierte Handeln im Bereich der Geldpolitik und Kriminalität ist nur möglich, weil die beteiligten Akteure als Machtgruppe abgesichert sind. Ihr Handeln trägt wiederum dazu bei, ihre Position in der Gesellschaft zu verfestigen. Strukturtheoretisch gesprochen, kann diese Gruppe als staatstragende Klasse bezeichnet werden, wobei der Staat ein Konstrukt ist, das hauptsächlich dieser Klasse nutzt und sich für den größeren Teil der Bewohner dieses Staatsgebietes als Bedrohung darstellt.

Brunner/Dietrich/Kaller (1993) haben diesen Zusammenhang durch die Geschichte Guatemalas nachverfolgt und mit der Weltsystem-Terminologie *Wallersteins* verknüpft. Seit der *conquista* und während der liberalen Ära war wirtschaftliche Macht auf den Besitz von Ländereien und die Möglichkeit, diese auszubeuten, gestützt. Dieser Rentenkapitalismus hat heute an Bedeutung verloren, da die Verfügungsgewalt über monetäre Instrumente höhere Renditen ermöglicht.

3.4.1 Institutionen

Institutionen sind die raumzeitlich am weitesten ausgreifenden Elemente gesellschaftlicher Struktur. Sie besitzen gegenüber den Strukturprinzipien und -momenten den höchsten Grad an Akzeptanz, was sich im gesellschaftlichen Handeln von Akteuren ausdrückt.

Die Institution, die heute den Erhalt der staatstragenden Klasse sichert, ist das kapitalistische Geldsystem. Es ermöglicht demjenigen, der die Verfügungsgewalt über finanzielle Mittel hat, diese um den Preis des Zinses an andere abzutreten. Damit erhält er ein „leistungsloses Einkommen", die Rente[1]. Der Besitz von Geldkapital impliziert einen strategischen Vorteil gegenüber dem Besitz von Produktionsmitteln oder Gütern.

Das Streben nach einer Rente ist die Handlungsmotivation, aufgrund derer die Akteure aus Politik, Militär und Unternehmertum den dargestellten Handel mit Staatsanleihen organisieren. Die Herausbildung von Machtgruppen, die leistungslose Einkommen beziehen, strukturiert die Gesellschaft in bedeutendem Maße (*Wallerstein* 1990). Dieses Rentierswesen ist die zweite Institution, die das sozialwirtschaftliche System Guatemalas strukturiert und durch dieses bestätigt wird.

3.4.2 Strukturprinzipien

Strukturprinzipien organisieren die interne Funktionsweise von Institutionen. Sie entstehen aus Handlungen, die in hohem Maß gesellschaftlich abgesichert sind.

Als Strukturprinzipien des kapitalistischen Geldsystems[2] sollen gelten:

---

[1] Die freiwirtschaftliche Sichtweise des Begriffs der Rente in Abgrenzung zu *Marx* erläutert *Senft* 1990 :130-134.

[2] Die Analyse des kapitalistischen Geldsystems stützt sich auf die Theorie der Freiwirtschaft, wie sie zuerst von Gesell 1916 entwickelt wurde. Aktuelle Vertreter der Freiwirtschaft sind: *Binswanger* 1991; *Creutz* 1993; *Kennedy* 1991; *Löhr* 1993; *Onken* 1993; *Suhr* 1983, 1986, 1988; *Senft* 1990;

1. die Funktion von Geld als Wertaufbewahrungsmittel, die erlaubt, daß das Geld handelbare Ware ist;
2. die Existenz eines Preises für die Ware Geld, des Zinssatzes;
3. die zentrale Stellung des Geldes als Vermittler aller beliebigen Tauschvorgänge und damit seine strukturelle Überlegenheit als Ware gegenüber Gütern und Dienstleistungen, der Liquiditätsvorteil des Geldes.

Die Existenz einer Klasse von Rentiers stützt sich auf folgende Strukturprinzipien:
1. Die Instrumentalisierung des Staates als ausführendes Organ der Interessen dieser Klasse (z.B. in der *Junta Monetaria*);
2. die gezielte Konzentration von wirtschaftlichen Ressourcen bis zur Monopolbildung, (z.B. bei den Banken);
3. die Verbindung von Akteuren gleichen Interesses in einem Netzwerk von Funktionen aus Politik, Militär und Unternehmertum (z.B. in kriminellen Organisationen).

3.4.3 Strukturmomente

Strukturmomente sind alle Handlungen, die am Aufbau und der Durchsetzung von Strukturprinzipien beteiligt sind. Diese Handlungen sind gesellschaftlich verankert. Sie lassen sich in abgrenzbaren raumzeitlichen Zusammenhängen erkennen und untersuchen. Bezüglich des Geldsystems sind als Strukturmomente zu verstehen:
1. die Spekulation mit Staatsanleihen durch Kapitalanleger und Banken;
2. die Verursachung von Schulden durch Politiker, die mit Staasanleihen handeln, die nicht durch die nationale Produktion von Gütern und Dienstleistungen abgesichert sind;
3. der Einsatz monetärer Instrumente (Zinssätze, Wechselkurse, Regulierung der Geldmenge) zur Festigung des Schuldenkreislaufs;
4. das Vorziehen der Finanzspekulation vor der Produktion von Gütern und Dienstleistungen.

Bezüglich der Herausbildung einer Rentiersklasse und ihrer Macht sind zu nennen:
1. Wahlen und Wahlbetrug;
2. Verteilung politischer Ämter in Exekutive, Legislative und Judikative;
3. Bildung von Wirtschaftskartellen und -monopolen;
4. Festigung persönlicher Abhängigkeiten über familiäre oder berufliche Bindungen.

3.4.4 Institutionen und Geschichte

Sowohl das Geldwesen als auch die Rentiersklasse sind institutionelle Säulen der kapitalistischen Wirtschaftsweise. *Wallerstein* macht darauf aufmerksam, daß die Herausbildung des Weltsystems des Kapitalismus als historischer Prozeß verstanden werden muß, der darauf beruht, „alle Dinge in Waren zu verwandeln". Begründet werde dieser Prozeß durch das „unerbittliche und eigenartig eigennützige Ziel der Besitzer von Kapital, [durch] die Akkumulation von immer mehr Kapital" (*Wallerstein* 1984 :10-11).

„An der Oberfläche ist historischer Kapitalismus [...] ein beharrlich absurdes System. Man akkumuliert Kapital, um Kapital zu akkumulieren" (*Wallerstein* 1984 :34). So umfassend seine Analyse der historischen Herausbildung dieses Systems mit allen geographischen Implikationen auch ist, so verschwommener wird die Ausdrucksweise, wenn es darum geht, die Triebfeder des Systems zu erklären. Was steckt hinter dem Zwang zur Kapitalakkumulation? Eine tiefenpsychologisch zu ergründende Gier nach Macht und Anerkennung, der Vollzug eines absurden Zwanges oder innersystemische Logik?

Zunächst muß darauf hingewiesen werden, daß der Ausdruck „Kapital vermehre sich selber" und zwar durch den Mechanismus der Investition (*Wallerstein* 1984 :9), irreführend ist.

Vielmehr werden immer weitere Bereiche des täglichen Lebens monetarisiert, also als in Geldeinheiten meßbare Werte ausgedrückt. Der Warenumlauf und deren Ausdruck in Geldeinheiten wird dadurch erhöht. Künstlich vermehrt wird im Prozeß des historischen Kapitalismus also die Menge an Geldeinheiten, die zur Abwicklung der Geschäfte mit vormals nicht „in-Wert-gesetzter" Güter, die aber durchaus vorhanden waren, notwendig ist. Kapitalakkumulation ist daher tatsächlich eine Akkumulation von Geldkapital, während produzierte Güter zwischen Produzent und Konsument ausgetauscht werden. Die Konzentration von Produktionsmitteln in wenigen Händen und die gewinnorientierte Produktion sind die Vorstufen zur Akkumulation von Geldkapital.

Was geschieht nun, wenn ein Kapitalist vom gewinnorientierten Produzenten zum Geldkapitalbesitzer wird? Er hat die Wahl, sein Geldkapital entweder in die eigene Unternehmung zu investieren, mit allen damit verbundenen Produktions- und Absatzrisiken, oder es an andere Produzenten zu verleihen. Der Preis für verliehenes Geldkapital ist der Zins. Hat unser Kapitalist erst einmal genügend Geldmittel und ist die Zinsrendite entsprechend hoch, wird er sein Geld „für sich arbeiten lassen". Andere Produzenten werden seine Rendite erwirtschaften müssen, während er seine Geldmittel akkumuliert. Der Kapitalist wird zum Rentier, indem er das Geldsystem nutzt. Die Verwandlung von Geld zur Ware ist die letzte Stufe und das Ziel des kapitalistischen Systems. Alle Akteure innerhalb des Systems streben logischerweise die Position des Rentiers als Geldkapitalbesitzer an. Der Kampf der Opfer gegen die Nutznießer ist der des Bourgeois gegen den Rentier (*Wallerstein* 1990) oder der von Staaten um ihre Position im Weltsystem, abzulesen am Nettotransferverlust, bzw. -zuwachs.

Das zwanghafte Moment besteht in der Auflage an den Produzenten, der mit geliehenen Finanzmitteln wirtschaftet, die Zinsforderungen von Geldkapitalbesitzern zu erwirtschaften. Diese können ihr Stammkapital jährlich um die Menge des geforderten Zinses vergrößern, und im folgenden Jahr eine größere Kapitalmenge verleihen, die wiederum prozentual verzinst wird. Daraus ergibt sich ein progressives Wachstum der Kapitalforderungen über die Jahre, das nur mit einem entsprechendem Wachstum der Menge an produzierten und abgesetzten Gütern kompensiert werden kann.[3] Aus diesem Grund ist das kapitalistische System auf Wachstum angewiesen. Deswegen werden immer mehr Güter zu Waren gemacht und wird das tägliche Leben auch in geographisch entfernteren Regionen in das kapitalistische Weltsystem integriert. Darum findet die Globalisierung der Märkte statt.

Somit bietet die freiwirtschaftliche Theorie eine interessante Ergänzung zu *Wallersteins* Argumentation an. Deren strukturelle Erklärung des kapitalistischen Wachstumszwanges und der Ungleichverteilung von Geldvermögen fügt sich logisch in den Weltsystemansatz ein: Der Kapitalismus ist kein absurdes Konstrukt, sondern ein System, das auf Regeln und Mechanismen des Geldwesens aufgebaut worden ist. Weil Geld eine Monopolware ist, die alle anderen wirtschaftlichen Vorgänge steuert, ist derjenige Akteur am mächtigsten, der am meisten Geldeinheiten akkumulieren kann. Der „Rentier" ist heute vor allem Geldkapitalbesitzer, eine Rolle, die auch für „Bourgeois" erstrebenswert erscheint.

Die Geschichte Guatemalas bietet viele Beispiele für die strukturelle Herausbildung von Rentiersgruppen und ihrer Ablösung durch neue Akteure. Mit der *conquista* begann der Anschluß Guatemalas an das Weltwirtschaftssystem und die Herausbildung kapitalistischer, d.h. renditeorientierter Produktionsweisen, die mit den liberalen Reformen der Regierung *Ubico* staatsrechtlich verankert wurden, so daß daraufhin immer mehr der dort lebenden Menschen in dieses System einbezogen werden konnten. Der über militärische Gewalt ermöglichte Aufbau der Exportwirtschaft von Agrarprodukten wie Indigo, Cochenille, Kardamom, Kaffee, Zucker, Baumwolle, Bananen und Rindfleisch legte die Grundlage für die heutige Landverteilung und die Landnutzungsformen (*Cambranes* 1985, 1986; *Handy* 1984).

---

[3] Diesen Zusammenhang hat die freiwirtschaftliche Theorie zu Beginn des Jahrhunderts nachgewiesen (*Gesell* 1984), für die Bundesrepublik Deutschland liefert *Creutz* (1993) viele Zahlenbeispiele.

Die Akteure wechselten jeweils bei politischen Umschwüngen zu Beginn der liberalen Ära, vor den Weltkriegen und nach der US-amerikanischen Intervention 1954 (*Brunner/Dietrich/Kaller* 1993 :Kap. II), das Rentierswesen als solches blieb aber nicht nur unangetastet, sondern verfestigte sich immer mehr (*Brunner* 1995).

Die heutigen Wirtschaftsstrukturen sind daher zum Teil Abbild des historischen Erbes einer abhängigen Agroexportwirtschaft. Aber die aktuelle Entwicklung hinterläßt ebenfalls ihre Spuren. Dadurch, daß die Einkünfte der Oberklasse heute vorzugsweise aus Finanzgeschäften, Drogenhandel und anderen illegalen Tätigkeiten entstehen (*Vogt* 1997a) wird in Guatemala an eine weltwirtschaftliche Entwicklung angeknüpft, die sich sowohl in anderen Regionen mit den Kartellen in Kolumbien, Italien und Rußland etabliert, als auch in Form einer globalen Ausweitung von spekulativen gegenüber produktiven Tätigkeiten deutlich wird (Vgl. Kap. 6). Charakteristisch ist für den Wechsel der Einkünfte, den Wechsel von der Agrarproduktion zur Finanzspekulation, daß das Handeln der Rentiersklasse wesentlich nachhaltiger, aber subtiler als nach dem *fusiles y frijoles*-Muster, das alltägliche Leben aller Nicht-Rentiers durchdringt. Geld ist das zentrale Steuerungsmedium aller wirtschaftlichen Vorgänge. Da autarke Wirtschaftsformen in Guatemala nur noch in verschwindendem Ausmaß vorzufinden sind, wirken die Handlungsregeln, die das Geldsystem und das Rentierswesen mit sich bringen, auf das individuelle Handeln und die Lebensweise fast aller Bewohner des Staatsgebietes ein. Antisystemische Lebensformen scheinen heute daher immer weniger möglich zu sein.

3.5 Strukturelle Handlungsregeln im Aktionsraum Guatemala

Im folgenden sollen strukturelle Handlungsregeln, die auf die individuelle Lebensgestaltung von Menschen einwirken, verdeutlicht werden. Sie stehen im Zusammenhang mit den vorab analysierten finanzwirtschaftlichen Ungleichgewichten und dem wirtschaftspolitischem Einfluß bestimmter Gruppen aus der Oberschicht. Für wen diese Regeln strukturell gelten könnten, wird im einzelnen genauer dargelegt werden.

3.5.1 Kreditwesen: Finanzierung schwer gemacht. Lieber Rente als Produkte.

Die Offenmarktgeschäfte der Notenbank wirkt sich direkt auf die landesweite Höhe der Aktivzinsen aus. Die Banken wollen mit dem Kreditgeschäft nicht weniger einnehmen, als mit dem Kauf von Staatsanleihen und haben daher kein besonderes Interesse daran, die einheimischen Unternehmer zu fördern, da dieses ein höheres Risiko und mehr Verwaltungsaufgaben bedeutet. Einige Institute haben sich zusätzlich auf die Geldwäsche von Drogengeld spezialisiert, die über Kreditbewegungen gedeckt werden (*Lang*, Interview v. 3.9.1996 m.d.A.).

Gewerbliche Kleinunternehmer, die potentiell Zugang zu Bankkrediten hätten, falls sie Hypotheken über den dreifachen Kreditantragswert beibringen und die zusätzlichen Transaktionskosten bestreiten können, nehmen diese nur in Notfällen in Anspruch. In den letzten Jahren kosteten Kleinkredite privater Banken inklusive Transaktionskosten zwischen 30 und 40 Prozent (*Lang*, Interview v. 3.9.1996 m.d.A.). Die offiziell veröffentlichten statistischen Werte liegen darunter, da Klein-, Mittel- und Großkredite mit unterschiedlichen Konditionen gemittelt werden. Kleinunternehmern, Bauern, Angestellten, Unternehmensgründern ist somit der offizielle Weg zum Bankkredit meist versperrt.

Im ländlichen Raum werden meist Dienste von informellen Geldverleihern für kurzfristige Kredite mit Zinshöhen von bis zu 20 Prozent pro Monat oder familiäre Unterstützung in

Anspruch genommen. Diese dienen aber in den meisten Fällen zur Abdeckung von Unglücks-fällen (Krankheit, Unfall, Tod) und nicht für produktive Investitionen. Aus diesem Grund geraten viele Familien in Rückzahlungsschwierigkeiten, die häufig mit der Pfändung ihres Hofes durch den Kreditgeber endet.

In den Mittel- und Kleinstädten bieten Spar- und Darlehensgenossenschaften oder auf das Kreditgeschäft spezialisierte Nicht-Regierungs-Organisationen (NROs) meist unter Verzicht auf Hypotheken den sog. „Marktzins" von 25-30 Prozent an. Die Kreditkosten erhöhen sich zusätzlich durch Pflichtversicherungen und die notarielle Beglaubigung. Zusätzlich verpflich-ten die meisten NROs ihre Kunden, an Fortbildungen teilzunehmen. Diese behandeln nicht unternehmerische Fragen, sondern erläutern, wie der in Anspruch genommene Kredit zurück-zuzahlen ist, gemäß der Fristen und Zinsen. Die Produktivität dieser Kredite ist schlecht nachzuverfolgen, da die NROs in ihren Datenbanken lediglich festhalten, ob die Mittel entsprechend zurückgeflossen sind, was als Indikator für den Erfolg des Kredits gilt (*Soto*, Interview v. 21.2.1996 m.d.A.). Unbekannt ist, ob und wieviele neue Arbeitsplätze geschaffen wurden.

Erfolgreiche Kleinunternehmer sagen, daß sie ihr Geschäft aus eigenen Mitteln aufgebaut haben, da sie die Zinsforderungen niemals hätten finanzieren können. *Don Antulio Arías* in Quetzaltenango brauchte fünfundzwanzig Jahre, um sich seine Tischlerwerkstatt einzurich-ten. Sein erstes Stück fertigte er mit einer Handsäge auf dem Fußboden im Hinterhof. Von jedem Verkaufserlös zog er 10 Prozent ab, die er in neues Werkzeug investierte (*Arías*, Interview v. 20.2.1997 m.d.A.).

Industrielle Großkunden in der Hauptstadt haben entweder Verbindungen zum internatio-nalen Geldmarkt (Import-Exportbranchen, Lohnveredelungsbetriebe internationaler Her-kunft, Tochtergesellschaften transnationaler Konsortien) oder persönliche Kontakte zum Aufsichtsrat nationaler Banken. In letzteren werden gewohnheitsmäßig unter Rückbezug auf den „guten Namen" des Antragstellers und per Handaufheben Kredite über mehrere Millio-nen erteilt (*Nottebohm*, Interview v. 25.02.1997 m.d.A.). Je höher die Kreditsumme, umso günstiger die Konditionen. Auf diese Weise wird das Sparkapital von Millionen Kleinanlegern, die Passivzinsen unter der Inflationsmarke erhalten, von kaum tausend Kreditnehmern genutzt (*Sosa López* 1996 :19). Von der hohen Marge zwischen Aktiv- und Passivzinsen profitieren die Banken.

Abgesehen vom letzten geschilderten Fall kann behauptet werden, daß Kredite nicht dem nationalen produktiven Sektor zugute kommen. Überall dort, wo wirtschaftliche Aktivitäten der Finanzierung bedürften und der potentielle Kreditnehmer kein protegierter Großkunde ist, unterbleiben diese Aktivitäten oder verzögern sich um Jahrzehnte.

Tab. 5:   Aktiv-und Passivzinssätze im Vergleich (in Prozent, Stand 10/ 1997)

Bank	Aktivzins Minimum	Aktivzins Maximum	Passivzins Minimum	Passivzins Maximum
De Occidente	6,3	33	3,09	9,14
Uno	8	30	2,12	7,12
Del Ejército	8	29	2,25	8,12
Del Café	8	32	2,28	7,54
De Exportación	11,75	16,75	1,43	4,54
De Antigua	32	43,30	7,50	12,93

Quelle: *Superintendencia de Bancos* 1997

3.5.2 Ausbildungsmöglichkeiten: Kein Geld für neue Konzepte

Aufgrund der hohen finanziellen Verpflichtungen aus den Staatsanleihen unterbleiben staatliche Investitionen im Bildungssektor, selbst wenn sie im Haushalt bereits ausgewiesen waren. 1994 wurden zum Beispiel nur 40,9 Mio Q (ca. 10,2 Mio DM) im Bereich Bildung ausgegeben. Der Haushaltsentwurf sah eine Gesamtsumme von 300 Mio Q vor, um damit die Anzahl der Lehrerstellen um 4.000 steigern zu können. Da im Haushalt 1994 eine unvorhergesehene Lücke von 315,9 Mio Q entstand, wurden Finanzmittel auch aus dem Bildungssektor umgewidmet (*Mendoza Yaquián* :36).

Die Ausbildung großer Teile der Bevölkerung ist auch im historischen Zusammenhang nie ein Anliegen derer gewesen, die den Staat Guatemala organisierten. Vielmehr sollte der größere Teil der Bevölkerung dort verharren, wo sie die Interessen der besitzenden Familien wahrte: als billige, abhängige Saisonarbeitskraft (*Brunner/Dietrich/Kaller* 1993 :80). Dies wird heute noch an der durchschnittlichen Einschulungsrate deutlich, die für Frauen 41,5 Prozent beträgt, für Männer 48,9 Prozent (*PNUD* 1996 :Tab. 4).

Abbruchreife Gebäude, ein pädagogisch und inhaltlich nicht attraktives Angebot und schlecht bezahlte, unmotivierte Lehrer haben landesweit ihre Spuren hinterlassen. Viele Eltern empfinden es als unnötig, ihre Kinder auf solche Schulen zu schicken oder bei ihren begrenzten finanziellen Mitteln die Kosten für Bücher, Hefte und Schuluniform aufzubringen. Die dringend notwendige Reformierung des Bildungswesens wurde bislang von Jahr zu Jahr verschoben. Tabelle 6 gibt die Höhe und Verteilung der staatlichen Ausgaben an.

Aufgrund der getroffenen Abmachungen im Friedensvertrag vom 29.12.1996 ist die Erwartungshaltung gegenwärtig sehr hoch. Landesweit sollen die Grundschulen zweisprachig betrieben werden, Spanisch und die jeweiligen Maya-Sprachen stünden dann gleichberechtigt nebeneinander. Die im *acuerdo socioeconómico* (*Gobierno de Guatemala/URNG* 1997 :114-116) vorgesehen Schritte zur Verbesserung des staatlichen Bildungsangebots, zu verwirklichen bis zum Jahr 2000, sind:

1. Erhöhung der Ausgaben für Bildung um 50 Prozent des Werts von 1995,
2. Reform der Bildungsinhalte,
3. Angebot zweisprachigen Unterrichts im gesamten Staatsgebiet
4. Angebot für alle schulpflichtigen Kinder zwischen sieben und zwölf Jahren von wenigstens drei Schulbesuchsjahren,
5. Verringerung der Analphabetenrate auf 30 Prozent.

Demnach müßten innerhalb der nächsten drei Jahre für mehr als 735.000 Kinder, die schon 1992 nicht zur Schule gingen (*PNUD* 1996 :Tab. 7), Schulen gebaut und ausgestattet werden. Zusätzlich wäre Unterrichtsmaterial zu entwickeln und Lehrer müßten ausgebildet und eingestellt werden. Außerdem müssen noch mindestens 200.000 Erwachsene „alphabetisiert" werden. Das Wirtschaftsforschungsinstitut CIEN behauptet, daß die Verwirklichung des Abkommens mehr als vier Milliarden Quetzales kosten wird (*González* 1996 :45).

Die Regierung verpflichtet sich auf ein Wirtschaftswachstum des BIP in den nächsten Jahren von mindestens sechs Prozent, das auch diese Ausgaben finanzieren soll (*Go-bierno de Guatemala/URNG* 1997 :113).

Die erfolgreiche Umsetzung des Friedensvertrags wird von weiteren Faktoren erschwert werden: Es gibt derzeit weder genug Lehrer, die zweisprachig unterrichten könnten, noch sind entsprechende Unterrichtsmaterialien vorhanden. US-AID unterstützte unterscheidungslos Militärregimes und „zivile Regierungen" von 1980-1993 in Programmen zum zweisprachigen Unterricht (*GTZ* 1995 :66-67), mit dem erklärten Ziel der Integration von *Indígenas* in den Nationalstaat. Die ausführende Organisation PRONEBI wird gegenwärtig umstrukturiert. UNICEF und die GTZ bemühen sich seit 1993 verstärkt um die Erstellung neuer Curricula, Lehrerfortbildung und Lehrmaterialien, andere internationale Organisationen reihen sich ein. Das Stadium der Modellprojekte ist bislang bei keiner der beteiligten Organisation beendet.

Tab. 6: Staatsausgaben nach Sektoren 1990-1996 (in Mio Q und Prozent)

Ausgaben	1990	1991	1992	1993	1994	1995	1996
Total	3.950	5.131,6	6.366,4	7.358,6	7.628,8	8.756,7	9.833,5
Verwaltung	11,3%	7,6%	10,9%	12,2%	9,9%	12,1%	9,6%
Verteidigung	12,7%	12,9%	12,3%	11,8%	13,2%	12,9%	10,9%
Finanzierung	20,9%	30,1%	17%	20%	22,2%	23,2%	27,1%
Wohnbau- und Stadtförderung	8,2%	7,5%	8,3%	8,1%	6%	6,1%	7,1%
Bergbau und Öl	4,5%	0,04%	0,04%	0,09%	0,04%	0,03%	0,03%
Landwirtschaft	3,7%	3,1%	2,8%	3,4%	4,1%	3,3%	2,6%
Industrie und Handel	0,2%	0,1%	0,1%	0,2%	0,2%	0,1%	0,1%
Tourismus	0,003%	0,002%	0,002%	0,001%	0,001%	0,001%	0,002%
Transport und Verkehr	8,2%	7,7%	8,7%	6,8%	7,6%	8,9%	11,1%
Telekommunikation	0,7%	0,7%	0,7%	0,6%	0,7%	0,6%	0,4%
Energie	0,8%	1,2%	9,2%	5,4%	1,5%	1%	1,2%
Gesundheitsfürsorge	8,1%	8,1%	8,3%	8,5%	9,2%	8,6%	8,2%
Arbeit und Sozialfürsorge	6,6%	6,7%	7,2%	7%	7,8%	6,8%	6,4%
Bildung und Kultur	14,3%	14,3%	14,5%	15,7%	17,6%	16,1%	15,3%

Quelle: *FAO*, zit. n. Crystal Group 1997

Das reformierte Curriculum aus dem Jahr 1991 sieht vor, daß die Lehrer ihre eigenen, lokal angepaßten Lehrpläne entwerfen und durchführen, bleibt aber eine theoretische Absichtserklärung (GTZ 1995 :54-55). Auch ist nicht sicher, ob überhaupt die benötigten Schulen gebaut werden können.

Hinsichtlich der Wahrnehmung und Bewertung von Schule bleibt abzuwarten, ob Eltern in Zukunft anders entscheiden werden. Dies werden sie wahrscheinlich nur dann tun, wenn das neue Angebot im Einklang mit ihren eigenen Lebenskonzepten steht. In der Hauptstadt und in einigen Mittelstädten bieten Privatschulen ihre Dienste an. Ein Mehr an pädagogischer Qualität ist dort nicht zu finden, wohl aber dienen diese der sozialen Segregation. Schulbeitrag, Kosten für Uniformen, Schulfeste und Unterrichtsmaterialien trennen Mittel- und Oberschichtkinder, *Indígenas, Ladinos* und Europäer. Insgesamt gesehen bieten die bestehenden Schulbildungsmöglichkeiten kaum Vorschläge an, die für die Gestaltung des eigenen Lebens in einer friedlicheren Gesellschaft nützlich wären. Ob die Bemühungen im Zusammenhang mit den Friedensabkommen an dieser Situation etwas ändern, bleibt abzuwarten.

Besorgniserregend ist auf jeden Fall, daß die guatemaltekische Regierung nach wie vor nicht die Mittel für den Bildungssektor aufzubringen gedenkt, sondern von den Spenden der internationalen Gemeinschaft Besserung erhofft (*Crónica* v. 29.11.1996 :39; *Méndez Zetina* 1997). Der Finanzierungsplan des Friedensabkommens sieht vor, daß die internationale Gemeinschaft siebzig Prozent der anfallenden Kosten trägt, wobei ein hoher Anteil der vorgesehenen Projekte nicht erfüllte staatliche Aufgaben im Infrastruktur- und Sozialwesen sind, und der guatemaltekische Staat soll die fehlenden dreißig Prozent der Kosten beisteuern. Wirtschaftsanalisten bezweifeln, daß dies geleistet werden kann (*Inforpress Centroamericana* v. 30.01.1997 : 1-3).

3.5.3 Verbilligte Importe: Zusammenbruch traditioneller Branchen

Ab 1980 war der Quetzal im Vergleich zum US-$ zu viel wert. Den angeblich angemessenen Wechselkurs berechnet *Salazar Santizo* (1995 :24, 29, 35, 39,42) und benennen Exporteure (*Nottebohm*, Interview v. 25.02.1997 m.d.A). Abbildung 12 zeigt die Entwicklung des tatsächlichen und des als realistisch angesehenen Wechselkurses des Quetzal zum US-$.

Obige Daten zeigen das Ausmaß des Wettbewerbsnachteils, dem der einheimische produktive Sektor ausgesetzt war und ist. Durch die Überbewertung des Quetzal zum US-$ werden die guatemaltekischen Exportprodukte auf dem internationalen Markt verteuert. Die Importe von Gütern nach Guatemala dahingegen werden billiger. Das kann auch an der negativen Entwicklung der Handelsbilanz für die letzten Jahre abgelesen werden. (Abb. 11).

Ein krasses Beispiel für den Wettbewerbsnachteil aufgrund des überbewerteten Quetzals war die sog. mexikanische *Peso*-Krise zu Beginn des Jahres 1995. Der rasche Verfall der

Abb. 12: Tatsächlicher und angemessener Wechselkurs (1 Quetzal : 1 US-$)

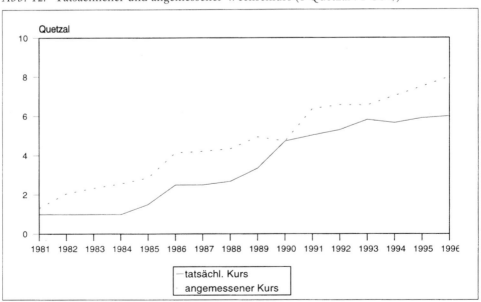

Quelle: *Salazar Santizo* (1995), *Nottebohm* (1997)

mexikanischen Währung hat in den grenznahen Bezirken Guatemalas (*San Marcos, Quetzaltenango*) die kleingewerbliche Herstellung von Webstoffen, Strickwaren und Schuhen, die traditionell in dieser Region angesiedelt ist, fast vollständig zum Erliegen gebracht. Die mexikanischen Produkte können zu einem Preis auf den gutemaltekischen Wochenmärkten angeboten werden, der noch nicht einmal die im Inland entstehenden Produktionskosten deckt (Ein mexikanischer Strickpullover wurde im Februar 1996 zum Preis von 35.- Quetzales angeboten, der guatemaltekische würde 60.- Quetzales kosten. *Soto*, Interview 21.2.1996 m.d.A.). Davon sind zunächst all die Unternehmungen betroffen, die sich auf einige wenige Produkte spezialisiert haben, mit geringem Umsatz produzieren und daher nur über einen geringen Spielraum zwischen Produktionskosten und Verkaufspreis verfügen.

Diese Charakteristika treffen auf den Großteil der kleingewerblichen Produzenten zu. Die meisten von ihnen haben im Laufe des Jahres 1995 ihre Angestellten entlassen müssen (die Schusterbetriebe arbeiteten z.B. mit durchschnittlich vier Angestellten) und die Produktion diversifiziert. In andere Branchen wechseln sie aus Mangel an Erfahrung selten. Die kreditgebende NRO *Asdesarrollo* gibt für den Grenzbezirk *San Marcos* an, daß die Kredite aller Schuh- und Strickwarenproduzenten prolongiert werden mußten. Bei den ca. 150 betreuten Unternehmern im Kleingewerbe haben alle Einkommensverluste hinnehmen müssen. Ihr durchschnittliches Monatseinkommen sank von 1,000.- auf 500.- oder 600.- Quetzales. Ihre Unternehmung kann heute nicht mehr als das bloße Überleben der Familie sichern. Die Berater der NRO schätzen, daß von dieser Entwicklung bis zu 90 Prozent der wirtschaftlich aktiven Bevölkerung der Region San Marcos betroffen sind. (*Soto*, Interview 21.2.1996 m.d.A.). Laut der Gewerkschaft haben landesweit 60 Prozent der Angestellten der einheimischen Schuhindustrie ihre Arbeit verloren (*Posada* 1996 :47).

Abb. 13: Erwerbstätige nach Wirtschaftssektoren 1960 und 1990

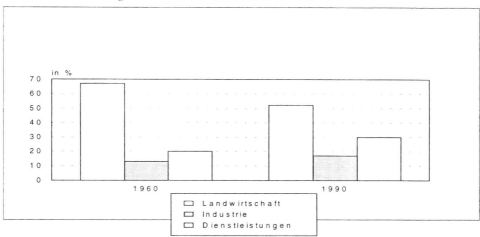

Quelle: *PNUD* 1996 :Tab 18

Anmerkung:
ein Großteil der Arbeitskräfte, die im industriellen Sektor ausgewiesen werden, entfällt auf die Lohnveredelungsbetriebe (Maquila-Industrie). Diese nützen der einheimischen Wirtschaft dadurch, daß Arbeitskräft absorbiert werden.. Die Gewinne gehen an deren Stammbetriebe, die fast alle in Korea und Taiwan angesiedelt sind. Die mit der Maquila-Industrie häufig verbundenen Erwartung auf sog. *spinn-off* Effekte wird im Fall Guatemala enttäuscht.

Abb. 14: Anteil der Sektoren am BIP (in Mrd. Q von 1958)

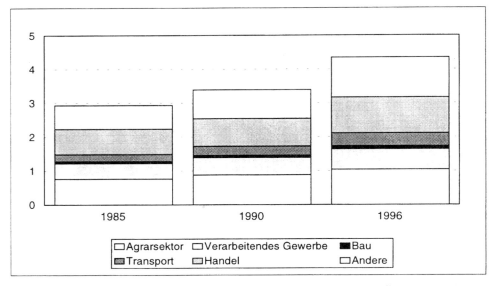

Quelle: *Cróncia* 1997 : 37

Abgesehen von den geschilderten extremen Fällen wirkt sich der Wechselkursnachteil auf die nationale Wirtschaftsstruktur dahingehend aus, daß die Anzahl der produzierenden Betriebe insgesamt gering ist. Der Handelssektor wächst an. Dies wirkt sich direkt auf die Erwerbstätigenrate aus, da der Arbeitskräftebedarf für Handelstätigkeiten prinzipiell geringer ist als im produzierenden Gewerbe. Gegenwärtig haben nur 35 Prozent der Bevölkerung im ökonomisch aktiven Alter eine (angemeldete) Erwerbstätigkeit. (*PNUD* 1996 :Tab 18) Die folgenden Abbildungen veranschaulichen diese Tendenz.

3.5.4 Kriminalität und Alltag

Die angespannte wirtschaftliche Lage und die tägliche potentielle Bedrohung durch kriminelle Banden wirken nachdrücklich auf die alltägliche Lebensgestaltung von Menschen in Guatemala. Im städtischen Raum gibt es kein Wohnhaus ohne Fenstergitter, der gehobene Mittelstand und die Oberschicht verschanzt sich hinter Mauern und Stacheldraht, bringt Warnanlagen an und läßt sich von privaten Sicherheitsdiensten beschützen. Auch kurze Distanzen werden mit dem Auto zurückgelegt, mit abgedunkelten Scheiben und verriegelten Türen. Auf den Parkplätzen und in Einkaufszentren und Banken patrouillieren mit großkalibrigen Pistolen und Gewehren bestückte Wachmänner, ebenso wie vor Einzelhandelsgeschäften, Büros und Hotels. Abends geht man nicht mehr aus, es sei denn, man gehört einer der Bürgerwehren an, die zwischen zehn und drei Uhr nachts ihren Straßenzug kontrollieren. Nach Dunkelheit vermeidet man, noch über Land zu fahren. Wer ein Auto besitzt, benutzt Lenkradsperre und Unterbrecherschalter und läßt es nie über Nacht auf der Straße stehen; viele haben einen Revolver im Handschuhfach. Die eigene Wohnung läßt man nie unbewohnt, die Türen haben Sicherheitsschlösser. Beliebt sind vor allem Wohnanlagen mit einer Sicherheitsschleuse als Zufahrt oder Appartementwohnungen mit Privataufzug und Portier. Pro Tag gehen bei der Polizei Meldungen über zehn Morde, drei Entführungen und zwanzig gestohlene Fahrzeuge ein (*González Moraga* 1996c :20).

Im ländlichen Raum sind die Attribute des täglichen Sicherheitsbedürfnisses nicht so dramatisch ausgeprägt. Aber auch dort nehmen Gitterstäbe vor den Fenstern und ummauerte Höfe zu. In jedem Haus gibt es einen Wachhund, immer ist ein Familienmitglied anwesend und achtet auf Haustiere und Hausrat. Denn häufig sind es die Nachbarn, die einen Krug, ein Wäschestück, Brennholz oder die Seife aus der Spüle mitgehen lassen. Zusätzlich wächst die Angst vor Banden. Nach der Auflösung und unvollständigen Entwaffnung der paramilitärischen *Patrullas de Autodefensa Civil* und im Zuge der Demobilisierung von Guerrilla und Teilen des Militärs ab 1997 wird ein Ansteigen der Überfälle im ländlichen Raum und an den Hauptverbindungsstraßen befürchtet.

Diese Beispiele deuten schon an, welches Angst- und damit auch Gewaltpotential im gesellschaftlichen Umgang steckt. Immer häufiger kommt es zu brutaler Selbstjustiz oder persönlichen Racheakten. Die nationale Boulevardpresse ergötzt sich an Meldungen nach dem Schema „Aufgebrachte Menge verübte Lynchjustiz an zwei mutmaßlichen Entführern. Kadaver verbrannt" und heizt die Stimmung zusätzlich an. Allein zwischen April und Juni 1996 wurden zwölf solcher Fälle aus der Provinz bekannt (*Tárano* 1996a :27). Die Ohnmacht einer korrumpierten Polizei und Justiz kann den Mitgliedern einer nach 36 Jahren Bürgerkrieg stark militarisierten Gesellschaft kaum ein Rechtsempfinden vermitteln. Der Familienvater ist zugleich Revolverheld. Die Leichen der Nacht finden Ruhe auf dem Friedhof der Namenlosen und einen Nachruf in der Tageszeitung: „Nicht identifizierte Leichen zweier Männer in der Zone eins aufgefunden. Einer starb an Schußverletzungen, der andere an mehreren Messerstichen. Sie wurden zur Obduktion in das Leichenschauhaus der Zone fünf überführt." Diese unvollständige Verbrechensstatistik ist tägliche Frühstückslektüre.

Die kriminelle Durchdringung der staatlichen Verwaltung ist so umfangreich, daß korruptes Verhalten zur Regel wird. Die Erledigung von Anträgen hängt auf allen hierarchischen Ebenen von der Höhe des Schmiergeldes oder den Verbindungen des Antragstellers ab. Die gesellschaftliche Grenze zwischen legalem und illegalem Verhalten ist fließend und betrifft landesweit alle Schichten. Kongreßabgeordnete lassen sich den Beschluß eines neuen Gesetzes zusätzlich bezahlen (*Gutiérrez* 1997 :44) und Bürgermeister im Westlichen Hochland veruntreuen Zement für den Bau ihres Privathauses. Letzterer schützt seine Privilegien durch demonstrative Bewaffnung.

3.5.5 Zusammenfassung

Die Handlungsregeln, die aus den institutionellen Strukturen der Rentiersklasse und des kapitalistischen Geldsystems erwachsen, belegen, wie stark das Wirtschaftsleben der Akteure ohne Zugang zu Spekulationsressourcen beeinflußt wird. Die Beispiele aus den Bereichen „Kreditfinanzierung", „Bildung", „Importverbilligung" und „Kriminalität" berechtigen dazu, von strukturellem Zwang zu sprechen. Die betroffenen Akteure haben keine Möglichkeit, die für sie negativen Handlungsregeln zu verändern. Die einzig mögliche Strategie ist die des Ausweichens, entweder in den Bereich informeller bis krimineller Tätigkeiten, oder als Überlebensversuch durch Subsistenzlandwirtschaft, gekoppelt mit saisonaler Migration.

3.6 Globalität und Regionalität gesellschaftlicher Struktur

Die Wirtschaftsentwicklung Guatemalas der letzten fünfzehn Jahre hat zu einer drastischen Verschlechterung der Lebensumstände fast aller Guatemalteken geführt. Die Analyse der Ursachen für diese Entwicklung orientierte sich zunächst am Handeln von Akteuren, die mit einem hohen Maß an politischer und wirtschaftlicher Macht ausgestattet sind. Es konnte gezeigt werden, daß diese Akteure aufgrund ihrer aktuellen Position in der guatemaltekischen Gesellschaft an der regionalen Herausbildung und Verfestigung globaler gesellschaftlicher Strukturen ursächlich beteiligt sind und diese zu ihrem Vorteil nutzen. Die umfassendsten Strukturelemente, die dieses Handeln ermöglichen, sind zwei Institutionen: das kapitalistische Geldsystem und das Rentierswesen. Auch die Strukturprinzipien, die die Funktionsweise dieser Institutionen gliedern, wirken auf globaler Ebene. Erst auf der Ebene der Strukturmomente konnten in sinnvoller Weise regionale Bezüge hergestellt werden. Guatemalas Wirtschaftsstruktur ist insgesamt gesehen daher in hohem Maße eingebunden in ein Weltsystem, das wichtige Regeln für das soziale und wirtschaftliche Handeln der Menschen im Sinne von strukturellem Zwang bestimmt. Die jeweiligen Akteure, die durch ihre Handlungen auf ein soziales System reagieren, sind zwar lebenszeitlich und -örtlich gebunden, aber ihre handelnde Bezugnahme stützt eine Struktur, die sich außerhalb ihres Erlebnisrahmens konstituiert.

Es sollte mit dem in diesem Kapitel entwickelten Gedankengang nicht suggeriert werden, daß die gesamte wirtschaftliche Entwicklung Guatemalas auf lediglich zwei Institutionen zurückzuführen wäre. Es wird aber behauptet, daß diese Institutionen zentrale Bedeutung haben für das wirtschaftliche Leben in diesem Land und zwar auf unterschiedlichen räumlichen Bezugsebenen. Die Daten zur Finanzspekulation haben gezeigt, wie stark die volkswirtschaftliche Entwicklung durch monetäre Instrumente beeinflußt werden kann.

Natürlich ist die allgemeine wirtschaftliche Situation Guatemalas auch geprägt von anderen Faktoren, die sich aus historischen Zusammenhängen ergeben, wie die Exportorientierung, die Landverteilung, die Bewirtschaftungssysteme usf.. Analysierte man diese genauer, ist aber für die Zeitspanne seit der *conquista* zumindest deren Bezug zu der identifizierten Institution des „Rentierswesens" nicht abzustreiten. Historisch gewandelt haben sich vor allem die Strukturmomente. In der liberalen Ära war es noch nicht notwendig, mit Staatsanleihen zu spekulieren, man beutete direkt die menschliche Arbeitskraft der einheimischen Bevölkerung aus. Aber das Streben zum leistungslosen Einkommen war auch damals die entscheidende Handlungsmotivation. Das kapitalistische Geldsystem hat mit dem Ausbau des modernen Bankenwesens in Guatemala an Funktionalität gewonnen, sodaß eine weitere Etappe in der Einbindung Guatemalas ins Weltsystem eingeleitet werden konnte. Mit dieser wird die noch stärkere Durchdringung individueller Lebensgestaltung von globalen Zusammenhängen ermöglicht, wodurch antisystemische Lebensformen immer weniger wahrscheinlich würden. Soweit wäre die strukturell orientierte Analyse abgeschlossen. Ob diese allein ausreicht, um das soziale und wirtschaftliche Leben in Guatemala ausreichend zu erklären, kann bezweifelt werden. Daher wird im folgenden Kapitel nach der Bedeutung struktureller Gegebenheiten für de alltägliche Lebensgestaltung von Menschen gefragt, und, welche weiteren Faktoren dabei von Bedeutung sind.

4. Akteure und Strategien

Menschen in Guatemala werden auf die eine oder andere Weise mit aktuellen gesellschaftlichen Strukturen konfrontiert. Ihre wirtschaftliche Handlungen sind von Regeln des kapitalistischen Wirtschaftssystems in ihrer je spezifischen regionalen Ausprägung beeinflußt. Diese Regeln werden bewußt oder unbewußt wahrgenommen, abgelehnt, modifiziert, umgangen oder verändert. Jede Person geht auf ihre Weise mit vorgefundenen Strukturen um und richtet ihr Handeln im Spannungsfeld zwischen dem gesellschaftlich machbaren und individuellen Zielvorstellungen ein. Dabei entscheidet die individuelle Perspektive des Handelnden, seine raum-zeitlich begrenzte und durch einen bestimmten Sozialisationsprozeß geprägte Weltsicht darüber, was er für gesellschaftlich machbar hält.

In diesem Kapitel steht die Beschreibung und Erklärung des individuellen Handelns und der spezifischen Weltsicht konkreter Akteure im Vordergrund. Im vorherigen Kapitel wurde vornehmlich die Ausprägung struktureller Handlungsregeln aus gesellschaftlicher Machtposition heraus analysiert. Jetzt wird nach der Bedeutung jener Regeln für das Handeln von Menschen im Alltag gefragt. Diese perspektivische Trennung in einen strukturell orientierten und einen der subjektiven Weltsicht verpflichteten Untersuchungsabschnitt erlaubt eine differenziertere Erforschung von zwei der Faktoren, die an der Gestaltung des menschlichen Aktionsraumes Anteil haben: gesellschaftlicher Struktur und individuellem Handeln. Grundsätzlich aber gilt, daß das individuelle Handeln weder völlig autonom, noch ausschließlich strukturell determiniert ist, sondern daß es aus der Wechselwirkung persönlicher Strategien mit gesellschaftlichen und physisch-materiellen Strukturen entsteht.

Die gewählten Beispiele zeigen vorwiegend die Logik gewerblicher Unternehmungen kleiner und mittelständischer Betriebe im städtischen und ländlichen Raum. Dies entspricht den vorherrschenden Beschäftigungsstrukturen (*Crónica* 1997 :22-23). Etwa 58 Prozent der Gesamtbevölkerung sind im Agrarsektor tätig, wobei hier wirtschaftliche Mischformen des Überlebens einer kleinbäuerlichen Familienökonomie vorherrschen, in denen landwirtschaftliche und gewerbliche Aktivitäten miteinander kombiniert werden. Die „arbeitslosen" 40 Prozent der ökonomisch aktiven Bevölkerung überleben im sog. informellen städtischen Sektor (Selbständige, mitarbeitende Familienangehörige, Angestellte im Kleingewerbe mit Subsistenz- bis Wachstumscharakter der Betriebe). Diese Akteure haben kaum Einfluß auf die Ausprägung struktureller Handlungsbedingungen. Daher läßt sich die Bedeutung der Handlungsregeln einerseits und individueller Strategien andererseits für die Formen wirtschaftsräumlicher Gestaltung an diesen Beispielen besonders gut nachvollziehen.

4.1 Methodische Vorbemerkung: Die verschiedenen Seiten des Verstehens

Das Nachvollziehen einer ausschnitthaften, subjektiven Perspektive einzelner Personen durch Dritte ist grundsätzlich fragwürdig. Nicht jeder kann und will über sein Handeln erschöpfend Auskunft geben. Die Person, die jenes Handeln beschreibt und analysiert, ist einerseits auf Sekundärinformationen angewiesen und nimmt andererseits auch nur persönlich motivierte Ausschnitte aus dem Leben anderer wahr. Dieser „doppelten Hermeneutik" (*Giddens* 1992) muß methodisch Rechnung getragen werden.

Die Forschung vor Ort zielte daher darauf, eine bestimmte Bandbreite des wirtschaftlichen Handelns kennenzulernen. Untersuchungsgegenstand war das Handeln einzelner Personen, als Mitglied einer Gruppe, oder auf sich gestellt. Die Auswahl der Gruppen und Einzelpersonen wurde, sowohl regional, als auch hinsichtlich der wirtschaftlichen Tätigkeiten der Akteure, gestreut. Um eine einseitige Deutung zu vermeiden, wurde das Prinzip der Methodentriangulation angewendet (*Lamnek* 1993 :5). Teilnehmende Beobachtung, Gruppendiskussionen, offene Interviews, Leitfadeninterviews, Vergleich qualitativer mit quantitativen Daten, Inhaltsanalyse, individuelle Deutung der Akteure und die getrennte Befragung von Betroffenen, Beobachtern und Außenseitern sind die Verfahrensweisen, die genutzt wurden, um Handlungen von unterschiedlichsten Perspektiven aus zu erhellen. Schließlich wird aktuelles Handeln auf historisch-soziale Hintergründe bezogen, soweit die primären Ergebnisse solche Rückschlüsse nahelegen.

Alle Fallbeispiele, die in diesem Kapitel dargestellt werden, haben idealtypischen Charakter und vertreten eine Fülle an Einzelbeobachtungen. Sie sind hinsichtlich ihrer Komplexität geeignet, umfassende Zusammenhänge darzulegen. Sie beruhen auf den Erfahrungen eines dreijährigen Aufenthaltes in Guatemala und der Arbeit für verschiedene nationale und internationale Organisationen in den Bereichen „Beratung von Genossenschaften", „Bildungsprogramme für den ländlichen Raum" und „unter-nehmerische Weiterbildung".

Die vielfältigen persönlichen und beruflichen Kontakte, die sich dadurch auf fast allen gesellschaftlichen Ebenen ergaben, waren eine Grundvoraussetzung für die Forschungsarbeit vor allem mit qualitativen Methoden. Die relativ lange Zeitspanne des Lebens und Arbeitens im Land wiederum machte es möglich, die „Datenerhebung" als kommunikativen Prozeß gemeinsamer Erlebnisse und Fragen zu gestalten, an dem viele Freunde und Kollegen Anteil genommen haben. Gerade weil die Autorin nicht „als Forscherin" im Land war, sondern eine jeweils anders definierte Rolle einnahm, konnte sie Ansprechpartnerin sein. Dieser äußerlichen Anteilnahme entsprach auch eine innere Beteiligung an allem, was im folgenden geschildert werden wird.

Dieses persönliche Engagement, die Beziehungen zu konkreten Personen, sind eine Ursache dieser Arbeit. Die Darstellung der Anschauungen, Situationen und Handlungen von Personen und Gruppen wird aber gerade nicht aus der Position einer „allwissenden Erzählerin" erfolgen, sondern es wird Wert darauf gelegt, Ereignisse und subjektive Meinungen voneinander zu trennen und als solche auch eindeutig zu kennzeichnen. Denn sowohl die Ereignisse als auch deren Bewertung durch die beteiligten Personen müssen dargestellt werden, um Ursache und Motive von Handlungsabläufen nachvollziehen zu können. Die Transparenz der Positionen und Beziehungen aller Beteiligten zueinander ist dabei notwendige wissenschaftliche Bedingung.

4.2 Strategisches Handeln von Gruppen

4.2.1 Drei Momentaufnahmen

Die folgenden Fallbeispiele stammen aus den Jahren 1994 bis 1996 und zeigen charakteristisches Handeln von Personen in Gruppen, die aus wirtschaftlichen Motiven gegründet wurden.

4.2.1.1 Proyecto Campesino Cienaga Chiquita

Das geschilderte Fallbeispiel bezieht sich auf Personen, die in der verkehrsräumlich relativ abgelegenen Gemeinde *Cabricán* (Vgl. Karte 4) wohnen. Ihre persönliche Mobilität ist relativ gering. Eines der Gruppenmitglieder unternimmt zweimal monatlich eine Einkaufsreise in das 60 km entfernte *Totonicapán* (5 Busstunden), ein anderer besucht in denselben Abständen seinen Sohn in der Bezirkshauptstadt *Quetzaltenango* (45 km oder 4 Busstunden). Für die anderen Personen ist eine Reise eine Unternehmung, die nur „im Notfall" unternommen wird. Damit konzentriert sich ihr alltäglicher Erfahrungs- und Handlungshorizont hauptsächlich auf den Bereich der eigenen Gemeinde. Alle Mitglieder sind Kleinbauern, die einen Teil ihrer Familieneinkünfte über traditionelle landwirtschaftliche Tätigkeiten, einen anderen Teil über gewerbliche Nebeneinkünfte erwirtschaften. Die Hälfte der Gruppenmitglieder hat die vierjährige Grundschule am Ort besucht. Alle Personen gehören zur ethnischen Gruppe der *Mam* und sprechen neben ihrer Muttersprache ebenfalls Spanisch. Sie kennen sich untereinander sehr gut, da sie Nachbarn oder miteinander verwandt sind.

Mitte Juli 1994 wurde das neu errichtete Gebäude der Bauerngruppe *Proyecto Campesino* in der Siedlung *Cienaga Chiquita* eingeweiht. Über ein halbes Jahr hatten die Gruppenmitglieder, zehn Kleinbauernfamilien, an dem Backsteinhaus mit vier Räumen gebaut und etliche Schwierigkeiten vom Landkauf über die Ausschachtungsarbeiten, Beschaffung des Baumateriales und der Einrichtung unter erheblichem, unentgeltlichen Arbeitseinsatz gemeistert. Die Kosten für den Hausbau waren vom örtlichen Pfarrer vorfinanziert worden, nachdem die Gruppenmitglieder, die bislang eine Mais- und Weizenmühle betrieben hatten, den Wunsch äußerten, eine weitere Einkommensquelle für ihre Familien zu schaffen: es sollten eine Bäckerei und ein Gemischtwarenladen entstehen. In dem neuen Haus wurden die Mühle, ein Arbeitsraum der Bäckerei, ein Backraum mit gemauertem Holzofen und der Laden untergebracht. Die Gruppe begann umschichtig in der Bäckerei, im Laden und in der Mühle zu arbeiten. Ein halbes Jahr lang wurde regelmäßig frisches Brot verkauft und Personen aus den Nachbargemeinden ließen ihren Weizen zu günstigen Preisen mahlen.

Im Januar 1995 kam es zu Trinkgelagen und Schlägereien im Gebäude der Bäckerei, bei denen einige Gruppenmitglieder Unbeteiligte schwer verletzten. Eine anschließende Aussprache, zu der der Kreditgeber geladen hatte, endete im Streit und mit dem Austritt von fünf Familienvorständen aus der Gruppe. Diese fünf erklärten das Projekt für gescheitert und forderten eine Vergütung der geleisteten Arbeitsstunden und ihren Eintrittsbeitrag. Darauf wendeten die anderen Mitglieder ein, daß kein Geld in der Kasse sei und gerade die Austrittswilligen Schulden gegenüber den gemeinsamen Beständen an Mehl und Gemischtwaren angehäuft hätten. Es sei auch Baumaterial verschwunden. Zusätzlich habe man noch den Kredit abzuzahlen, mit dessen Hilfe das Haus errichtet wurde. Die Beschuldigten zogen sich mit der Drohung, daß „denen noch etwas passieren wird", zurück. Diese erklärten der Autorin später, daß es sich um eine Androhung von *brujería* handele, wobei Personen mit außergewöhnlichen spirituellen Fähigkeiten, „Böses" zu tun, *los brujos*, vom Gegner aufgesucht und gebeten würden, dem persönlichen Feind negative Einflüssen auszusetzen.

In dieser Hochlandregion (Gemeinden *Cabricán, Huitán, Quetzaltenango, Totonicapán, San Cristóbal, San Francisco, Momostenango*) ist der Glauben an die „Hexer" sehr lebendig und die Entstehung vieler Krankheiten und Leiden wird auf ihren Einfluß zurückgeführt. Nur mit einem Gegenmittel eines Maya-Priesters, der über positive Kräfte verfügt, können sie abgewendet werden.[1] Auch wegen dieser Drohung entschlossen sich die verbleibenden Mitglieder im Laufe der nächsten Wochen, den Bäckerei-, Laden- und Mühlenbetrieb aufrechtzuerhalten, um wenigstens einige finanzielle Mittel zu erwirtschaften, und die Lage zu entspannen.

Gemeinsam mit der Autorin wurden erstmalig eine Inventur durchgeführt und Kostenberechnungen für den Bäckereibetrieb angestellt. Die Ergebnisse zeigten, daß bislang die Einkaufspreise für Mehl, Zucker und Margarine den Verkaufserlös an Backwaren überstiegen

---

[1] Zu dem außerordentlich berühmten Heiler *Don José* in Chiquilajá, einem Ortsteil von Quetzaltenango, pilgern täglich mindestens zwanzig Personen, die er in seinem Haus vormittags empfängt. Die Ratsuchenden kommen nicht nur aus angrenzenden Regionen, sondern auch aus Mexico, Honduras und abelegenen Distrikten Guatemalas.

hatten. Im ersten Betriebshalbjahr waren aus Kreditmitteln finanzierte Rohwaren genutzt worden, weshalb die Verluste nicht deutlich wurden. Da der Arbeitslohn nicht kalkuliert und abgesprochen worden war, hatte sich jeder der Mitglieder nach seinen Möglichkeiten und Erwartungen für seinen Einsatz entschädigt. Entweder wurden beim Brotverkauf und im Mühlenbetrieb die Erlöse nicht in die Kasse gegeben, oder ein paar Sack Mehl oder Waren aus dem Laden nach Hause mitgenommen.

Die fünf ausgetretenen Mitglieder hatten bis Februar 1995 bereits 1.400 Quetzales[2] (ca. 350.- DM oder 140 Tageslöhne) von dem Betriebskapital an sich genommen. Dazu kamen mindestens 500 Quetzales Inventarverlust in Laden und Mühle. Die Gesamtschulden der Gruppe beim Kreditgeber beliefen sich auf ca. 25.000 Quetzales.

Der anschließende Versuch, Ausgaben und Einnahmen zu kontrollieren, sowie die Vermarktung zu verbessern, schlug fehl. Nun standen zwar die Verluste vom Brotverkauf in den Büchern, bzw. es war nachzuvollziehen, wer an welchem Tag etwas von den Einnahmen einbehalten hatte, aber aus diesem Wissen wurden keine Handlungen abgeleitet, die auf Veränderung der Situation zielten. Es wurde weniger Brot gebacken, obwohl nur über einen erhöhten Umsatz und damit Senkung der Fixkosten Einnahmen hätten erreicht werden können. Zum Dorffest und zu Ostern (März und April 1995), zu Zeiten, in denen am meisten Backwaren konsumiert werden und die Bereitschaft, Geld auszugeben besonders hoch ist, wurde die Bäckerei ganz geschlossen und das Geschäft machten Bäcker und Händler aus den Nachbardörfern.

Zur Beleihung des eigenen Landes, um die bestehenden Schulden zu tilgen und über neues Betriebskapital zu verfügen, war niemand der Gruppenmitglieder bereit. Sie zogen sich zunehmend zurück, arbeiteten auf ihren Feldern und besserten ihre Einkünfte über andere Tätigkeiten, die sie allein ausführen konnten, auf (Brennholzhandel, Schuhhandel, Betrieb der gemeinsamen Maismühle im eigenen Haus).

Auf die Intervention des Kreditgebers nahmen sie Stellung zu dem gescheiterten Gemeinschaftsbetrieb: „Wir sind keine richtige Gruppe, jeder macht das, was er will, man spricht etwas ab und die Leute kommen nicht zur Arbeit, die anderen bleiben einfach weg, wenn es Schwierigkeiten gibt." „Ich sehe keinen Willen, hier zu arbeiten." „Das ist keine Hilfe, jetzt Auflagen zu machen, nur wegen der Schulden." „Wenn wir jetzt weiterarbeiten und vielleicht Erfolg haben, kommen nur wieder die anderen (die ausgetretenen Mitglieder, C.V.) und stellen Forderungen. Dann stehen wir genauso da wie jetzt und haben nichts gewonnen." Das *Proyecto Campesino* löste sich damit auf. Das Haus steht heute leer, die letzten Inventargegenstände wurden unter den Mitgliedern verteilt. Die Schulden wurden nie beglichen.

Handlungsmotivationen:

Die Handlungsabläufe lassen Rückschlüsse auf die bestimmenden Handlungsmotivationen der Gruppenmitglieder zu. Diese charakterisieren das wirtschaftliche Handeln im dörflichen Kontext:

1. Gewerbliche Tätigkeiten werden als Möglichkeit zum Nebenverdienst angesehen. Die bedeutungsmäßig höher angesiedelte Tätigkeit ist die Landwirtschaft, auch wenn diese nur einen Bruchteil des Familienbedarfs an Einkommen decken kann.
2. Einsatz und Risikobereitschaft für den gewerblichen Nebenbetrieb sind, wenn es zu problematischen Situationen kommt, gering.
3. Die Bindung zu Personen, die nicht dem eigenen Haushalt angehören, ist labil und wird von Mißtrauen geprägt.
4. Der Gemeinschaftsbetrieb soll zur Deckung der Kosten im eigenen Haushalt beitragen. Alle vorhandenen Betriebsmittel können dafür genutzt werden.

---

[2] 1 Quetzal enspricht etwa 0,25 DM.

5. Dem Zusammenhang zwischen Organisation, Planung, Produktion, Vermarktung und Gewinn wirtschaftlicher Tätigkeit wird geringe Bedeutung zugemessen. Die Aufmerksamkeit der Handelnden richtet sich auf den Bereich der Produktion.

Handlungsfolgen:

Die Folgen aus dem spezifisch motivierten Handeln in bezug auf gewerbliche Aktivitäten im dörflichen Kontext sind:
1. Gewerbliche Aktivitäten werden nach der Logik eines landwirtschaftlichen Subsistenzbetriebes geführt. Es werden keine Rücklagen gebildet. Bei steigenden Kosten für Rohstoffe wird das vorhandene Betriebskapital verbraucht, bis der Betrieb nicht mehr produktionsfähig ist.
2. Es besteht keine Neigung, zusätzliche Kenntnisse zu erwerben, um mit Profit wirtschaften zu können.
3. Der Betrieb ist unrentabel, arbeitsaufwendig und nur in geringem Maße konkurrenzfähig. Er scheitert, wenn selbst ein Mindestaufwand an funktionaler Kontrolle und Planung unterbleibt.
4. Die Basis gemeinschaftlichen Handelns außerhalb von Haushaltsgemeinschaften wird durch den Mißerfolg geschwächt oder unmöglich gemacht. Die mit gewerblichen Unternehmungen verbundenen Konflikte führen zu einer Zersplitterung sozialer Verbindungen im dörflichen Kontext.
5. Die ökonomische Basis des bäuerlichen Familienbetriebs, der auf gewerbliche Nebeneinkünfte angewiesen ist (*Birk* 1995a : 214-220), wird zunehmend labiler.

Handlungsstrategie:

Unter Strategie soll ein mittelfristiger Handlungsentwurf verstanden werden, der verschiedene Einzelhandlungen derselben Intention zuordnet: Strategien verwerfen, umgehen, modifizieren oder ändern bestehende Handlungsregeln zur Erreichung persönlicher Ziele.

In bezug auf das Beispiel kann von einer *Risikominimierungsstrategie* gesprochen werden: Die Regeln des kapitalistischen Wirtschaftens (i.S. des Einsatzes von Kapital, um Profit zu erwirtschaften) werden ignoriert. Im Konfliktfall zieht sich der Akteur auf den ihm vertrauten Rahmen landwirtschaftlicher Tätigkeiten zurück. Dies hat für ihn negative Folgen, da er sich andererseits auf kapitalistische Wirtschaftszusammenhänge einläßt: er nimmt und verbraucht Kredite, er bezieht seine Einkünfte nicht allein aus der landwirtschaftlichen Tätigkeit.

4.2.1.2 *Genossenschaften: Cooperativa Ixchel und San Antonio Palopó*

Die folgenden Beispiele beziehen sich auf wesentlich stärker formalisierte Gruppen und zeigen weitere Aspekte des wirtschaftlichen Handelns im ländlichen Raum. Die Weber-Genossenschaften *Ixchel* und *San Antonio Palopó* sind Basisgruppen von Produzenten traditioneller Stoffe. Alle Genossenschaften werden staatlich registriert, sie müssen über eine Mindestmitgliedszahl von zwanzig Gründungsmitgliedern und verbindliche Statuten in Anlehnung an das nationale Genossenschaftsgesetz verfügen. *Ixchel* und *San Antonio Palopó* haben neben dem obligatorischen Vorstand (Präsident, Vizepräsident, Sekretär, Kassenwart, Beisitzer) eine Geschäftsführung, die hauptsächlich die Vermarktung organisiert. Sie werden fiskalisch erfaßt und in regelmäßigen Abständen vom Nationalen Institut für Genossenschaftswesen (INGE-COOP) überprüft und auf Wunsch auch technisch beraten (INACOP). Sie gehören einem regionalen Dachverband (ARTEXCO) an, der internationale Vermarktungskontakte, Finanzierung und Beratung durch nationale und internationale Organisationen vermittelt.

Im Fall der Weberei-Genossenschaft *Ixchel* mit Sitz in *Quetzaltenango* ergibt sich eine große räumliche Distanz der einzelnen Mitglieder zueinander. Die 53 eingeschriebenen *socios* wohnen verstreut über verschiedene Gemeinden im Bezirk *Quetzaltenango*, wobei ihre

Webereiwerkstätte jeweils im Wohnhaus eingerichtet ist. Regelmäßige Treffen werden zur Jahresvollversammlung oder für Fortbildungsveranstaltungen organisiert, an denen aber durchschnittlich weniger als die Hälfte der eingeschriebenen Mitglieder teilnehmen. Fast alle Mitglieder gehören zur ethnischen Gruppe der *K'iche*.

Die Genossenschaftler von *San Antonio Palopó* produzieren ebenfalls Webwaren in Heimarbeit. Über 50 Prozent der Mitglieder nehmen regelmäßig an gemeinschaftlichen Aktivitäten teil. Sie wohnen ausnahmslos in der gleichnamigen Gemeinde am Atitlán-See, einem herausragenden touristischen Zentrum in Guatemala, und gehören zur ethnischen Gruppe der *Kak'chiquel*.

Genossenschaften sind als Organisationsform sehr populär, die zentralamerikanische Statistik verzeichnet für Guatemala, daß etwa 10% der ökonomisch aktiven Bevölkerung über zehn Jahre in einer Genossenschaft registriert sei (*CCC-CA* 1993 :3-4). Diese Organisationsform kommt den ökonomischen Möglichkeiten vieler Kleinproduzenten entgegen, da der Eintrittsbeitrag in den Statuten autonom von jeder Genossenschaft bestimmt werden kann. Auch internationale Organisationen, die in großer Zahl und Varietät im Bereich der Beratung und Förderung von Genossenschaften tätig sind, bringen diesem gesellschaftlichen Modell als „Entwicklungsmotor" nach wie vor große Hoffnung entgegen (*CIEDLA* 1992). Wie wird in diesen Gruppen gehandelt?

A) Cooperativa Ixchel: Jahreshauptversammlung am 2.02.1996

An der Jahreshauptversammlung der 1968 gegründeten *Cooperativa Ixchel* nahmen vier Genossenschaftsmitglieder, die fünf Vorstandsmitglieder, ihr vom Dachverband bestellter Buchhalter, der Geschäftsführer, der Direktor der regionalen Abteilung von INACOP, ein Vertreter von ARTEXCO, der kaufmännische Berater der an ARTEXCO angeschlossenen Genossenschaften und die Autorin als Vertreterin der *Friedrich-Ebert-Stiftung* teil. Die Sitzung begann mit zweistündiger Verspätung, nachdem deutlich war, daß keine weiteren Genossenschaftsmitglieder mehr kommen würden.

Der erste Abschnitt der Diskussion drehte sich um Möglichkeiten, die Abwesenden mit einer Strafe zu belegen, damit sie in Zukunft mehr Anteil an ihrer Genossenschaft nähmen. Diesem Versuch standen folgende Argumente entgegen: Von den 53 eingeschriebenen Mitgliedern produzierten nur 25 Stoffe für die Genossenschaft. Nur zwölf von diesen arbeiteten mit akzeptabler Qualität, sodaß ihre Produkte über den Dachverband vermarktet werden können. Man könne nicht alle Mitglieder gleich behandeln. Die im vorangegangenem Jahr über abwesende Genossenschafter verhängte Strafe wurde von der Geschäftsführung nicht eingefordert. Andere Pflichtzahlungen, wie die Erhöhung der Mindesteinlage der Mitglieder, werden trotz rechtskräftigen Beschlusses allgemein mißachtet. Da Entscheidungen von Vorstand und Versammlung nicht allgemein durchzusetzen seien, wäre es unnötig, eine weitere Strafe zu beschließen.

Dann wurde der Jahresabschluß 1995 vorgestellt. Der Buchhalter erläuterte, daß er 10.122 Quetzales abschreiben mußte. Er habe angesichts ungeordneter Belege und technischer Fehler seiner Vorgänger über mehrere Jahre aufgelaufene Verluste zusammengefaßt. Die zuständige Kontrollinstanz im Vorstand (*Comisión de Vigilancia*) habe ihre Funktion in der Vergangenheit nicht erfüllt.

Außerdem gebe es Probleme, über die gesprochen werden müsse: Drei Genossenschaftler hätten im letzten Jahr den Dachverband betrogen. Sie hatten das bereitgestellte Rohmaterial (garantierter, nicht abfärbende Baumwollfaden) zur Herstellung anderer Waren, die sie privat vermarkteten, genutzt und für die Auftragsarbeit stattdessen billigeren Faden schlechter Qualität eingesetzt.

Die an den Kunden ausgelieferte Ware wurde reklamiert und neben dem Vertrauensverlust entstand ein Schaden von 60.000 Quetzales. Zwei der drei beteiligten *socios* weigerten sich, für ihren Anteil daran aufzukommen. Neben dieser offenen Rechnung stünden an geleisteten Vorschüssen und Krediten an Mitglieder insgesamt eine Summe von 34.880 Quetzales aus. Das sind 46 Prozent der gesamten Aktiva der Genossenschaft (*Cooperativa Ixchel* 1995: 2).

Diese Kapitalbindung bewirke, daß keine größeren Aufträge angenommen werden können, da die Genossenschaft zu wenig Betriebskapital besitzt, um die Rohmaterialien vorzufinanzieren. Der Kassenstand am 31.12.1995 betrug lediglich 5.528 Quetzales. Aufgrund des geringen Umsatzes und relativ hoher Verwaltungskosten habe die Genossenschaft auch im Jahr 1995 Verluste gemacht, sodaß der jährliche Gesamtverlust inklusive der Abschreibung vorangegangener Jahre 16.578 Quetzales betrage (*Cooperativa Ixchel* 1995: 4). Die Versammlung müsse Beschlüsse fassen, wie mit dem Betrugsfall und den Schulden umzugehen sei, wenn sie keinen Bankrott wollten.

Die anwesenden Mitglieder zeigten wenig Interesse daran, gegen andere Personen vorzugehen oder eigene Schulden anzuerkennen. Stattdessen wurde dem abwesenden ehemaligen Buchhalter und Geschäftsführer alle Verantwortung zugewiesen. Auf Intervention der Berater und Verbandesvertreter wurde schließlich nach mehrstündiger Diskussion der Beschluß gefaßt, daß die Außenstände bis Ende des laufenden Jahres zu begleichen seien und der neue Vorstand mit der Kontrolle betraut. Das mangelnde Interesse daran, in den neuen Vorstand gewählt zu werden, deutet an, daß die vorangegangenen Beschlüsse mit hoher Wahrscheinlichkeit - wie in anderen Jahren - nicht ausgeführt werden.

Handlungsmotivationen:

1. Die Genossenschaft wird als Organisationsform bewertet, die dem eigenen Haushalt Vorteile verschaffen soll. Die einzelnen Mitglieder sehen sich nicht als verantwortlicher Teil der Organisation, die diese aufrechterhalten müssen, sondern als unabhängige Produzenten mit autonomer Entscheidungsfreiheit.
2. Der eigene Nutzen ist ein höherwertigeres Ziel, als die Vermeidung von Schaden für die gemeinschaftliche Organisation.
3. Handlungen mit kurzfristigem Effekt haben Vorrang vor langfristigen Zielvorstellungen.

Handlungsfolgen:

1. Die Genossenschaft ist ökonomisch instabil und hat keinerlei Autoritätsanspruch gegenüber ihren Mitgliedern.
2. Die Verdienstmöglichkeiten für die Genossenschaftsmitglieder verringern sich aufgrund mangelnden Vertrauens potentieller Kunden.
3. Anstelle gemeinschaftlicher Anstrengungen tritt ein persönlicher Konkurrenzkampf der Mitglieder um Kunden. Preisverfall für die Produkte und geringere Qualität sind die Merkmale dieses Wettstreits.
4. Zusätzliche Aktivitäten, die die Genossenschaft anbietet, werden nur in sehr geringem Maße wahrgenommen und haben kaum positive Effekte. So werden Fortbildungsveranstaltungen meist als Zeitverschwendung angesehen.
5. Es werden keine Alternativen zur gegenwärtigen Produktionssituation geschaffen, die durch geringen Umsatz, geringe Rentabilität, geringe Produktqualität und -diversität gekennzeichnet ist.

Handlungsstrategie:

Die vorwiegende Handlungsstrategie der Genossenschaftsmitglieder ist die Aufwandsminimierung bei *Nutzenmaximierung mit kurzfristiger, egozentrischer Perspektive*. Da neben der eigenen Zielsetzung kein verbindlicher allgemeiner Bezugsrahmen anerkannt ist, hat diese Strategie kalkuliertermaßen zerstörerische Wirkung auf den sozialen Zusammenhalt und die ökonomische Handlungsfähigkeit ihrer Gruppe.

B) Cooperativa San Antonio Palopó: Projektplanung am 11.07.1995

In diesem Beispiel wird vor allem die Art der Entscheidungsfindung von Personen in Schlüsselpositionen ihrer Gruppe gezeigt. Auf Initiative des Dachverbandes der Kunstgewerbegenossenschaften, ARTEXCO, wurde in *San Antonio Palopó* eine Vorstandssitzung mit externen Beratern abgehalten, um die Fortbildungsveranstaltungen für das kommende Jahr zu planen.

Im Jahr 1992 hatte die Genossenschaft einen Überschuß von 45.747 Quetzales erwirtschaftet. 1993 und 1994 lagen knapp oberhalb oder unterhalb der Rentabilitätsgrenze. Für das erste Halbjahr 1995 gab es bereits einen Verlust von 6.555 Quetzales. Fehlende interne Kostenberechnung für die Produkte, mangelnde Vermarktungsstrategien und lückenhafte Verwaltung und Organisation der Aufgaben werden von Beratern als die Gründe dieser Entwicklung gesehen. (*Martínez* 1995 :Anhang 4). Die Genossenschaft hat 167 eingeschriebene Mitglieder, davon sind 80 „aktive" Produzenten und 40 arbeiten mit Qualität und Pünktlichkeit. (*Martínez* 1995 :5).

Die Kursangebote des Dachverbands wurden nicht kommentiert. Größeres Interesse richtete sich auf die Frage des Vizepräsidenten, ob nicht zusätzlich ein Hotel eröffnet werden könne. Die Genossenschaft habe zu geringe Einkünfte, und man wolle von der Nähe zum Touristenort *Panajachel* am Atitlán-See profitieren. Nachdem einer der anwesenden Berater die für ein Hotelprojekt notwendigen Investitionen und Rahmenbedingungen charakterisiert hatte (Definition der Zielgruppe, fehlende touristische Attraktionen vor Ort, mangelnde Infrastruktur, Notwendigkeit zur Planung der Kosten und Amortisierung in zehn bis zwanzig Jahren), wurde die Idee nicht weiter verfolgt. Ähnlich verlief die Diskussion um den zweiten Vorschlag des Vorstandes, eine Bäckerei zu eröffnen. Dieser Betrieb wäre zwar interessant, da es vor Ort keine Bäckerei gibt, aber die damit verbundenen geringen Verdienstmöglichkeiten und die Notwendigkeit zu hohem Umsatz bei entsprechender Organisation der Mitarbeiter schreckte die Teilnehmer letztlich ab.

Der Vorschlag des Geschäftsführers, über eine gezieltere Vermarktung und Diversifizierung der eigenen Produktpalette mehr Umsatz und Gewinn zu erzeugen, stieß auf keine Resonanz. Niemand äußerte sich zu seiner Vorstellung, die vorhandenen Ressourcen und Kenntnisse der Genossenschaftler zu nutzen. Der Geschäftsführer kritisierte daraufhin den Vorstand. Es ginge jenem nicht um die Entwicklung eines wirtschaftlichen Projekts, sondern es solle ein imposantes Gebäude errichtet werden, um die übrigen Genossenschaftsmitglieder zu beeindrucken. Dies werde das Prestige jedes Vorstandsmitgliedes und besonders des Präsidenten in der Gemeinschaft stärken. Der Vorstand vertagte daraufhin die Entscheidung über zukünftige Projekte auf eine Vollversammlung der Genossenschaftler. Wäre eine Auswahl getroffen, könne einer der Berater sich mit der Ausarbeitung eines Investitions- und Ablaufplanes befassen.

Diese Absichten wurden bis Februar 1997 nicht verwirklicht. Eine Analyse der Tätigkeiten der Genossenschaft im Webereisektor wurde noch 1995 als Auftragsarbeit einer kreditgebenden internationalen Organisation erarbeitet. In dieser werden die erforderlichen Aktivitäten, um die internen Kontrollen und die externe Vermarktung zu verbessern, genannt (*Martínez* 1995). Einige der dort vorgestellten Empfehlungen wurden später über Druck des Dachverbands verwirklicht.

Handlungsmotivationen:

1. Der Vorstand der Genossenschaft muß Entscheidungen treffen, die von den übrigen Mitgliedern akzeptiert werden. Dieser soziale Rückhalt zählt bei Entscheidungen mehr als deren ökonomische Funktionalität.
2. Die Kenntnis und Entwicklung von marktorientierten Strategien wird als sekundär angesehen.
3. Den als problematisch erkannten Situationen wird ausgewichen.

Handlungsfolgen:

1. Die Genossenschaft ist vornehmlich ein sozialer Verbund, kein wirtschaftlicher.
2. Entscheidungen über rein wirtschaftliche Belange werden von Intuition und Imitation geleitet.
3. Marktwirtschaftlich sinnvolle Investitionen unterbleiben.
4. Der Erfolg von gewerblichen Aktivitäten ist gefährdet.

Handlungsstrategie:

Dieses letzte Beispiel verdeutlicht eine Strategie der *sozialen Akzeptanz*. Gruppen mit größerem Zusammenhalt, der sich im Fall der *Cooperativa San Antonio Palopó* vor allem auf gegenseitige räumliche Nähe und eine positive wirtschaftliche Entwicklung der vorangegangenen Jahre zurückführen läßt, organisieren sich intern hierarchisch nach dem Gesichtspunkt des sozialen Prestiges, nicht des wirtschaftlichen Erfolges ihrer Mitglieder.

4.2.1.3 Zusammenfassung: Drei Strategien - drei Extremsituationen?

Im ersten Beipiel wurde vor allem die Handlungslogik wirtschaftlichen Handelns im Bereich des Kleingewerbes, das als komplementäre Einkommensquelle Teil der bäuerlichen Familienökonomie ist, verdeutlicht. Die Ergebnisse aus diesem Abschnitt sind eine Basis für die folgenden Beispiele der Weber-Genossenschaften, anhand derer jeweils zusätzliche Aspekte beschrieben werden konnten.

Diese letzten beiden Beipiele stehen anscheinend im Widerspruch zueinander: Zwei formal identische Organisationstypen regeln ihre Belange auf konträre Weise: Egozentrik und persönliche Nutzenmaximierung stehen einem Konzept sozialer Akzeptanz gegenüber. Aber die Rechtsform einer Gruppe ist nicht deren vorrangiges Charakteristikum, sondern das Miteinander oder Gegeneinander der Interessen ihrer Mitglieder.

Die *Cooperativa Ixchel* steht für eine wirtschaftliche Gruppe, deren Zusammenhalt nur noch aus der rechtlichen Hülse besteht, in *San Antonio Palopó* wird auf die Meinung der Genossenschafter gezählt. Dennoch: auch bei der *Cooperativa Ixchel* versuchten die Mitglieder der Versammlung, negative Folgen für Nicht-Anwesende abzuwenden.

Das folgende Beispiel zeigt als Langzeitstudie, wie sich verschiedene, anscheinend gegensätzliche Handlungsstrategien durchdringen können und welche Auswirkungen in wirtschaftlich-sozialer Hinsicht für eine Genossenschaft damit zusammenhängen.

4.2.2 Eine Langzeitbelichtung: Cooperativa Santiago Cabricán 1993-1996

In Form einer Langzeitstudie hat die Autorin die Entwicklung in der kalkverarbeitenden Genossenschaft *Santiago Cabricán* in der gleichnamigen Gemeinde, Bezirk *Quetzaltenango*, beobachtet. Die vorherigen Ergebnisse, die aus der Inhaltsanalyse von einzelnen Situationen gewonnen wurden, sollen durch diese Studie überprüft und vertieft werden.

Die besondere Lage, in der sich die *Cooperativa* von November 1993 bis September 1996 befand (Verfügung über einen ausländischen Exklusiv-Berater) und ihre davon beeinflußte wirtschaftliche und soziale Entwicklung, erlauben eine gesonderte Betrachtung typischer Handlungsmuster im Spannungsfeld ökonomischer und lokal-kultureller Interpretation. Gerade die Förderung marktwirtschaftlich orientierter Strukturen in der Genossenschaft durch den Berater hat eine Vielzahl von Reaktionen unter den Mitgliedern ausgelöst, aus denen sich Wertmuster und individuelle Bedeutungszuweisungen im Kontext wirtschaftlichen Handelns ableiten lassen.

Die *Cooperativa Santiago* wurde im Jahr 1961 auf Initiative des nordamerikanischen Pfarrers *Thomas Melville* gegründet. Ihre hauptsächliche Aktivität ist der Abbau und die

Weiterverarbeitung von Dolomitkalk, der in gemahlener Form an die Kaffeeproduzenten der *Boca Costa* vermarktet und dort als Düngerzugabe eingesetzt wird. Das Kalkvorkommen ist an ein geologisches Fenster in dem ansonsten durch tertiäre vulkanische Sand- und Aschablagerungen gekennzeichneten Gebiet gebunden. Die hohe Reinheit des Kalks ermöglicht dessen Einsatz als Ph-Puffer und zur Verbesserung der Bodenstruktur in den leicht sauren Böden der *Boca Costa*. Im Jahr 1996 zählte die Genossenschaft 105 Mitglieder aus der Gemeinde *Cabricán*, die zur Ethnie der *Mam* gehören. Höchstens 40 Prozent von ihnen arbeiten regelmäßig entweder in der Fabrik oder im Steinbruch der *Cooperativa*.

Den größten Teil der Fabrikbelegschaft stellen unabhängige Gemeindemitglieder. Darüberhinaus finden lokale private Transportunternehmer und eine Gruppe von Mechanikern in der Genossenschaft Beschäftigung. Die *Cooperativa* als größter Arbeitgeber in der Gemeinde bietet in dem traditionellen saisonalen Migrationsgebiet eine akzeptable Alternative zur Arbeit auf den Kaffeeplantagen. Etwa 150 Familien, bzw. 1.200 Personen beziehen über sie direkte Einkünfte. Die Entlohnung liegt dabei mindestens um das Doppelte über dem regionalen Durchschnitt.

4.2.2.1 Eine Bestandsaufnahme. 1993

Auf Wunsch der Genossenschaft begann im November 1993 ein deutscher Berater seine auf drei Jahre angelegte Tätigkeit in *Cabricán*. Dessen langjährige Kontakte nach *Cabricán* ermöglichten einen schnellen Überblick über die ökonomische Situation der Genossenschaft und ihre Stellung im nationalen Düngevermarktungssektor. Aus diesen Kenntnissen wurde ein Aktionsplan entwickelt, um folgende Ziele anzustreben (*Birk* 1996 :1):
1. Reorganisierung der internen Verwaltung der Genossenschaft
2. Modernisierung der Produktionsanlagen
3. Ausweitung des Kundenstamms
4. Erhöhung der Produktivität in der Kalkproduktion und Produktdiversifizierung
5. Betriebliche Weiterbildung für Genossenschaftsmitglieder

Die Genossenschaftler selber hatten in der Vergangenheit auf Veränderungen wenig Wert gelegt. Weder die schlechten Arbeitsbedingungen in der Fabrik (Staubbelastung, geringer Mechanisierungsgrad) noch die ökonomische Abhängigkeit zu einem ortsansässigen *Ladino*, der einen Großteil der Vermarktung zu seinem eigenen Vorteil organisierte, lösten Reaktionen aus, sondern wurden eher als vorgegebene Rahmenbedingungen interpretiert. Zentrales ökonomisches Problem der Genossenschaft war die ausgesprochene Saisonalität ihres Produktes. Aufgrund der Wachstumsperiode der Kaffepflanzen konnte lediglich von Dezember bis Mai gemahlener Kalk abgesetzt werden. Im anderen Halbjahr hatte die Genossenschaft kaum weitere Einkünfte, aber relativ hohe Fixkosten (Transport, Strom, Personal) zu bestreiten. Die internationalen Kaffeepreise lagen in den Jahren 1992 und 1993 unter dem Ausgleichspunkt, wodurch der Absatz von Kalk insgesamt schwierig war und auch für die Zukunft infrage gestellt werden mußte.

Aus diesen Gründen mußten einerseits die Produktions- und Fixkosten gesenkt werden und andererseits neue Produkte gefunden werden, um die Sommersaison zu überbrücken. Technische Veränderungen und eine andere Verwaltungsstruktur hatten daher eine große Bedeutung für das ökonomische Überleben der Genossenschaft. Diese implizierten aber auch eine veränderte Sichtweise der Genossenschaft als profit-orientierte Unternehmung von Seiten ihrer Mitglieder, wenn sie diesen Prozeß mitgestalten wollten. Am 25.02.1994 wurde der Berater von der Jahreshauptversammlung der Genossenschaft auf Antrag des Vorstandes zum Geschäftsführer ernannt, um seine Stellung nach außen und innen zu festigen.

4.2.2.2 Aktionen. 1994-1996

Mit dieser Ernennung wurden auch jeweils verantwortliche Abteilungsleiter für die Bereiche „Buchführung", „Kalkproduktion", „Neue Projekte und Transport" und „Vermarktung" eingesetzt. Die Stelle für „Neue Projekte und Transport" wurde dabei zusätzlich geschaffen und an einen in *Cabricán* geborenen jungen Mann vergeben, der in *Quetzaltenango* studiert und in der Landeshauptstadt als Mechaniker gearbeitet hatte.

Zur Festlegung der Verantwortlichkeiten von Genossenschaftsvorstand und Geschäftsführung wurde in Anlehnung an das nationale Genossenschaftsgesetz und im Hinblick auf die unternehmerische Neustrukturierung der *Cooperativa Santiago* ein internes Regelwerk von der Geschäftsführung formuliert und durch den Vorstand verabschiedet. Regelmäßige gemeinsame Arbeitssitzungen und definierte Kommunikationswege innerhalb der Geschäftsführung ermöglichten eine wesentlich schnellere Entscheidungsfindung zu aktuell auftretenden Problemen (Engpässe im Transport, beim Verpackungsmaterial, der Vorfinanzierung, der Anlieferung von Rohmaterial etc.).

Eine 1995 installierte Funkanlage in dem Vermarktungsbüro in Quetzaltenango und in der Genossenschaft in *Cabricán* nebst mobilen Geräten erlaubte eine effiziente Koordinierung von Kalknachfrage und Tagesproduktion. Das Prestige der *Cooperativa Santiago* bei ihren Kunden verbesserte sich zusehens.

Parallel zu der Umstrukturierung der Geschäftsführung wurde ein System an Kontrollen eingeführt, um die Tagesproduktion an gemahlenem Kalk, vorhandene Lagerbestände, Auslieferungen und ausstehende Zahlungen dokumentieren zu können. Mit diesen Kontrollmöglichkeiten konnte aber auch nachgewiesen werden, daß erhebliche Mengen an Kalk „verschwanden". Ungenauigkeiten beim Absacken und falsch dokumentierte Lastwagenladungen oder Produktionsergebnisse waren die Mechanismen eines Betrugsnetzes von Minen- und Fabrikarbeitern, Transporteuren und Vorarbeitern, bei dem pro Jahr bis zu 4.000 Zentner Kalk, bzw. 22.000 Quetzales Verkaufserlös zu Lasten der Genossenschaft und zu Gunsten der Beteiligten umgewidmet wurden. 1995 wurden diese Praktiken durch die Geschäftsführung beseitigt und einige der Verantwortlichen aus der Genossenschaft ausgeschlossen.

Andere individuelle Nebeneinkünfte zu Lasten der *Cooperativa* waren z.B. Kredite an Mitglieder. Allein die seit 1990 aufgelaufenen Verpflichtungen beliefen sich auf etwa 50.000 Quetzales, wovon bis Mai 1996 gegen viel Widerstand der Genossenschaftler um die 65 Prozent für die Genossenschaft zurückgewonnen werden konnten. Bei jedem Kreditnehmer waren die entliehenen Summen höher als der geleistete Mitgliedsbeitrag, in einigen Fällen um das vierfache. Der festgelegte Zinssatz betrug lediglich 1,5 Prozent pro Jahr (*Cooperativa Santiago* 1995 :1-2). Informelle Geldverleiher im Dorf fordern demgegenüber 15-20 Prozent pro Monat und Landtitel als Garantie.

Die genossenschaftseigenen Läden verzeichneten Verluste im Inventar, die nur als Raub der Verkäufer erklärt werden konnten. Erst mit der von der Geschäftsführung organisierten Verpachtung des Gemischtwarenladens 1995 versiegte diese Einkommensquelle, die unter den Genossenschaftlern gewohnheitsmäßig nach dem Rotationsprinzip vergeben wurde. (Wurde einem Verkäufer Betrug nachgewiesen, mußte er seine Stelle verlassen und ein anderer kam auf seinen Posten. Der entstandene Schaden gegen die Genossenschaft wurde nie eingefordert.)

Die Tankstelle der *Cooperativa* verzeichnete ab dem Moment keine unerklärlichen Verluste an Diesel und Benzin mehr, als ein Kontrollblatt eingeführt wurde, auf dem Verkaufsmengen und Zählerstand notiert werden mußten und die abendliche Kassenabrechnung vom Abteilungsleiter überprüft wurde.

Die Produktionsanlagen wurden im Verlauf des Jahres 1994 -1995 komplett umgestaltet, wobei die Finanzmittel zu je 50 Prozent aus deutschen Kreditquellen und aus Gewinnen der Genossenschaft kamen. Abgesehen von Kalkbrechern, -mühlen und Elektromotoren wurden alle anderen neuen Komponenten (Förderbänder, Siebanlagen, Ventilation, Verpackung,

Elektroinstallation, Vordach, Rampe) mit einer Mechanikergruppe der neu eingerichteten Werkstatt geplant und ausgeführt. Mit eigenen Drehbänken und Schweißanlagen konnten die benötigten Einzelteile, z.B. für die Aufhängung und Federung des Steinbrechers, vor Ort gefertigt werden. Die Unterhaltskosten für die Produktionsanlagen verringerten sich so von 1994 zu 1995 um 50 Prozent (*Birk* 1996 :9). Zusätzlich warteten die Mechaniker die genossenschaftseigenen Lastwagen und nahmen Aufträge von unabhängigen Transportunternehmern entgegen.

1995 wurde ein eigener Stromgenerator installiert und die gesamte Verkabelung der Fabrik und die Beleuchtungsanlage der Genossenschaft erneuert. Produktionsausfälle und durchgeschmorte Elektromotoren aufgrund der unzuverlässigen nationalen Stromversorgung (regelmäßige Spannungsabfälle von 110 auf 90 Volt, tageweise Stromausfälle) entfielen damit. Bis 1996 konnten die Produktionskosten um 20 Prozent verringert werden, die Produktivität in der Kalkerzeugung stieg im selben Zeitraum um 120 Prozent (*Birk* 1996 :11). Durch den Kauf eines Kipplastwagens und eines Schaufelladers konnte der Transport von Rohmaterial vom Steinbruch zur Fabrik wesentlich verbessert werden. 1996 betrug die installierte Produktionskapazität an gemahlenem und verpacktem Kalk 4000 Zentner pro Tag.

Die Kundenzahl der Genossenschaft konnte bis 1996 mehr als verdoppelt werden. Direkte Werbung, Erstellung von Werbematerialien und verbesserte Serviceleistungen (Transport, Verläßlichkeit, Kommunikation) neben einer qualitativen Steigerung des Produkts (homogene Korngröße, ausgewogenes Ca- und Mg-Verhältnis) schufen der Genossenschaft einen deutlichen Wettbewerbsvorteil auf dem nationalen Markt, der ihren etwas höheren Endpreis kompensieren konnte.

Abb. 15: Umsatz, Aktiva, Eigenkapital: Cooperativa Agricola Integral Santiago Cabricán

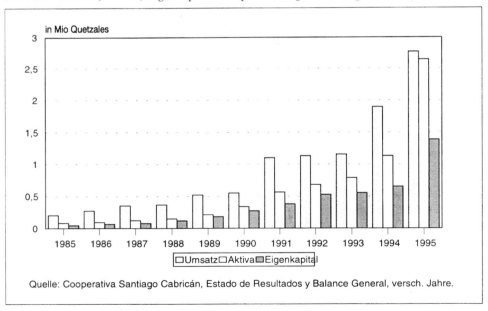

Quelle: Cooperativa Santiago Cabricán, Estado de Resultados y Balance General, versch. Jahre.

Anm.: 1) Zwischen 1990 und 1991 war der spätere Berater auf freiwilliger Basis in Cabricán beschäftigt.
2) Der Anteil der Genossenschaftler an der Eigenkapitalbildung über Mitgliedsbeiträge beträgt 61.546,50 Quetzales, das sind durchschnittlich 586 Quetzales pro Mitglied, bzw. 2,7 Prozent der Aktiva vom 31.12.1995.

Als Alternativen zum Kalkgeschäft konnten zwei Kühlkammern zur Apfellagerung, die Produktion von Austern- und Shiitakepilzen und eine Kompostierungsanlage eingerichtet werden. In *Cabricán* und den angrenzenden Gemeinden wurden traditionellerweise die Äpfel aus den Hausgärten zur Erntezeit an Zwischenhändler verkauft, die diese einlagern und um die Weihnachtszeit mit erheblichem Gewinn in *Quetzaltenango* absetzen. Die Herstellung organischen Düngers, bzw. von Blumenerde und von Speisepilzen baute ebenfalls auf lokal vorhandenen Ressourcen auf.

Abbildung 15 gibt einen quantitativen Überblick über die Veränderungen, die in der *Cooperativa Santiago* bis Mai 1996 stattfanden.

4.2.2.3 Reaktionen. 1995-1996

Besetzung von Stellen in der Genossenschaft:

Im August 1995 kam es zu einem Konflikt zwischen Geschäftsführung und Vorstand anläßlich einer Stellenbesetzung in der Fabrik. Einem Vorarbeiter war nachgewiesen worden, daß er absichtlich die Produktionszahlen gefälscht hatte, um höhere Lohnzahlungen für Minen- und Fabrikarbeiter zu rechtfertigen. Die Geschäftsführung verlangte daraufhin, daß der Nachfolger gesicherte Kenntnisse im Lesen und Schreiben aufweisen müsse, um die neuen Kontrollblätter ausfüllen zu können und wählte zwischen den Bewerbern einen Kandidaten aus. Dieser wurde vom Vorstand ohne weitere Absprachen durch den Sohn eines Genossenschaftsmitglieds ersetzt, der zwar Analphabet ist, aber „das Recht auf einen Posten in der *Cooperativa*" habe. In der Sitzung vom 1.08.1995 wurde der Fall angesprochen und die Geschäftsführung verwies darauf, daß es zu ihren Aufgaben gehöre, das Personal auszusuchen. Da unter den Bewerbern kein Genossenschaftsmitglied die Anforderungen an die Stelle erfüllen konnte, habe die vorher ausgewählte Person auch als Nicht-Mitglied Vorrang.

Schon im Februar 1995 hatte die Entlassung des langjährigen Abteilungsleiters „Produktion", eines Genossenschaftsmitglieds, zu ähnlichen Kontroversen geführt. Dieser mußte gehen, weil er u.a. nicht in der Lage war, die Versorgung der Fabrik mit genügend Rohmaterial und die zeitgerechte Verladung und den Transport des Endprodukts zu organisieren. Nach seiner Entlassung auftauchende Belege zeigten, daß er nach einem System persönlicher Abhängigkeiten ungedeckte Vorschüsse oder willkürliche Zahlungen an eine große Gruppe von Genossenschaftlern getätigt hatte. Das Transportproblem entstand, weil er lediglich an Freunde und Verwandte Transportaufträge vergeben hatte, sodaß häufig Engpässe auftraten. Besonders die Gruppe der Minenarbeiter, die alle Genossenschaftler und in hoher Anzahl im Vorstand vertreten sind, hatte damals gegen die Entlassung protestiert. Da der Abteilungsleiter allerdings wiederholt der Arbeit tageweise ferngeblieben war, ohne die Geschäftsführung zu informieren, zuletzt über einen Zeitraum von einer Woche, und der persönliche Einsatz des Geschäftsführers für die Genossenschaft demgegenüber außer Frage stand, entschied in diesem Fall eindeutig dessen Autorität über die Entlassung.

Beim Fall des Vorarbeiters akzeptierte der Vorstand die Entscheidung nicht und schließlich wurde die Sitzung abgebrochen. Die Diskussion mußte am 12.08.1995 auf der halbjährigen ordentlichen Vollversammlung erneut aufgenommen werden. Der Geschäftsführer legte dar, welche die technischen und administrativen Veränderungen seien, die bis zu dem Zeitpunkt in ihrem Unternehmen bewerkstelligt worden seien. Aus diesen Veränderungen ergebe sich die Notwendigkeit, an den Schlüsselpositionen mit höher qualifiziertem Personal als in der Vergangenheit zu arbeiten. Einige der anwesenden Genossenschaftler äußerten daraufhin, daß sie keinen Sinn mehr darin sähen, in einer *Cooperativa* zu sein, wenn es für sie dort keine Posten gäbe. Außerdem seien sie kein Unternehmen, das hieße ja, daß es nur einen Besitzer und Chef gäbe, in einer Genossenschaft aber seien alle Besitzer und alle würden bestimmen. Eine Genossenschaft sei klein, und alle seien arm.

Der eingangs vorgestellte Halbjahresbericht, in dem unter anderem genannt wurde, daß an die vierzig Minenarbeiter allein im ersten Halbjahr 304.500 Quetzales an Löhnen ausgezahlt worden war (ein monatlicher Durchschnittsverdienst von 1.269 Quetzales, der dem eines höheren Bankangestellten in Quetzaltenango vergleichbar ist), galt den Genossenschaftlern nicht als stichhaltiges Argument.

Auf das Angebot, in der Fabrik zu arbeiten, da dort während der Saison dringend Personal gebraucht würde, ging niemand ein. Bislang waren maximal vier Genossenschaftler sporadisch dort tätig, den Rest der Belegschaft stellten unabhängige Gemeindemitglieder. Die Arbeitsbedingungen hatten sich bis 1995 entscheidend verbessert, die Staubbelastung war auf ein Minimum begrenzt und die schweren körperlichen Arbeiten weitestgehend durch Transportbänder ersetzt worden. Die durchschnittliche Schichtdauer war auf vier Stunden gesunken und die Schichten begannen pünktlich, da die Stromversorgung gesichert war. Das Lohnminimum für eine Schicht betrug 16-20 Quetzales, ein Einkommen, für das im dörflichen Rahmen sonst vierzehn Stunden auf dem Feld des Nachbarn gearbeitet werden muß.

Der ebenfalls auf dieser Versammlung geäußerten Aufforderung, sich zwei Tage später an der Apfelernte zu beteiligen, um die neu entstandenen Lagerräume mit Äpfeln aus den Hausgärten der Genossenschaftler zu füllen und diese um die Weihnachtszeit mit Gewinn für die Genossenschaft zu verkaufen (Kaufpreis für einen Zentner Äpfel: 25 Quetzales, Pflücklohn: vier Quetzales pro Stiege. Die städtischen Zwischenhändler zahlen zur Erntezeit zwischen vier und zehn Quetzales pro Zentner Äpfel), kam am 14.08.1995 keiner der Genossenschaftler nach, wohl aber unabhängige Bauern aus *Cabricán* und angrenzenden Gemeinden. Die Einschätzung der Mitglieder, daß es für Genossenschaftler keine Verdienstmöglichkeiten in ihrer *Cooperativa* gäbe, ist demnach nicht haltbar und muß zunächst als Äußerung von Protest verstanden werden.

Die Diskussion um die Entscheidungsbefugnis des Geschäftsführers setzte sich dahingehend fort, daß dieser erklärte, er sei davon abhängig, sich Personal seines Vertrauens aussuchen zu können. Der vorherige Arbeiter habe betrogen, und er wolle verhindern, daß dies wieder geschehe. Würde dies in der Genossenschaft nicht akzeptiert, werde er zurücktreten und seine aus privaten Mitteln gewährten Überbrückungskredite an die Genossenschaft (ca. 160.000 Quetzales) zurückfordern. Einige der Anwesenden bezweifelten, daß er diese Summe beanspruchen dürfe. Außerdem sei er Angestellter der Genossenschaft, das gäbe ihm nicht das Recht, Forderungen zu stellen oder so weitreichende Änderungen zu unternehmen. Er dürfe die Genossenschaftler nicht ausgrenzen.

Ein Kompromiß zeichnete sich erst durch einen Vorschlag des Vize-Präsidenten, Vater des Abteilungsleiters „Vermarktung" und Gründungsmitglied der *Cooperativa Santiago*, ab. Alle Genossenschaftler und ihre Familienmitglieder seien dazu aufgerufen, ihre Bewerbungsunterlagen für den Vorarbeiterposten zu präsentieren. Werde niemand mit der geeigneten Qualifikation gefunden, könne auch ein Nicht-Mitglied eingestellt werden. Zusätzlich solle ein Regelwerk über die Zuständigkeiten von Vorstand und Geschäftsführung erarbeitet und bei einer nächsten Versammlung beschlossen werden. Dieser Vorschlag wurde akzeptiert, wodurch auch der Rücktritt des Geschäftsführers abgewendet wurde. Der Konflikt selber war damit allerdings noch nicht beigelegt.

Die Rolle der Minenarbeiter:

Um die Hintergründe und die Tragweite des geschilderten Konflikts verstehen zu können, muß die Rolle einzelner Gruppen in der Genossenschaft näher beschrieben werden. Die Minenarbeiter stellen die am besten organisierte und geschlossenste Fraktion innerhalb der Genossenschaft. Der Steinbruch der *Cooperativa Santiago* ist in verschiedene Sektionen aufgeteilt, die jeweils als persönlicher „Claim" der dort beschäftigten Arbeitsgruppen gelten. Das abgebaute Rohmaterial an Kalksteinen wird lastwagenweise abtransportiert, wobei jede

Ladung 150 Zentner betragen sollte und von der Kasse der Genossenschaft direkt an die Arbeitsgruppen bezahlt wird.

Die Gruppen haben keine festen Arbeitszeiten. Bei Aufgaben, die die Allgemeinheit der Minenarbeiter betreffen, wie z.B. Wegebau oder Vorbereitung von Sprengtagen, gibt es immer wieder Zeitverzögerungen und einige Gruppen, die sich weigern, diese nicht direkt entlohnte Arbeit zu tun. Das Selbstverständnis der Minenarbeiter als diejenigen Personen, die „am meisten und am härtesten arbeiten", grenzt sie nach außen hin ab. Auch ihre Arbeitsautonomie und die relativ hohen Einkünfte, die sie beziehen, bestärkt sie in ihrer sozialen Sonderstellung. Besonders wichtig ist die Verfügungsgewalt über „ihr" Stück. Sie und alle anderen Genossenschaftsmitglieder betrachten die Minenarbeiter nicht als Verwalter eines gemeinsamen Guthabens, sondern als Besitzer von Minenabschnitten.

Diese Monopolstelle im wirtschaftlichen Herzstück der Genossenschaft sichert ihnen wiederum ein hohes Maß an Autorität innerhalb derselben. Nicht umsonst ist der Präsident der Periode 1994 -1995 der Wortführer der Minenarbeitergruppe. Die regelmäßigen Gelegenheiten, miteinander zu kommunizieren, ermöglichen ihnen, wichtige Entscheidungen für die Genossenschaft von vornherein zu beeinflussen, da in den Hauptversammlungen nur wenige Wortführer die Beschlüsse aller anwesenden Mitglieder vorbereiten.

Auch vor der Hauptversammlung am 12.08.1995 fanden einige dieser informellen Zusammenkünfte im Steinbruch statt, wo geäußert wurde, der Geschäftsführer müsse „weg". Schließlich sind die Minenarbeiter Nutznießer der Betrugshandlungen des Fabrikvorarbeiters gewesen. Ihnen wurden Lastwagenladungen an Steinen gezahlt, die sie niemals geliefert hatten. Jede Verantwortung dafür oder nur Mitwisserschaft stritten sie allerdings ab. Die Reformen des Geschäftsführers griffen in ihre gewachsene Arbeitsautonomie ein (Reglementierung von Mindestleistungen, Kontrolle der Ladungen, Streichung von finanziellen Vorschüssen, Veränderung der Arbeitstechniken und -abläufe durch regelmäßige Sprengungen) und minderten ihre autoritäre Stellung in der Genossenschaft durch die Auswahl des neuen Verwaltungspersonals, die von Kriterien wie Schulbildung und Organisationstalent, nicht aber aufgrund verwandschaftlicher bzw. *compadrazgo*-Beziehungen bestimmt wurde.

Zwei besondere Vollversammlungen: 30.03.1996 und 27.04.1996:

Zu der ordentlichen Hauptversammlung am 30.03.1996 legte der Vorstand den Antrag des Geschäftsführers um Vertragsverlängerung vor. Die geschäftliche Situation der Genossenschaft war zu diesem Zeitpunkt von geringer Kalknachfrage und hoher Konkurrenz auf dem inländischen Markt einerseits und andererseits mehreren neuen Projekten zur Produktdiversifizierung auf dem Düngemittelsektor, die unmittelbar anlaufen konnten, gekennzeichnet. Die zweijährige Vorbereitungszeit für Exportkontakte nach Mexico und El Salvador und die Pläne für die Herstellung von Granulaten und Düngermischungen mit Kalk und Mineralanteilen war abgeschlossen, und die Perspektiven für diese neuen Geschäfte sehr gut. Die finanzielle Lage der Genossenschaft war temporär angespannt; hohen Investitionskosten und aufgenommenen Krediten standen geringere Einkünfte als erwartet aus dem Kalksektor entgegen. Die Genossenschaftler mußten auf die erwartete Auszahlung einer Jahresdividende verzichten, da zu wenig Liquidität vorhanden war.

Diese Situation wirkte sich auf die Bewertung des vorgelegten Antrags aus, der mit emotionalen und abwertenden Äußerungen kommentiert wurde. Die Genossenschaftler forderten, eine Dividende auszuzahlen, und alle neuen Projekte zu stoppen, da diese an der hohen Verschuldung der Genossenschaft schuld seien. Auf einem kürzlich zurückliegendem Seminar für Vorstandsmitglieder hatte der neue Präsident bereits geäußert: „Wir haben ja geschluckt, daß jetzt nur noch Professionelle eingestellt werden, aber wir wollen auch unseren Teil. Wozu die ganzen Fortbildungen, gib´uns einfach, was uns zusteht."

Die Sprachregelung auf der Hauptversammlung traf denselben Punkt: Man wolle wieder so arbeiten, wie gewohnt, „langsam, aber sicher" und sei sehr wohl fähig, die Genossenschaft auch alleine zum „Erfolg" zu führen. Dem Geschäftsführer wurden Unterschlagungen angelastet, die er nachweislich nicht begangen hatte. Er zog daraufhin seinen Antrag vor einer Abstimmung zurück. In derselben Versammlung wurde wieder der von ihm entlassene ehemalige Abteilungsleiter „Produktion" eingesetzt, der zur Gruppe der Minenarbeiter gehört. Die Versammlung wurde dann auf den 27.04.1996 vertagt.

An diesem zweiten Versammlungstermin meldeten sich Stimmen der Gründungsmitglieder. Sie argumentierten, daß einige der Mitglieder auf Kosten der Allgemeinheit den Zusammenbruch der Genossenschaft riskierten. Niemand von ihnen habe zu dem Wachstum der *Cooperativa* beigetragen, aber sie forderten Einkünfte aus diesem. Arbeitseinsatz und Leistung habe hingegen der Geschäftsführer gezeigt und man dürfe ihm das Vertrauen nicht entziehen, weil er nach anderen Kriterien urteile. Als Genossenschaftler müßten sie ihren Kindern eine funktionierende *Cooperativa* übergeben, damit auch diese Einkommensmöglichkeiten an ihrem Geburtsort vorfänden. Würden sie den Geschäftsführer zum Rücktritt zwingen, sei der Zusammenbruch nur noch eine Frage der Zeit. Andere Genossenschaftler vertraten eine Gegenposition, die sich mit den schon im Spätsommer auftauchenden Ideen der „Verdrängung von Mitgliedern", ihrer Unterdrückung und Ausgrenzung durch einen diktatorischen Geschäftsführers, zusammenfassen lassen. Die Vehemenz der Diskussion zeigt hier das hohe Maß an Verweigerung eines sozialen Wandels.

Der Geschäftsführer trat zurück. Dadurch motiviert, beendeten auch die Abteilungsleiter „Vermarktung" und „Andere Projekte", die Gruppe der Mechaniker und ein Fahrer ihre Verträge. Einige der älteren Genossenschaftsmitglieder distanzierten sich in persönlichen Gesprächen von dem Geschehen. Unterstützende Organisationen und Einzelpersonen (Berater, Finanziers, regionaler Genossenschaftsverbund) beendeten ebenfalls den Kontakt. Auf einem abschließenden Treffen von Vorstand, Ex-Geschäftsführer und externen Beratern in Quetzaltenango am 10.05.1996, sagte der Präsident der *Cooperativa Santiago*: „Höchstwahrscheinlich halten Sie mich für einen Feigling und miesen Kerl, aber wenn ich nicht darauf höre, was die Leute um micht herum sagen, bin ich für meine Leute nichts mehr wert. Vertrete ich Ihre unternehmerische Meinung, auch wenn sie die Beste für die Genossenschaft ist, dann lynchen die mich."

4.2.2.4 *Weltbilder, Motive, Folgen*

Obiges Zitat ist eine Schlüsselaussage zu den geschilderten Vorkommnissen. Im lokalen Verbund werden Entscheidungen nach anderen Kriterien getroffen, als aufgrund einer rationalen Analyse der wirtschaftlichen Daten zu erwarten wäre. Dabei gibt es Meinungsträger, die die Gruppenentscheidungen nach ihren Vorstellungen steuern können. In der öffentlichen Diskussion wird an dieser Entscheidungsfindung nur in sehr seltenen und brisanten Fällen Kritik geäußert und auch nur von Personen, die ebenfalls über ein hohes Potential von Sozialprestige verfügen, wie z.B. die älteren Genossenschaftler und Gründungsmitglieder.

In der Interpretation dessen, was eine *Cooperativa* sei, gibt es einen Bruch zwischen den Generationen. Einige der älteren Genossenschaftler, die diese 1961 zusammen mit dem Pfarrer gegründet haben, vertreten eine Idealvorstellung des „alle für einen und einer für alle". Sie nehmen in der Genossenschaft ebenso wie in ihrem privaten und dörflichen Leben die sozialen Verpflichtungen, die an sie herangetragen werden, ernst. Sie fehlen nicht bei Sonderarbeitstagen oder Versammlungen. In der Vergangenheit haben sie die wesentlich schlechteren Arbeitsbedingungen in Fabrik und Mine getragen. Die Generation der dreißig- bis vierzigjährigen Mitglieder vertritt die Ansicht, daß in der *Cooperativa* „alle Besitzer" sind. Mit einem relativ geringem finanziellen Beitrag treten sie in die Genossenschaft ein und erwarten, daß deren Güter, auf formelle Weise durch Dividenden, auf informelle Weise durch Nebenabsprachen, verteilt werden. An der Schaffung eines Überschusses, der dann zur Verteilung ansteht, sind sie aber nicht beteiligt. Diese Erwartungshaltung wurde sicherlich dadurch bestärkt, daß seit der Gründung der Genossenschaft fortlaufend externe Geldgeber (amerikanische und deutsche Kirchenvereinigungen) bereit waren, den finanziellen Ruin derselben abzuwenden.

Die Genossenschaftler der *Santiago Cabricán* haben sich gesprächsweise mit der Organisation der *cofradía* verglichen, den Laienbruderschaften, die mit der *conquista* nach Lateinamerika kamen und dann im dörflichen Rahmen eine eigenständige Entwicklung zu einem sozialen System der politischen Strukturierung und der wirtschaftlichen Umverteilung von Überschüssen durchmachte. Traditionellerweise gab es verschieden hohe Posten in der *cofradía* zu erlangen, die mit hohem Sozialprestige verbunden waren. Der Weg diese Ämter zu erlangen, ging über die Ausrichtung von allgemeinen Festen und individuellen Diensten an die Gemeinschaft. Wer wirtschaftlich gut gestellt war, hatte an sich noch kein soziales Prestige, dies mußte erkauft werden, wodurch die Allgmeinheit profitierte. Dieses System kann nur funktionieren, wenn es Überschüsse zu verteilen gibt und der wirtschaftlich Erfolgreiche auch bereit ist, *um des sozialen Prestiges willen* auf seinen individuellen wirtschaftlichen Vorsprung zu verzichten. Dann können wirtschaftliche Härtefälle abgemildert werden, und der soziale Zusammenhalt ist umso stabiler, wie der Kontrast zwischen materiell „armen" und „reichen" Mitgliedern der Gemeinschaft verwischt wird.

Dieses traditionelle System funktioniert dann nicht mehr, wenn seine Voraussetzungen verändert werden. Findet keine Trennung zwischen Besitz von sozialem Prestige und materiellen Gütern (Beispiel: Minenarbeiter) statt, dann bekleiden einzelne Mitglieder der Gemeinschaft permanente Vormachtstellungen, die gegenüber anderen nicht ausgeglichen werden.

Der fehlende normative Bezugsrahmen einer materieller Umverteilung provoziert soziale Spannungen. Diejenigen, die nach subjektivem Urteil und kulturell gewachsenen Wertmaßstäben nun „leer ausgehen", versuchen nicht, selbst mehr Güter zu produzieren. Dieses Konzept hat sich in bäuerlichen Subsistenzgemeinden niemals entwickelt, sondern gewerbliche Aktivitäten werden nach wie vor nach dem Risikominimierungsprinzip organisiert, das ursprünglich eine Strategie ökologisch angepaßten Anbaus ist (Aussaat verschiedener Maisarten zu verschiedenen Zeiten, um Verluste in der Zwischentrockenzeit zu vermeiden).

In den meisten Fällen fehlen zur erfolgreichen Gestaltung gewerblicher Aktivitäten auch notwendige Kenntnisse und Fähigkeiten, und der Zugriff auf Ressourcen ist begrenzt. Aus diesen Gründen beginnen die Akteure, Umverteilung zu erzwingen. Wird als Gegenstand der Umverteilung eine Organisation wie die Genossenschaft gewählt, die keiner einzelnen Person gehört, die ihre Güter verteidigen würde, steht diesem Ausweichmechanismus zunächst nichts im Wege. Ginge es nur darum, einen einmaligen Überschuss zu verteilen („wir sind alle Besitzer und wir sind alle arm") endete die Handlungskette in dem Moment, wo alle Güter vergeben sind (Beispiel Bäckereigruppe). In dem Fall, wo sich Personen bereit finden, den Besitz der Genossenschaft gegen Übergriffe zu schützen (die Geschäftsführung) und diesen aufgrund unternehmerischen Handelns auch noch vergrößert, müssen die sozialen Spannungen und die Forderungen wachsen („gib´uns einfach unseren Teil").

Der Konfliktpunkt der Kulturen konzentriert sich in dem Gegensatz zwischen einer Handlungsstrategie, die darauf aufbaut, daß umzuverteilende Güter erst geschaffen werden müssen und die Grundlage dieses Überschusses nicht angegriffen werden darf, und einer Handlungsstrategie, die darauf vertraut, daß der jeweilige andere die Güter schafft, die ihm dann zur Verfügung stehen werden und sich weder um die Entstehung noch die Erneuerung dieser Güter kümmert. In plakativer Weise wird dieser Hintergrund häufig als der Gegensatz zwischen „marktwirtschaftlich orientiertem Handeln" und „traditionellem Handeln" bezeichnet. Die Genossenschaft ist aber nicht mit dem System der traditionellen *cofradía* gleichzusetzen, sondern eine Organisation, die unter Machtmonopolen ohne sozialen Ausgleich in den eigenen Reihen leidet, wodurch ihr wirtschaftlicher Niedergang eigentlich vorprogrammiert ist.

Die unterschiedliche Wahrnehmung derselben Organisation als Hort von Pfründen, die ohne nennenswerte Gegenleistung verteilt werden können oder als potentiell leistungsfähige

Unternehmung, die den Überschuss erwirtschaften kann, den die Mitglieder dringend benötigen, führt zu einer dauernden Wiederholung von Konflikten. Der Geschäftsführer hatte eine Zeitlang sozusagen die Rolle des hohen Würdenträgers in der *cofradía* inne, er sorgte für sichtbaren Überschuß und hatte ein hohes Maß an Autorität. Da er den Überschuß aus unternehmerischen Gründen aber nicht dann verteilte, wo alle dies erwarteten, und auch viele interne und informelle Umverteilungsmechanismen begrenzte, sank seine Autorität wieder. Zu einem bestimmten Zeitpunkt glaubten die Mitglieder der Gemeinschaft nicht mehr daran, daß sie noch leistungslose Einkünfte bekommen würden. Deshalb provozierten sie den Zusammenbruch der Geschäftsführung in dem Moment, als die Schuldenbelastung besonders hoch und die Einkünfte besonders niedrig waren.

In der Folgezeit gab es kurzfristig gesehen Gewinner: Lagerbestände wurden ohne Kontrollen verkauft, die Dividende von 20 Quetzales pro Person ausgezahlt und die uneingeschränkte Autorität der Vorstandsmitglieder und Minenarbeiter in den eigenen Reihen wieder hergestellt. Langfristig verlor die Genossenschaft einen Großteil ihrer Kunden und das gesamte Prestige, das sie sich auf dem nationalen Markt seit 1993 angeeignet hatte. Die vorbereiteten Projekte (Speisepilze, Blumenerde, Düngemischungen) wurden nicht ausgeführt, weil die Mitarbeiter, die das notwendige Wissen dafür besaßen, ihren Vertrag beendeten. Die Kreditwürdigkeit der Genossenschaft verfiel und ein Teil der neuen Maschinen mußte verkauft werden. Aufgrund des Konkurrenzdrucks im Kalksektor mußten die Verkaufspreise gesenkt werden und Produktion und Auszahlungen an die Minenarbeiter wurden ebenfalls geringer. Die Werkstatt wurde geschlossen.

4.2.3 Hintergründe des Handelns in Gruppen

4.2.3.1 Ihre Entstehung

Sowohl das *Proyecto Campesino Cienaga Chiquita* als auch die *Cooperativa Santiago Cabricán* sind Gründungen, die von dritten Personen angeregt und unterstützt wurden.

Für das *Proyecto* stand eine Kreditsumme bereit, wodurch es zum Zusammenschluß der späteren Mitglieder kam. Vorherrschendes Motiv des Zusammenschlusses war das Ausnützen einer gegebenen Konjunktur, die Möglichkeit, über finanzielle Mittel verfügen zu können. Die Forderung nach Zusammenarbeit, weil man einen gemeinsamen Kredit bekommen habe, ist unter dieser Perspektive nicht rational.

Die Gründung der *Cooperativa Santiago* wurde vom damaligen nordamerikanischen Pfarrer induziert, wie aus den Gründungsakten deutlich hervorgeht (*Cooperativa Santiago Cabricán* 1961 :1-20). Dieser übernahm auch in den ersten Jahren die Rolle des Leiters. Bei finanziellen Schwierigkeiten konnte die *Cooperativa* immer wieder auf Unterstützung aus dem US-amerikanischen und später deutschen Ausland zählen.

Der landesweite Boom an Genossenschaftgründungen in den 60er und 70er Jahren stützte sich auf ein anti-kommunistisches Entwicklungskonzept der US-amerikanischen Regierung für Zentralamerika. Die von US-AID finanzierten Bemühungen sollten der besseren Kontrolle der ländlichen Bevölkerung und ihrer geringeren Anfälligkeit für Guerrillabewegungen dienen (*Handy* 1984). Dies Motiv findet man später in verschärfter Form im *Plan Nacional de Seguridad y Desarrollo* des Generals *Ríos Montt* und der Politik der *fusiles y frijoles* wieder.

War also die Gründung von Genossenschaften mit all ihren Verwaltungsstrukturen von außen an die ländliche Bevölkerung herangetragen, machten diese einen Transformationsprozeß durch, wodurch dorfinterne Ordnungsmechanismen in ihre Verwaltungsstruktur integriert wurden. Daher muß auf das schon gefallene Stichwort *cofradía* näher eingegangen werden.

4.2.3.2 Das Konzept der cofradía im Wandel

Die *cofradías* begannen sich im Lauf des 17. Jahrhunderts zu einer indianischen Institution zu verändern, nachdem sie ursprünglich im Zug der *conquista* als gesellschaftliche Institution eingeführt worden waren (*Rojas Lima* 1988 :53). Im 18. Jahrhundert wird dieser Traditions-zusammenhang durch die Verschmelzung von ziviler Dorfverwaltung und religiöser Hierar-chie weiterentwickelt. Bis zum Anbruch der liberalen Ära und der damit verbundenen Enteignung von Gemeindeland, hatten die dörflichen Gemeinden im Rahmen dieser Struktur eine gewisse Möglichkeit kommunaler Selbstverwaltung.

Der ökonomische Druck, der in den Gemeinden mit den neuen liberalen Arbeitsgesetzen und die verkleinerten Landressourcen entstand, wurde häufig genug in innerdörflichen Gewalttätigkeiten kanalisiert. Auf die Notwendigkeit eines internen Konfliktregelungssy-stems hin entstand dann ein differenziertes hierarchisches System, in dem zivile und religiöse Aufgaben miteinander verbunden wurden (*Rojas Lima* 1988 :99).

Ein Amt in der Stufenleiter ziviler und religiöser Aufgaben konnte über die Ausrichtung von rituellen Festen für die Mitglieder der *cofradía* erlangt werden. Je höher das Amt und der damit verbundene Prestigegewinn standen, umso größer war auch der entsprechende finanzi-elle Aufwand. Die Verteilung materieller Güter unter den Mitgliedern einer Gemeinschaft ging daher mit der Konzentration an sozialer Macht einher. Diese Form der Gesellschaftsordnung geht von der Annahme aus, daß nur ein gewisser Bestand an Gütern verteilt werden kann und daher Konzentration von Privatbesitz vermieden werden muß. Andererseits ist dem wirt-schaftlichen Ausgleichsmechanismus eine soziale Hierarchisierung entgegengesetzt, die Per-sonen mit sozialem Einfluß und Entscheidungsbefugnis von Personen ohne besonderes Prestige abgrenzt. Diese Strukturierung ist zur Konfliktvermeidung in einer wirtschaftlich angespannten Situation sicherlich funktional. Für die Unterstützung basisnaher, egalitärer Wirtschaftsformen in einem demokratischen Umfeld bietet sie aber keinerlei Grundlage.

Das sozial-wirtschaftliche Ordnungssystem der *cofradía* wurde dann in der Nachfolge der Revolution von 1945 von innen aufgebrochen. Die Entstehung von Parteien bot gerade für junge Leute Möglichkeiten, dem starren Regelwerk der *cofradías* zu entgehen und dennoch sozial interessante Positionen zu erlangen. Die in der Zeitspanne des demokratischen Früh-lings bis 1954 verbreiteten Ideen einer persönlichen Entfaltung in einer demokratischen Gesellschaft unterstützten diese Bestrebungen. Die konservative Gegenbewegung der *Acción Católica* ab 1948, die vermehrte Zuwanderung von *Ladinos* in die dörflichen Gemeinden und der Aufschwung von überregionalen Handelsaktivitäten durch die einsetzende Motorisierung waren weitere „moderne" Elemente, die in den Gemeinden Fuß faßten und die ältere Struktur der *cofradía* infrage stellten (*Birk* 1995a :77).

Man muß davon ausgehen, daß ein Konzept *cofradía* durchaus überlebte, aber die realen Einflußmöglichkeiten einer solchen Organisation in räumlicher, wirtschaftlicher und politi-scher Hinsicht sind heute sehr begrenzt, sodaß ihr Aktionsrahmen oftmals im religiösen Umfeld allein angesiedelt ist. Ein Beispiel dafür ist die Gemeinde *Zunil* und ihr Schutzheiliger *Maximón*. Die *cofradía*, die diese Heiligenfigur zweifelhaften Ursprungs und kapitalistischer Attribute beherbergt, sorgt in einem Rotationsprinzip dafür, daß jeder *cofrade* ein Jahr lang diese in seinem Haus der Öffentlichkeit zur Schau stellen kann. Im Hof verkauft der Gastgeber dann zu gehobenen Preisen Kerzen, Räucherharz, Schnaps und Süßigkeiten. Touristen zahlen Eintritt. Die gesamte Familie beteiligt sich an dem Geschäft, um in dem gewährten Zeitraum möglichst viel Gewinn zu machen. Der Ernst, mit dem der Figur von Besuchern und *cofraden* begegnet wird, kontrastiert mit dem Zustand des Wohnhauses und der Trunkenheit des Gastgebers.

Die wichtigen ökonomischen Quellen *Zunils* liegen außerhalb dieses Bezugsrahmens beim Gemüseanbau und -export in andere zentralamerikanische Staaten. Die materielle Umvertei-lung, die um den *Maximón* kreist, hat daher eher symbolisches Ausmaß, ebenso wie die

Regulierung politischer Macht. Denn die Besetzung von Bürgermeisterstellen wird formal über allgemeine Wahlen und sozial über die Konkurrenz von Einzelpersonen geregelt. Die Korruption in politischen Ämtern ist längst auch auf Gemeindeebene sprichwörtlich.

Zusammenfassend formuliert, ist das modifizierte *cofradía*-Konzept als normativer Handlungsrahmen ländlicher *indígena* - Gemeinden heute in folgenden Charakteristika zu fassen:

1. Die Stellung des Einzelnen in der Gruppenhierarchie ist ein wichtiger Faktor bei gemeinsamen Entscheidungen. Einzelpersonen versuchen eine möglichst prestigeträchtige Position zu erreichen, um damit auf ökonomische Ressourcen zugreifen zu können.
2. Die Erreichung von Ämtern ist nicht mehr an persönliche materielle Verluste oder das Lebensalter gekoppelt.
3. Die Identität der Gemeinschaft nach außen muß nicht ethisch-spiritueller Form sein.
4. Die Mitglieder der Gemeinschaft finden sich zusammen, weil sie auf die Aufteilung materiellen Wohlstands anderer zu ihrem Nutzen hoffen.

4.2.3.3 Soziale Zersplitterung als Folge des Bürgerkriegs

Die Zahl der Toten, der Verschwundenen, der Vertriebenen, der verbrannten Dörfer, die Beschreibung der Greueltaten und der politische Verantwortung dafür sind in vielen Publikationen über Guatemala thematisiert worden (einige für viele: *Carmack* 1988; *CEIDEC* 1988; *CEG* 1994).

Neben der physischen Kriegführung fand auch eine psychologische statt. Die Anlage von Modelldörfern, das Vordringen fundamentalistischer Sekten, das Einsetzen von Spitzeln und Denunzianten, die militärische Präsenz auf Gemeindeebene durch die *comisionados militares*, die Zwangsrekrutierungen junger *indígenas*, die fast lückenlose Organisierung der erwachsenen männlichen Bevölkerung im Einflußbereich der *patrullas de autodefensa civil* unterhöhlten jegliche Basis für ein friedliches Zusammenleben in den Gemeinden.

Niemandem konnte getraut werden. Jederzeit war man gegenwärtig, im Morgengrauen verschleppt zu werden. Schätzungen gehen dahin, daß 20-30 Prozent der in der *violencia* verschwundenen und ermordeten Personen aufgrund persönlicher Racheakte, aber nicht politischer Gründe, denunziert worden waren. Die Erinnerung daran, wer ein Spitzel war, wer wen erschoß und warum, ist im dörflichen Kontext noch sehr lebendig. Die Anfang 1997 formal demobilisierten *patrullas de autodefensa civil* wehren sich gegen den Verlust ihres Einflusses und fürchten, der Gerichtsbarkeit ausgeliefert zu werden. In den Präsidentschaftswahlen von 1996 stimmten sie für die von *Ríos Montt* beherrschte FRG, sodaß gerade in den Bezirken mit dem höchsten Bevölkerungsanteil an *indígenas* diese gewann (*Ferrigno Figueroa* 1997 :209).

Die Unterzeichnung des Friedensvertrages und ein formal gewählter Präsident bedeuten zum gegenwärtigen Zeitpunkt eine Befriedung, aber weder Gerechtigkeit noch Frieden im Land. Die soziale Deformierung der Gesellschaft in Folge des 36-jährigen Kriegszustandes und der Eskalation der Gewalt unter den Regierungen *Laugerud García, Ríos Montt* und *Lucas García* bestimmt auch die wirtschaftliche Handlungsweise. Mißtrauen, kurzfristige Entwürfe und ein korrumpierter ethischer Bezugsrahmen sind die Stichworte hierzu.

4.2.4 Zusammenfassung: Handeln gegen den Markt

Historische und aktuelle Weltsicht sind in gleicher Weise an den Bewertungsmustern wirtschaftlichen Handelns von Gruppen im Kontext der kleinbäuerlichen Familienökonomie beteiligt. Insgesamt führt die spezifische subjektive Interpretation zur Ablehnung oder Verweigerung der Logik marktwirtschaftlicher Produktion und aller ihrer Methoden.

Die Folgen der Handlungsstrategien „Risikominimierung", „egozentrische Nutzenmaximierung" und „Sozialakzeptanz" sind aus der Sichtweise kapitalistischen Wirtschaftens schwerwiegend: Schulden, Betriebsschließung, Arbeitslosigkeit. Aus der Sichtweise der bäuerlichen Familienökonomie sind sie (noch) nicht fatal: Persönlicher Rückzug in den Bezugskreis der eigenen Familie, Ablehnung der Verantwortung für zurückliegende Handlungen und Suche nach anderen Nebeneinkünften, seien diese auch minimal, sind die häufigsten Vermeidungshandlungen in Konfliktfällen. Angesichts der schon heute zu begrenzten Ressourcen sind aber diese Strategien die Grundlage für zunehmende soziale Spannungen im dörflichen Kontext, im Sinne wirtschaftlicher Verteilungskämpfe. Die Hoffnung auf die Innovativkräfte eines schon historisch zu nennenden wirtschaftlich-kulturellen Wissens der indianischen Bevölkerung ist daher trügerisch.

4.3 Strategisches Handeln von Einzelpersonen und Familienverbünden

4.3.1 Methodische Vorbemerkung

In diesem Abschnitt wird die Untersuchungsperspektive auf das Handeln einzelner Akteure, ggf. im Rückbezug auf ihren Familienverbund und Haushalt, verlagert. Dabei werden verschiedene Methoden angewendet.

Zunächst wird eine Inhaltsanalyse von typischen Lebensläufen städtischer Kleinunternehmer für verschiedene Branchen durchgeführt. Grundlage der Analyse sind die Lebensgeschichten-Protokolle der jeweiligen Personen. Diese wird durch die Daten einer umfassende Studie, zu der 915 Kleinunternehmer im städtischen und ländlichen Raum befragt wurden, ergänzt und gewichtet (*PROFOCO* 1996). An der Konzeptionierung und Auswertung dieser Studie war die Autorin selber beteiligt. Die Datensammlung schließt mit der Darstellung der Ergebnisse von Leitfadeninterviews mit Personen, die alle mindestens seit zehn Jahren als Berater, Organisatoren und Fortbilder mit Personen im Kleingewerbebereich im ländlichen und städtischen Raum zusammenarbeiten, ab.

Die regionale Basis der Daten ist gestreut: Der Stadtbereich von *Quetzaltenango* steht als Beispiel für Gewerbetätigkeiten in einem Oberzentrum mit stark agrarisch geprägtem Umland (4.3.2). Die Planungsregion VI, mit den Bezirken *Quetzaltenango, Retalhuleu, Totonicapán, San Marcos, Suchitepéquez und Sololá*, umschließt die zwei Naturräume des *Altiplano* und der *Boca Costa*. Die Befragungen, deren Ergebnisse in Punkt 4.3.3 dargestellt werden, wurden in diesen Bezirken sowohl in Regionalzentren (Städte Retalhuleu, San Marcos, Coatepeque, Mazatenango, Totonicapán, Huehuetenango, Quetzaltenango) als auch von ländlichen Gemeindezentren (San Juan Ostuncalco, San Martín Sacatepéquez, Salcajá, Almolonga) und auf der Ebene von ländlichen Streusiedlungen im *Altiplano* (*aldeas* Chuculjuyup, Chuanoj Paxtoca, Vasquez, Xesacmaljá der Gemeinde Totonicapán; *aldeas* der Gemeinden Nahualá, San Juan Ostuncalco und San Martín Sacatepéquez) und ehemaligen Arbeitersiedlungen auf Kaffeeplantagen der *Boca Costa* (Plan de la Gloria, Los Pérez, Sombrerito Bajo der Gemeinde Nuevo Progreso; La Nueva Concepción der Gemeinde San Martín Sacatepéquez) durchgeführt. Die Stadt-Land-Verteilung war bei der Befragung relativ ausgeglichen (415 Befragte[3] im städtischen, 500 Befragte im ländlichen Bereich); es wurden 550 männliche und 365 weibliche Personen befragt.

Durchgeführt wurde die Studie von Juni bis Oktober 1996 von Mitarbeitern von fünf nationalen NRO´s, die in den Bereichen der Gewerbeförderung durch technische und unternehmerische Fortbildung, Kreditprogramme und integrierte ländliche Entwicklung tätig

---

[3] Diese Anzahl bezieht sich auf die als gültig bewerteten Fragebögen. Die Zahl aller befragten Personen lag bei 1409.

sind (ATAMEGUA, CADISOGUA, CDRO, CEDEPEM, CEIPA, FUNDESPE). Diese wurden unterstützt durch das Personal des GTZ-Projektes in *Quetzaltenango*, PROFOCO, das mit den genannten NRO´s in einem Netzwerk nationaler Institutionen Maßnahmen zur Förderung von Kleingewerbetreibenden in der Planungsregion VI koordiniert und unterstützt. Die Autorin war von März 1996 bis Februar 1997 als freie Beraterin in diesem Projekt tätig.

Die Interviews zu Punkt 4.3.4 wurden von der Autorin ausnahmslos selber geführt. Die interviewten Personen arbeiten seit längerer Zeit in allen o.g. Regionen für verschiedene nationale und internationale Organisationen.

4.3.2 *Lebensgeschichten in der Stadt. Akteure im Kleingewerbe.*

Im Rahmen von Gruppentreffen von Kleingewerbeunternehmern (*microempresarios*) derselben Branche erzählten die Teilnehmer, wie sie ihr Handwerk erlernten, wann und unter welche Umständen sie sich selbständig machten, wie sie ihre aktuelle Situation als Unternehmer beurteilen und welche Pläne sie für die Zukunft haben (*PROFOCO* 1995). Die Gemeinsamkeiten innerhalb derselben Branche (traditionelle Stickerei, Schuhmacherei, Metallarbeiten, Bäckerei) überwiegen; außerdem kehren „typische Stationen" in den Erzählungen wieder.

Die handwerkliche Ausbildung:

Die Eltern oder nahe Verwandte geben den Anstoß, ein bestimmtes Handwerk zu erlernen. Entweder arbeiten die Kinder an der Seite ihrer Eltern, oder sie werden über persönliche Kontakte an einen Betrieb vermittelt. Das Interesse der Eltern richtet sich darauf, daß ihre Kinder zur Deckung der Kosten im Familienhaushalt beitragen, nicht daß sie einen Beruf erlernen. Neigungen und Interessen ihrer Söhne und Töchter sind für die Auswahl der gewerblichen Tätigkeiten nicht wichtig. Die finanzielle Situation der Familie entscheidet über den Zeitpunkt, zu dem die Jugendlichen von der Schule ins Arbeitsleben überwechseln sollen. Ihr Eintritt ins Berufsleben findet im Alter von 10 bis 15 Jahren statt. Arbeiten die Jugendlichen außer Haus, wird ihre Arbeitskraft häufig ausgenutzt, um Handlangerdienste zu erledigen, die mit keinerlei Lernerfolg verbunden sind. Vor allem bei höher qualifizierten Tätigkeiten (Metallverarbeitung, Automechanikerwerkstätten) finden die Jugendlichen einen persönlichen „Lehrmeister", den Besitzer des Betriebes oder einen langjährigen Mitarbeiter, der sie in die Tätigkeiten einweist.

Arbeitsleben bis zur Selbständigkeit:

Bei Familienbetrieben ist der Übergang zwischen Ausbildungsphase und Marktproduktion häufig fließend: In Branchen mit geringem Investitionsaufwand für Maschinen und Werkzeug und gering diversifizierten Produkten (Bäckerei, Stickerei, Schuhmacherei) verkürzt sich die Lernzeit zusätzlich. Die Aufgaben werden unter den Mitgliedern der Familie funktional verteilt (z.B. stellen Vater und Söhne das Brot her, eine Tochter hilft im Laden, die Mutter betreut den Straßenverkauf). Als „selbständiger Unternehmer" wird meist nur das Familienoberhaupt bezeichnet, wobei diese Sichtweise den Beitrag der übrigen Familienmitglieder, die „ihre" Bereiche unabhängig organisieren müssen, vernachlässigt.

Bei Tätigkeiten, die von Einzelpersonen ausgeführt werden können (Stickerei, Schuhmacherei) machen sich die Jugendlichen unabhängig von ihren Eltern. Sie nehmen eigene Aufträge entgegen, sobald sie die Fertigkeiten dafür erlangt haben, und arbeiten als Zulieferer (Besohler, Näher) für größere Betriebe oder Händler oder nutzen persönliche Kontakte zur Direktvermarktung (Auftragsstickereien). Aufgrund des geringen Betriebskapitals, das sie besitzen (einfache Werkzeuge, keine Ersparnisse), sind sie auf Vorauszahlungen der Kunden für Rohmaterialien (Garne, Leder) angewiesen.

Jugendliche, die in Werkstätten arbeiten, sind mehrere Jahre als Angestellte tätig. Ihre Chancen, umfassende Kenntnisse in ihrem Bereich zu erlangen, um selbständig Endprodukte herstellen zu können (geschweißte Türen, Balkone, Fenstergitter, Reparatur von Automotoren), hängt vom Interesse ihres „Lehrmeisters" ab. Ein Sparguthaben, der Eindruck, genug zu wissen und die Gründung einer eigenen Familie sind häufig der Anlaß, sich selbständig zu machen.

Selbständigkeit:

Der Schritt in die Selbständigkeit wird getragen von der Hoffnung, daß die größere Unabhängigkeit auch höhere Einkünfte mit sich bringt. In den ersten fünf Jahren sind die Unternehmen hochgradig labil, da ein geringe Ausstattung an Werkzeugen und Maschinen, ein nicht gefestigter Kundenkreis und eine geringe Kapitaldecke ihre Umsatzmöglichkeiten begrenzen. Hinzu kommt die mangelnde Erfahrung in organisatorischen Belangen. Auftrags-, Finanz-, Umsatz-, Lagerhaltungs- und Qualitätskontrollen finden in der Regel nicht statt.

Die Jungunternehmer versuchen, ihren Platz am Markt durch niedrige Preise zu erkämpfen, und wirtschaften dabei häufig unterhalb der Rentabilitätsgrenze. Der eigene Lohn wird nicht kalkuliert, Haushaltsausgaben und Betriebseinnahmen vermischen sich, sodaß viele Kleinunternehmer keinen Überblick darüber haben, ob sie mit Gewinn oder Verlust wirtschaften. Die persönliche Disziplin (hohe Anzahl von Arbeitsstunden pro Woche, Verläßlichkeit und Aufbau eines Sparkapitals) ist neben den technischen und unternehmerischen Kenntnissen ein wichtiger Faktor für Erfolg oder Mißerfolg der Unternehmung.

Die Auswahl und Fertigung der Produktpalette wird häufig nicht an der Marktnachfrage, sondern an den eigenen Fähigkeiten ausgerichtet. Der Kunde mit seinen Wünschen wird selten als Faktor in die eigenen Überlegungen einbezogen, diese konzentrieren sich vielmehr auf die Schwierigkeiten des Produktionsprozesses. Die Produktionskostenrechnung ist rudimentär. Gibt es sie, werden keine Schlüsse aus der bewiesenen geringen Rentabilität gezogen, sondern es herrscht eine Haltung des Beharrens bei der bekannten Tätigkeit vor. Eine Stickerin z.B. arbeitet an einem Kragen 15 Tage je 8,5 Stunden. Ihr durchschnittlicher Arbeitslohn pro Kragen beträgt 64 Quetzales insgesamt oder 2,4 Quetzales pro Stunde. In diesen Fällen werden die Tätigkeiten als Selbständiger durch Nebeneinkünfte ergänzt. Die erzielten Einnahmen reichen meist zur Deckung der Haushaltskosten, aber selten zum Sparen.

Konsolidierung oder Krise:

Gelingt es den Unternehmern, einen Überschuß zu erwirtschaften, den sie planvoll in die Austattung ihres Betriebes investieren, beginnt eine Expansionsphase. Höherwertige Produkte mit mehr Eigenkapitalaufwand (Rohmaterialien, Arbeitszeit, Maschinenzeit) können hergestellt werden, Angestellte werden beschäftigt, das Sparkapital wächst. (Metallverarbeitung).

Diejenigen Selbständigen, die mit geringem Umsatz und niedrigem Gewinn wirtschaften (Bäcker, Schuhmacher, Stickerinnen), werden von persönlichen Krisensituationen stärker betroffen. Eigene Krankheit oder die eines Familienmitgliedes, Unfälle, Verlust der Waren durch Raub oder Brand sind Notfälle, die bei dünner Kapitaldecke häufig die gesamte Betriebsausstattung kosten, so daß nur der Schritt zurück in ein abhängiges Arbeitsverhältnis mit geringerer Entlohnung bleibt. Zusätzliche Gefahren bilden allgemeine wirtschafliche Rahmenbedingungen, die den geringen Gewinn kompensieren (Inflation, Wechselkursverhältnis, sinkende Kaufkraft).

Nur in Ausnahmefällen werden persönliche Strategien formuliert, um den auftretenden Problemen zu begegnen. Alle geschilderten Lebensgeschichten zeigen, daß die Personen auf empirische Weise ihre Informationen sammeln, die sie zur Betriebsführung nutzen. Der Hang, sich in eine wirtschaftliche Nische zurückzuziehen, deren Bedingungen man gut kennt, auch wenn sie geringe Einkünfte ermöglicht, ist sehr groß.

4.3.3 Kleinunternehmen in Stadt und Land: Allgemeine Tendenzen

Die hier benutzte Untersuchung hat durch eine Kombination quantitativer und qualitativer, offener Fragen ein breites Spektrum wirtschaftlicher Tätigkeiten und ihrer Charakteristika im Bereich des informellen Kleingewerbes der Region VI abdecken können. Ihre Ergebnisse sollen dazu dienen, die vorangestellte Inhaltsanalyse von Lebensgeschichten auch quantitativ einzuordnen. Die Zielrichtung der Untersuchung, den Bedarf an Fortbildung und deren gewünschte Themen zu ermitteln, erlaubt, auf die drängendsten Probleme der Kleinunternehmer in Stadt und Land rückzuschließen. Fast alle der befragten Personen (93,4 Prozent) sind Selbständige (*trabajadores por cuenta propia*), die Hälfte von ihnen arbeitet seit weniger als fünf Jahren im eigenen Geschäft oder in der eigenen Werkstatt oder auf dem eigenen Land (Neusiedler in der Kaffeezone), sie nehmen aber in den meisten Fällen bereits seit zehn Jahren dieselbe Tätigkeit wahr (*PROFOCO* 1996 :2).

Lehrzeit:

71,7 Prozent der Befragten lernten ihre jetzige Tätigkeit in der Familie; 16 Prozent in einem Kleinbetrieb. 3,4 Prozent kamen über eine der NRO´s und nur 0, 7 Prozent durch ein technisches Institut zu ihrem beruflichen Wissen. Von allen Befragten haben 56 Prozent noch nie an einer unternehmerischen oder technischen Fortbildung teilgenommen. Die durchschnittliche Besuchsdauer einer Fortbildung betrug für die andere Gruppe 40 Stunden insgesamt. Aber nur die Hälfte dieser Personen (22 Prozent der Gesamtgruppe) nahm aufgrund eigenen Antriebs an einer solchen Veranstaltung teil.[4] 22 Prozent der Befragten haben eine weiterführende Schule besucht, 24 Prozent sind Analphabeten, 10 Prozent haben keine Schule besucht und 44 Prozent die Grundschule. In den beiden letzten Gruppen ist davon auszugehen, daß ein größerer Anteil der Personen funktionelle Analphabeten sind (*PROFOCO* 1996 :9).

Haupteinkommensquellen:

An erster Stelle stehen Einkünfte aus landwirtschaftlicher Produktion (38 Prozent der Befragten), die vorwiegend mit den Nebentätigkeiten Weberei, Tierhaltung und Handel kombiniert wird. Diese Beschäftigungsformen sind typisch für die kleinbäuerliche Familienökonomie. Die zwei wichtigsten gewerblichen Hauptbeschäftigungen sind dann der Handel (20 Prozent der Befragten) und die Weberei (16 Prozent) Diese beiden werden jeweils auch mit landwirtschaftlichen Aktivitäten zur Subsistenzsicherung kombiniert. Dienstleistungen (6,6 Prozent), Tierhaltung (5 Prozent), Schneiderei (4 Prozent), Tischlerei (4 Prozent) und Automechanik (3 Prozent) schließen sich in der Reihe der Haupteinkommensquellen an. Das Schuhhandwerk nennen 1,8 Prozent der Befragten als erste Einkommensquelle, das Bäckereihandwerk wird von 0,11 Prozent betrieben, Stickerei ist nur als Nebeneinkunftsquelle mit 0,11 Prozent vertreten (*PROFOCO* 1996 :10-11).

Beschäftigungsstruktur:

36 Prozent der Befragten betreiben ihre wirtschaftlichen Tätigkeiten selbständig (*autoempleados*), und ohne weitere Angestellte zu beschäftigen. Dies ist vor allem die in der Landwirtschaft tätige Gruppe. 447 Befragte[5] im städtischen gewerblichen Sektor gaben an, daß jeder von ihnen 3-4 zusätzliche Arbeitsplätze, die vor allem von Familienangehörigen besetzt werden, schaffe. (*PROFOCO* 1996 :16).

---

4 Die Vergabe von Krediten wird bei NRO´s grundsätzlich an Fortbildungsveranstaltungen gekoppelt, die von den Kreditsuchenden negativ bewertet werden.

5 Hier wurde nur der Teil der Gesamtgruppe der Befragten gewertet, der über ein eigenes Geschäft/ eine Werkstatt verfügt.

Probleme:

Die meisten der befragten Personen hatten Schwierigkeiten damit, konkrete Probleme bei der Ausübung ihrer wirtschaftlichen Tätigkeiten zu benennen. In summarischer Form wurden Aussagen getroffen, die das Spektrum der Bereiche Planung, Finanzierung, Produktion, Vermarktung, Verkauf und Kontrolle abdecken: „Mangel an Maschinen, Fehlen von Finanzmitteln, Fehlen von qualitativ hochwertigen Rohmaterialien, Fehlen eines Absatzmarktes, niedrige Qualität des eigenen Produktes, Fehlen an Erfahrung, hohe Preise für Rohmaterialien, Tierkrankheiten, fehlende Organisation, [hohe] Produktionskosten, Fehlen von Information, Notwendigkeit von verwaltungstechnischer Fortbildung, Unmöglichkeit von Export, niedrige Rentabilität, Pflanzenkrankheiten." In Art einer Rangfolge können die wahrgenommenen Probleme folgendermaßen differenziert werden:

1. Vermarktungsschwierigkeiten,
2. Technische Produktionsprobleme,
3. fehlende Planung, Organisation und Kontrolle,
4. Finanzierungsmangel (*PROFOCO* 1996 :17-19).

Im Bereich der Produktion sind die geäußerten Wünsche nach spezifischer Fortbildung sehr punktuell und präzise (Saatgutauswahl, Färbeprozesse, neue Designs für Schuhe etc.). Probleme, die unternehmerische Fähigkeiten betreffen, werden dahingegen nur verschwommen ausgedrückt und wahrgenommen („wie man verkauft"; „Kosten") (*PROFOCO* 1996 :33).

4.3.4 Unternehmer im Spiegel der Wahrnehmung ihrer Berater

In diesem Abschnitt werden die wichtigsten Ergebnisse der geführten Interviews mit Unternehmensberatern und Fortbildern dargestellt. Als Gliederung dienen die Interviewleitfragen.

Welche Charakteristika weist für Sie ein „Unternehmer" auf?

„Der *microempresario*[6] imitiert oder kopiert bestehende Produkte und sucht sich für diese einen Markt. Er verfügt über keine unternehmerische Ausbildung und nur eine geringe Schulbildung. Er benutzt in seinem Unternehmen keine Kontrollmechanismen. Der Unternehmer der *pequeña empresa* arbeitet marktorientiert. Er sucht nach neuen Ideen und Nischen. Grundlage seiner Arbeit sind die eigenen Erfahrungen. Investitionen erfolgen nach vorangehender Planung, er wendet Kontrollen im Bereich der Produktion und Verwaltung an. Bei der Vermarktung hat er Probleme, geht intuitiv und zufallsabhängig vor. Der mittelständische Unternehmer *(mediana empresa)* bedient sich neuer Technologien (Internet, PC) und organisiert sich in Gremien. Er verfügt über ein angemessenes Controlling-System für seinen Betrieb. Die Ziele sind klar abgesteckt, und es wird eine Planung für Zeiträume von etwa fünf Jahren im voraus betrieben. Um erfolgreich zu vermarkten, gibt er Marktstudien in Auftrag. Die Produkte sind qualitativ hochwertig und am sich wandelnden Markt ausgerichtet. Die Großunternehmer Guatemalas, die führenden zehn Familien, sind Monopolisten. Sie nutzen ihre politische Macht, die sie über den Unternehmerverband CACIF und persönliche Beziehungen zum jetzigen Präsidenten ausüben, um die Rahmenbedingungen der Wirtschaft in für

---

[6] Die Klassifizierung zwischen Kleinst- (micro), Klein- (pequeña) und Mittel- (mediana empresa) Betrieben wird nach Anzahl der Beschäftigten und Eigenkapital vorgenommen. Pequena Empresa: 5-20 Angestellte, 20.000 - 1 Mio Q Eigenkapital. Mediana Empresa: 21-60 Angestellte, 1 - 5 Mio Q Eigenkapital (*Chinchilla* 1994 :4). Die sog. microempresa ist von den anderen Typen abgegrenzt, da sie im informellen Bereich angesiedelt ist. Sie beginnt bei 1 Angestellten (Besitzer) und weist weniger als 20.000 Q Eigenkapital auf. Diese normativen Grenzen werden zur Charakterisierung der Betriebstypen vor allem von kreditgebenden Institutionen angewendet. Im Bereich der microempresa wäre das Bild noch zu differenzieren.

sie günstiger Weise zu beeinflussen. Zum Beispiel ist im Friedensvertrag keine umfassende Agrarreform vorgesehen." (*Martínez*, Interview v. 6.02.1997 m.d.A.).

„Die konzeptuelle Vorstellung des „Unternehmers" ist etwas, was die Leute nur auf Besitzer eines größeren Betriebes mit Infrastruktur und Kapital anwenden, dieser steht im Gegensatz zu ihnen, ist ein „Kapitalist", auch der, der die Macht hat. Sie selber, als *microempresarios*, oder „die Kleinen", wie sie sich nennen, haben ein Geschäft, eine Werkstatt. Ihre eigenen Fähigkeiten schätzen sie gering ein, unternehmerische Charakterzüge haben sie ihrer Meinung nach nicht. Frauen können schon gar nicht als Unternehmerin bezeichnet werden, sie sind „Besitzerin" (*proprietaria*), „Chefin" (*dueña*) oder „Hausfrau" (*ama de casa*). Die Wesenzüge des informellen Kleinunternehmers sind seine Probleme: Kapitalmangel, keine Verhandlungsfähigkeit, keine Vermarktungsstrategien, geringe Qualität bei Produkten und Dienstleistungen. Sie stellen Dinge her, ohne sich zu fragen, ob diese überhaupt verkauft werden können. Sie bauen keine Verbindungen zu anderen Personen in der gleichen Lage auf, es bilden sich keien Interessensgruppen oder Gremien. Sie sind ganz davon in Anspruch genommen zu überleben. Sie versuchen nicht, ihre Fähigkeiten zu erweitern, oder ihre Produkte zu verbessern." (*Chojolán*, Interview v. 7.02.1997 m.d.A.).

„Ein Unternehmer ist für die Mehrzahl der Leute, wer für sich selber arbeitet. Das heißt aber nicht, daß er unternehmerische Qualitäten in seiner Tätigkeit geltend macht, oder sich selber als Unternehmer bezeichnen würde. Seine Haltung ist eher passiv, die Motivation das Überleben. Ihre Tätigkeiten haben sie sich nicht selber ausgesucht, jemand anderer bestimmte ihren Beruf. Sie möchten nichts riskieren und nehmen keinen Einfluß; dies ist eine gelernte Haltung, die mit unserem Bildungssystem und dem gesellschaftlichen Umfeld zu tun hat. Sie denken, daß sich die Dinge von alleine regeln. Daher produzieren sie, ohne an den Absatzmarkt zu denken, ohne sich weiterzubilden oder untereinander zu organisieren. Sie richten sich in ihrer Nische ein und bezeichnen diese als ihre Bestimmung. Das Fehlen einer „Kultur des Unternehmers" liegt auch an dem gesellschaftlichen Feindbild, das im Denken der Leute verhaftet ist. Mit „Unternehmer" identifizieren sie den Ausbeuter, die Großen im Unternehmerverband CACIF, die Regierung und das Militär, die gesellschaftliche Macht. Sie, die *micros*, stehen auf der anderen Seite und wollen keine Attribute des „Unternehmers" übernehmen." (*Mora*, Interview v. 7.02.1997 m.d.A.).

Welches sind die Hauptprobleme des Unternehmers ? Wie reagiert er auf sie?

„In bezug auf den Kleinunternehmer kann von seinen Charakteristika auf die Probleme geschlossen werden. Generell gesagt ist es das Fehlen einer unternehmerischen Vision und Handlungsweise, was ihn auszeichnet. Die Dinge, die sonst unter der Rubrik „Probleme" gefaßt werden, sind lediglich Indikatoren dafür: Finanzierungsmangel, kein Absatzmarkt, keine technischen Fähigkeiten und Kenntnisse. Die Strategien, die entwickelt werden, sind insofern ungenügend, als sie nur diese Indikatoren, nicht aber das Grundproblem bearbeiten. Der Kleinunternehmer sucht Finanzierungsmöglichkeiten, aufgrund des großen Angebots von NRO´s, die in diesem Bereich arbeiten, hat er auch gute Chancen, Geld zu bekommen. Aber nur wenn er *Glück* hat, kann er damit weiter kommen. Ihm fehlt die Orientierung, wie er den Kredit verwerten soll. Im allgemeinen werden trotzdem solche paternalistischen Strukturen vom Kleinunternehmer vorgezogen, das liegt im sozialen Medium begründet. All die Lösungsansätze, die mit einer persönlichen Entwicklung verbunden wären (technische und unternehmerische Fortbildung, Interpretation der Marktlage) entfallen." (*Mora*, Interview v. 7.02.1997 m.d.A.).

„Das Kernproblem der *micro-* und *pequeños empresarios* ist ihre mangelnde Wettbewerbsfähigkeit. Sie benutzen minderwertige Rohstoffe, billige Arbeitskraft und produzieren ein qualitativ geringwertiges Produkt. Sie bereiten sich nicht auf die Globalisierung der Märkte vor. Guatemala wird höchstwahrscheinlich deshalb zu einer Zone von Lohnveredelungsbetrieben (*maquila*) unter ausländischer Regie werden. Ein externer Faktor ist dabei, daß durch den überbewerteten Quetzal die Handelstätigkeit dominiert. Es ist fast unmöglich, in der Produktion mit den billigen Importen zu konkurrieren. Der produktive Sektor stagniert oder geht zurück, es werden keine neuen Arbeitsplätze geschaffen. Die meisten Leute haben keine andere Wahl, als das zu tun, was sie tun. Sie entwickeln keine Strategien. Sie sind egoistisch, haben Angst vor der Konkurrenz und organisieren sich nicht. Sie ziehen es vor, als Angestellter in den USA zu arbeiten, als hier ihren Betrieb zu führen. Sie leben in einer zerplitterten Gesellschaft, aus historischen Gründen, wegen des großen Einflusses der Interessen der Mächtigen im CACIF und aus der Situation des Überlebenskampfes heraus, in der sich alle um die wenigen vorhandenen Ressourcen streiten." (*Martínez*, Interview v. 6.02.1997 m.d.A.).

Welche Probleme kann der Unternehmer nicht lösen?

„Im Grunde erwachsen diese Probleme aus dem Bildungssystem Guatemalas. Dieses fördert eben nicht die Persönlichkeitsbildung, das kreative Denken, die Entwicklung von Lösungsstrategien und die Analysefähigkeit der Schüler, auch die Inhalte sind überholt. In dieser Gesellschaft werden paternalistische Strukturen ausgebildet und verfestigt, der Unterricht ist autoritär und auf das Auswendiglernen vorgefertigten Wissens hin angelegt. Die Institutionen, die die Unternehmer zu unterstützen versuchen, wie die NRO´s, sind ebenfalls stark hierarchisch organisiert und bevormunden ihre Klientel. Sie bieten technische Lösungen für technische Probleme an, aber arbeiten nicht an der „unternehmerischen Vision". Die Personen, die in diesem System aufwachsen und arbeiten, sind angepaßt, passiv, ideenlos und haben die gesellschaftliche Hierarchie verinnerlicht, an derem unteren Ende sie selber stehen." (*Mora*, Interview v. 7.02.1997 m.d.A.).

„Es wäre notwendig, auf allen gesellschaftlichen Ebenen die Teilnahme und die Verantwortung aller zu fördern. Das bedeutet auch, auf allen gesellschaftlichen Ebenen die Korrupten und „Abzocker" zu entfernen, die nur auf Kosten anderer leben. Diese gibt es eben nicht nur im CACIF. Man muß einerseits Gesetze erlassen, die die Handlungsfähigkeit der Klein- und Mittelbetriebe verbessern und die Monopole verhindern. Es sind Verbände notwendig, die die Rechte ihrer Mitglieder sichern können. Andererseits müssen alle an ihrer Ausbildung arbeiten. Nicht nur in unternehmerischer Hinsicht, sondern um den sozialen Egoismus zu überwinden und den gesellschaftlichen Zusammenhalt und die persönliche Verantwortung und Leistungsbereitschaft zu erhöhen." (*Martínez*, Interview v. 6.02.1997 m.d.A.).

4.3.5 Zusammenfassung: Handeln ohne Markt

Klein- und Familienunternehmer handeln aufgrund einer anderen Wahrnehmung ihres Umfeldes. Sie haben aus verschiedensten Gründen nicht die Möglichkeit, ihre Lebensmittel selber zu produzieren und sind auf die marktorientierte Herstellung von Gütern und Dienstleistungen als einzige Handlungsalternative angewiesen.

Ihre Möglichkeiten sind allerdings begrenzt, ohne daß sie persönlich diese Grenzen gezogen hätten. Geringe Ausbildungschancen und -qualität, begrenzte persönliche Kenntnisse und Fähigkeiten, ein sozial feindliches Umfeld und geringe Verdienstmöglichkeiten sind die Rahmenbedingungen, in denen gewirtschaftet werden muß. Zur Entwicklung einer spezifisch „unternehmerischen" Perspektive fehlen in den meisten Fällen die Zeit, das intellektuelle und finanzielle Vermögen und das Angebot.

Dennoch wäre es utopisch zu glauben, daß umfassende Bildungsprogramme allein aus den 40-60 Prozent Erwerbstätigen im informellen Sektor expansionsfreudige Unternehmer machen könnten. Die Gesetzeslage, die sozialen und wirtschaftlichen Machtverhältnisse und die außenwirtschaftlichen Rahmenbedingungen (Wechselkurs, Inflation) haben zumindest gleichwertige Bedeutung für das Verharren in den *small-scale activities*, die einige Autoren als so genial und kreativ bezeichnen (*De Soto* 1990; *Pérez-Saínz/Menjívar* 1991).

4.4 Zusammenfassung in zwei Handlungsmodellen

An dieser Stelle können die Ergebnisse aus der Analyse wirtschaftlicher Strukturen und individueller Handlungen grafisch veranschaulicht und zusammengefaßt werden, wozu das integrierte Handlungsmodell des menschlichen Aktionsraums, das in Kapitel zwei entwickelt wurde, genutzt wird.

Diese modellhafte Darstellung verkürzt sicherlich die komplexen Zusammenhänge, die im vorangegangenem Text dargelegt wurden. Seine besondere Funktion liegt hier vielmehr in der überblickshaften Darstellung der Wechselwirkungen zwischen gesellschaftlicher Struktur und individuellem Handeln.

Es wird deutlich, daß die Handlungsstrategien von Gruppenverbänden und auch von Einzelpersonen keine Veränderung des gesellschaftlichen Systems herbeiführen. Dies liegt vor allem an der subjektzentrierten Perspektive der Handelnden, die an relativ kurzfristigen Zeiträumen und dem direkten Umfeld der Handelnden ausgerichtet ist. Die zumindest rational vorstellbaren Veränderungen wirtschaftlicher und gesellschaftlicher Art unterbleiben daher vor allem aufgrund der sozialen Fragmentierung der guatemaltekischen Gesellschaft. Das System, das sich in der fortwährenden Ungleichverteilung wirtschaftlicher Ressourcen zeigt, scheint daher stabil zu sein. Denkbar aber ist eine Schwächung desselben von außen: durch den Abzug internationalen Finanzkapitals würde der gegenwärtige Mechanismus der Geldbeschaffung zusammenbrechen. Ein Weg zu mehr sozialer Gerechtigkeit wäre dies aber nicht, denn die Folgen einer solchen Krise müßte die Gesamtbevölkerung tragen.

Der Bereich des „Geographischen Umfeldes" wird in der Darstellung zunächst noch nicht konkretisiert. Die argumentative Auseinandersetzung mit diesem ist das Anliegen des folgenden Kapitels.

Abb. 16: Wechselwirkungen zwischen individuellen Handlungen und gesellschaftlicher Struktur: Handeln in Gruppen

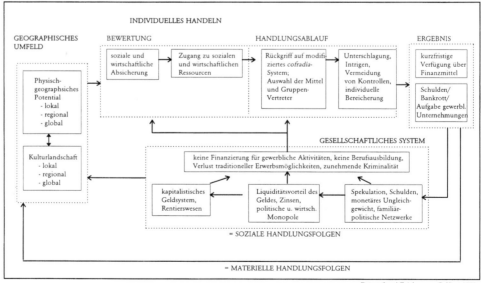

Entwurf und Zeichnung: C. Vogt 1998

Abb. 17: Wechselwirkungen zwischen individuellen Handlungen und gesellschaftlicher Struktur: Handeln von Einzelpersonen

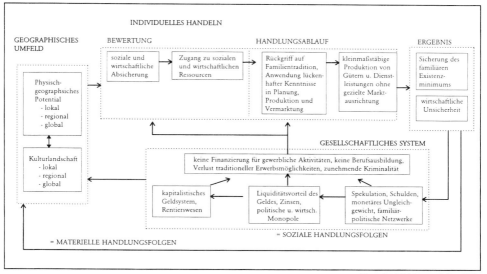

INDIVIDUELLES HANDELN

GEOGRAPHISCHES UMFELD | BEWERTUNG | HANDLUNGSABLAUF | ERGEBNIS

Physisch-geographsiches Potential
- lokal
- regional
- global

soziale und wirtschaftliche Absicherung

Zugang zu sozialen und wirtschaftlichen Ressourcen

Rückgriff auf Familientradition, Anwendung lückenhafter Kenntnisse in Planung, Produktion und Vermarktung

kleinmaßstäbige Produktion von Gütern u. Dienstleistungen ohne gezielte Marktausrichtung

Sicherung des familiären Existenzminimums

wirtschaftliche Unsicherheit

GESELLSCHAFTLICHES SYSTEM

Kulturlandschaft
- lokal
- regional
- global

keine Finanzierung für gewerbliche Aktivitäten, keine Berufsausbildung, Verlust traditioneller Erwerbsmöglichkeiten, zunehmende Kriminalität

kapitalistisches Geldsystem, Rentierswesen

Liquiditätsvorteil des Geldes, Zinsen, politische u. wirtsch. Monopole

Spekulation, Schulden, monetäres Ungleichgewicht, familiär-politische Netzwerke

= MATERIELLE HANDLUNGSFOLGEN

= SOZIALE HANDLUNGSFOLGEN

Entwurf und Zeichnung: C. Vogt 1998

5. Der gestaltete Wirtschaftsraum

Gesellschaftliche Struktur und individuelles Handeln beziehen sich nicht nur wechselseitig aufeinander, sondern auch auf das kultur- und naturräumliche Umfeld, das bewertet und gestaltet wird.

In diesem Kapitel wird die räumliche Ausprägung der in Kapitel drei und vier analysierten Handlungsregeln und -strategien vorgestellt und damit eine Grundlage geschaffen für eine Definition von Wirtschaftsräumen, die als Aktionsraum verstanden werden können. Das Vorhandensein von Ressourcen und die Möglichkeit, auf diese zuzugreifen, konstituieren solche Aktionsräume. Die Vorstellung von den „begrenzten Ressourcen" ist damit auch auf die soziale Welt bezogen, denn entweder behindert der quantitative Mangel an vorhandenen Ressourcen wirtschaftliche Aktivitäten, oder die gesellschaftlich vermittelten Handlungsregeln und individuellen Handlungsstrategien „begrenzen" diese.

5.1 Interregionale Disparitäten

5.1.1 Räumlicher Zugriff auf die Ressource „Geld"

Karte 5 zeigt die regionale Verteilung von Krediten pro Kopf und die Anzahl der Bankniederlassungen und -filialen in Bezirksstädten. Es wird deutlich, daß sich die größten Umsätze auf die Hauptstadt und die traditionellen Plantagenregionen konzentrieren. Dies deutet bereits auf einen bestimmten Nutzerkreis hin, der mehr Zugang zu Finanzressourcen hat, als andere Gruppen.

Außerdem sind Banken fast ausschließlich in den Bezirkshauptstädten angesiedelt, da nur dort die infrastrukturelle Ausstattung mit Strom und Telefon und potentielle Angestellte aus der Mittelschicht lokal verfügbar sind. Die städtische Bevölkerung hat daher einen potentiellen Vorteil gegenüber der ländlichen, aufgrund der geringeren Transaktionskosten und der sozialen Vertrautheit mit diesen Instituten.

Neben der physischen Zugangsbeschränkung durch lange und kostenintensive Anfahrtswege zu einer städtischen Bankenfiliale gibt es auch wichtige soziale Schranken für zukünftige Kreditnehmer: Die Handlungsabläufe in einer Bank machen „Exper-tenwissen" notwendig. Das Ausfüllen verschiedener Formulare, das Identifizieren des richtigen Schalters und die zentralen Funktionen der Computer gehören nicht zum Alltagswissen von Analphabeten, Personen mit geringer Schulbildung, Kleinbauern oder Kleingewerbetreibenden. Dazu kommen Sprachbarrieren und ein Unterlegenheitsgefühl in fremder Umgebung.

Weiterhin wirken die hohen Aktivzinssätze und die erforderliche hypothekarischen Garantie über den dreifachen Wert der Kreditsumme als Begrenzung. Laut dem ehemaligen Zentralbankpräsidenten liegt die absolute Anzahl von Kreditnehmern bei lediglich eintausend Personen (*Sosa* 1996 :19).

Diese Zahl und die verschiedenen Zugangsbeschränkungen verdeutlichen, daß nur ein Bruchteil der Bevölkerung des Landes Zugang zu einer zentralen Ressource des Wirtschaftslebens hat. Diese privilegierte Gruppe wird Kredite an ihrem Wohn- oder Arbeitsort aufnehmen, gehört also zur hauptstädtischen Oberschicht und der Gruppe der Großgrundbesitzer.

Die Kosten-Nutzen-Relation aus der Verteilung von Kreditnehmern und Sparern ist für die Banken besonders vorteilhaft. Die Verteilung der Sparkonten ist relativ homogen: 97 Prozent aller Sparguthaben von 13 Milliarden Quetzales (*Crónica* 1997 :78), die wieder als Kreditpotential genutzt werden, sind nach Angabe der staatlichen Bankenüberwachung Konten mit weniger als 20 Tausend Quetzales (*Prensa Libre* v. 19.08.1997 :3-4). Die Passivzinsen liegen im allgemeinen unter der jährlichen Inflationsrate (Vgl. Kap. 3, Tab. 2).

Anstatt von einem nationalen Geldumlauf zu sprechen, wäre für die guatemaltekische Finanzwirtschaft das Bild von einem Aufzug wohl passender, der die Ressourcen von Kleinanlegern zu den Großkunden transportiert, wobei für die Beförderungsleistung eine erhebliche Bankmarge einbehalten wird.

Für die Nationalwirtschaft heißt dies, daß Klein- und mittelständische Betriebe ausschließlich mit endogenen Finanzressourcen wirtschaften müssen, und innovative Ideen und Betriebsgründungen auf Finanzquellen aus dem Ausland oder der eigenen Familie angewiesen sind. Daraus ergibt eine Verfestigung der sektorialen Wirtschaftsstruktur, in der der Agrarsektor, der Handel und der informelle Sektor große Bedeutung haben (Vgl. Kap. 3, Abb. 14). Die traditionell gewachsenen Landnutzungsstrukturen (Vgl. Kap. 1, Karte 3) verändern sich in ihren äußeren Grenzen daher kaum, die Intensität der Flächennutzung nimmt aber generell aufgrund der negativen Rahmenbedingungen (Realteilung, Inflation, sinkende Exportpreise, künstliche Verbilligung der Importe) zu. Deren räumliche Auswirkungen behandelt Abschnitt 5.2.3.

5.1.2 Räumlicher Zugriff auf die Ressource „Bildung"

Auch der Zugang zu Bildungseinrichtungen ist räumlich differenziert. Die statistische Grundlage ist nicht nach Bezirken gegliedert, daher muß auf eine quantitative kartographische Darstellung verzichtet werden.

In qualitativer Hinsicht wirkt sich der Stadt-Land-Gegensatz in Form materieller und sozialer Zugangsbeschränkungen aus: Bei weiterführenden Schulen wirken als physische Barrieren für die ländliche Bevölkerung die Distanzen zwischen dörflichen Lebensort und städtischem Schulort. Universitäten gibt es lediglich in der Hauptstadt und *Quetzaltenango*. Zusätzliche Fahrt- und Lebensunterhaltskosten, Uniform und Lernmaterial können nur wenige Familien ihren Kindern anbieten. Studierende Erwachsene, die zusätzlich ihre Familie im Dorf ernähren müssen, benötigen lange Studienzeiten oder brechen ab.

Soziale Barrieren liegen im Bereich der mangelhaften Grundbildung im ländlichen Raum und der ethnischen Diskriminierung aufgrund der einzigen Unterrichtssprache Spanisch. Im Grundschulbereich sind die mangelnde Bereitschaft vieler Lehrer, in Dörfern zu unterrichten und die willkürliche Besetzung von Lehrerstellen mit Personen aus anderen Ethnien die sozialen Begrenzungen für ein einheitliches und angemessenes Angebot im ländlichen Raum. Private Institute sind für Familien, die ihre Einkünfte im Kleingewerbe oder der bäuerlicher Familienökonomie erwirtschaften, nicht finanzierbar, weder in städtischen, noch im ländlichen Raum.

Ohne ein weiterführendes, qualitativ und finanziell angemessenes Bildungsangebot, sind Kinder und Jugendliche darauf angewiesen, den Beruf ihrers Vaters oder eines zufällig ausgesuchten Lehrmeisters zu erlernen. Qualitätsmaßstäbe und Wirtschaftlichkeitskriterien bleiben ihnen verschlossen, und ihre beruflichen Einkünfte pendeln damit in den meisten Fällen um Subsistenz und Verlust. Ebenso wie im Bereich der Finanzressourcen trägt der sozialräumlich beschränkte Zugang zu Bildungseinrichtungen zu einer Verfestigung überkommener, gering wettbewerbsfähiger Wirtschaftsstrukturen und -flächennutzungen bei.

5.1.3 Räumlicher Zugriff auf die Ressource „Arbeit": Migration

Aufgrund des mangelnden Arbeitsplatzangebots (40 Prozent Arbeitslosigkeit und Unterbeschäftigung, *Crónica* 1997 :23) und der nicht mehr möglichen Bedarfsdeckung aus der bäuerlichen Subsistenzwirtschaft suchen viele Personen außerhalb ihrer Geburts- oder Wohnortes nach Arbeit. Diese Ausweichbewegungen wurden in historischer Zeit mit den Arbeitsgesetzen der liberalen Ära bereits angelegt. Heute sind sie Teil des Überlebenskampfes von drei Viertel der Bevölkerung, die statistisch als arm oder absolut arm gelten.

Es gibt drei verschiedene Typen von Migration in Guatemala. Zunächst die Auswanderung in andere Staaten, vorzugsweise die USA. Geschätzt wird, daß dort derzeit zwei Millionen Guatemalteken leben und arbeiten. Ihre Überweisungen sind neben den Einkünften aus dem Tourismus die wichtigste Devisenquelle der Zentralbank (*Salazar* 1995 :75). In *Sibilia*, einer typischen Abwanderungsgemeinde des Westlichen Hochlandes (Vgl. Karte 4), hängen im Bürgermeisteramt die Fußballergebnisse ihrer Mannschaft aus der guatemaltekischen Liga in *Los Angeles*.

Da die meisten dieser Auswanderer illegal die Grenzen überqueren, vertrauen sie sich Schlepper-Organisationen an, die die Reise organisieren. Die Kosten pro Person liegen bei mindestens 1.500 US-$ (*Samayoa*, 26.9.1995 Interview m.d.A.), um zu einer Stadt freier Wahl in den USA zu gelangen. Daß trotz dieser sozialen Zugangsbeschränkungen so viele Guatemalteken im Ausland leben, ist ein Indiz dafür, wie gering ihre Einflußmöglichkeiten auf Veränderung der wirtschaftlichen Rahmenbedingungen in ihrem eigenen Land sind.

Die zweite Migrationsform ist saisonal bedingt und unterstützt die traditionelle Plantagenproduktion. Aus den Gemeinden des Westlichen Hochlandes wandern ganze Familien zur Kaffeeernte auf die Plantagen am pazifischen Küstengebiet ab. Von Januar bis März sind ihre Dörfer weitestgehend entvölkert (Vgl. Karte 6).

Die dritte Migrationsform ist die Land-Stadt-Wanderung, vorzugsweise in die Hauptstadt. Jüngere Leute erhoffen sich Chancen als Hausangestellte oder ziehen zu Familienmitgliedern und Bekannten, die den Sprung schon geschafft haben. Sie finden entweder in den Maquila-Betrieben, die gürtelförmig um die Hauptstadt angesiedelt sind, oder im informellen Sektor eine Überlebenschance. Ihre Strategien und Alltagsgestaltung beschreiben an drei exemplarischen Beispielen *Bastos/Camus* (1995). Die marginalen Wohngebiete in der Hauptstadtregion und die Verstädterung der Randgebiete nehmen durch diese Wanderung ständig zu (Vgl. Karte 12).

Das tatsächliche Arbeitsplatzangebot steht allerdings in keinem Verhältnis zu den Zuzugsraten. Insgesamt beschäftigt der Lohnveredelungssektor 70.000 Personen (*Crónica* v. 14.07.1995 :41-42), bzw. zwei Prozent der ökonomisch aktiven Bevölkerung über 10 Jahren (*Crónica* 1997 :22). Mit Beginn der NAFTA 1994 und aufgrund des nach der Peso-Krise vergleichbar niedrigen Lohnniveaus in Mexiko wird es für Investoren interessanter, ihre Lohnveredelungsbetriebe dort aufzubauen.

Kriminalität, langsame Behörden und unvollkommene Infrastruktur in Guatemala sorgen zusätzlich für die Abwanderung dieser Betriebe. Guatemala muß mit anderen Billiglohnländern konkurrieren, wobei vor allem der Ausbildungsgrad des Personals wichtig sein wird. Südkoreanische Firmen beschäftigen 50.000 Angestellte in Betrieben der Metropolitanregion, behalten sich die Entscheidung auf Expansion ihrer Unternehmen dort allerdings noch vor (*Kihn/ Blanck* 1996 :17). Das städtische Bevölkerungswachstum betrug im Zeitraum 1990-1995 vier Prozent, gegenüber einem durchschnittlichen landesweiten Wachstum von 2,9 Prozent (*Statistisches Bundesamt* 1996 :27, 33). Heute leben in Guatemala-Stadt 2,4 Millionen Menschen (*Crónica* 1997 :16) , gegenüber 1,1 Millionen im Jahr 1991 (*Statistisches Bundesamt* 1996 :34).

Alle drei Migrationsformen sind ungeeignet, wirtschaftliche Strukturveränderungen in Guatemala zu bewirken. Die anscheinende Ausweitung von Aktionsräumen durch weiter gefaßte Bewegungsräume ist nicht mit einer erweiterten Einflußnahme von Akteuren auf bestehende Handlungsregeln im wirtschaftlichen Umfeld verbunden.

5.1.4 Kommunikation und Infrastruktur

Das Angebot an Kommunikations- und Infrastruktureinrichtungen ist ebenso ein Resultat historischer Wirtschaftsstrukturen. Als Bedingung für wirtschaftliches Handeln bestätigt es gesellschaftliche Machtverhältnisse.

Die Dominanz der Metropolitanregion in der infrastrukturellen Ausstattung kennzeichnet diese als Aktionsraum einer kleinen Gruppe privilegierter Akteure. Die Verwendung staatlicher Finanzmittel verfestigt die Dichotomie zwischen Hauptstadt und sog. „Landesinneren": 78 Prozent aller Steuereinnahmen des Jahres 1996 verbrauchte der hauptstädtische Staatsapparat an Gehältern und sog. „Funktionskosten" (*Crónica* 1997 :81-83). Die Investition verbleibender öffentlicher Gelder teilen sich laut Verfassung die Metropolitanregion (90 Prozent) und das restliche Landesgebiet (10 Prozent).

Die Erweiterung des Straßennetzes, der Energieerzeugung und der Telekommunikation ist so nicht finanzierbar. Das heutige Verkehrsnetz ist daher nach wie vor Abbild der Transportnotwendigkeiten eines agroexportierenden Landes der liberalen Ära. Es verbindet die Plantagenregionen an der Pazifikküste, im karibischen Tiefland und in den Bezirken *Alta* und *Baja Verapaz* mit den ehemaligen Familienresidenzen in *Guatemala Stadt* und *Quetzaltenango* und den wichtigsten Häfen. Die Gebiete mit hoher Bevölkerungsdichte sind daher infrastrukturell nicht entsprechend ausgerüstet (Vgl. Karte 7).

Ländliche Gebiete werden vornehmlich durch die Abwesenheit von Kommunikationsverbindungen wie befestigten Straßen und Telefon gekennzeichnet. Pro einhundert Personen stehen im gesamten Landesdurchschnitt zwei Telefone zur Verfügung (*Crónica* 1997 :12), die Kosten für einen Telefonanschluß betragen 265.- US-$ (*FUNDESA* 1997 :120).

Die Straßen im Landesinneren sind eine deutliche physische Begrenzung wirtschaftlicher Aktivitäten. Die sog. „ländlichen Wege" bieten jahreszeitlich ein abwechslungsreiches Profil von metertiefen Staubschichten, freigelegtem Geröll und Schlaglöchern bzw. Schlammlöchern und wassergefüllten Fahrrinnen. Jedes Jahr zur Regenzeit sind Millionen Personen in ihren Dörfern wegen unpassierbarer Straßen von der Umwelt abgeschnitten. Aber auch bei günstigen Wetterbedingungen benötigen Lastwagen, um 50 km Strecke zurückzulegen, zwischen vier und sechs Stunden. Im Sommer 1995 war selbst die asphaltierte Pazifikstraße von *Guatemala Stadt* zur mexikanischen Grenze wochenlang für Busse und Lastwagen unpassierbar.

Gewerbliche Tätigkeiten im ländlichen Raum werden nicht nur wegen des Zeitfaktors beim Transport erschwert, sondern auch unverhältnismäßigen Kosten ausgesetzt, da der Reparaturbedarf der Fahrzeuge bei ständiger Fahrt auf unbefestigten Straßen viel höher ist als für Fahrzeuge, die sich auf asphaltierten Straßen der Hauptstadtregion bewegen. Aufgrund der geringen Kaufkraft der Kunden und wegen mangelnder Kostenanalyse geben sich Lastwagenbesitzer im ländlichen Raum mit maximal 2,50 Quetzales Transportpreis pro gefahrenem Kilometer zufrieden. Der kostendeckende Preis liegt etwa bei 3,50 Quetzales /Km (*Cooperativa Santiago Cabricán* 1995). Ist der Lastwagen kaputt, endet auch die Transportunternehmung.

Die Versorgung mit Strom ist ebenfalls stark auf die Hauptstadtregion und die Bedürfnisse der dortigen Oberschicht ausgerichtet. Das hydroelektrische Großkraftwerk *Chixoy* produziert etwa die Hälfte des landesweiten Stromangebots, das direkt von der Hauptstadt absorbiert wird, die insgesamt sogar 65 Prozent der gesamten Stromproduktion konsumiert (*Crónica* 1997 :89-90). Dies erlaubt, die Einkaufszentren amerikanischen Stils in typischen Oberschichtbezirken auch nachts zu beleuchten. Der Bau dieses Kraftwerks war ein Großprojekt der Regierung *Lucas García*, über das Gelder in private Taschen kanalisert werden konnten (*Brunner/Dietrich/Kaller* 1993: 160). Die zuerst mit dem Bau beauftragte deutsche Firma *Hoch-Tief* übergab das Projekt an nationale Firmen. Die Anlage des Stausees im Karstgebiet des *Petén* war technisch unverantwortlich. Der leitende Ingenieur wies darauf hin, ebenso wie auf finanzielle Unterschlagungen, und verließ nach Morddrohungen fluchtartig das Land (*Brenner*, Interview 12.1.1997 m.d.A.).

Ein Großteil der ländlichen Bevölkerung hat keinen Stromanschluß. Im Gegensatz zur städtischen Bevölkerung müßten sie die Verlegung der Stromleitung von der Hauptlinie zum Dorf und zu ihrem Haus privat finanzieren. Zum Beispiel betrugen die Kosten für den Anschluß des Fleckens *Morelia, Genova, Costa Cuca*, der im Januar 1997 nach mehr als zweijähriger Bemühung des dörflichen Infrastrukturkomitees verwirklicht werden konnte, insgesamt 200.000.- Quetzales (= 50.000.- DM). Auf die 100 beteiligten Familien entfielen direkte Kosten von je 1.000.- Quetzales (250.- DM), da die Gemeindeverwaltung die Hälfte der Finanzierung übernahm. Diese Familien leben von Saisonarbeit auf den umliegenden Kaffee-plantagen mit durchschnittlichen Tages-einkommen von 10.- Quetzales während der Ernte-zeit von September bis März und brauchen Jahre, bis sie die finanzielle Hürde zur eigenen Glühlampe im Haus überwinden.

5.2 Intraregionale Disparitäten

Handlungen, die jenseits oder am Rand der Legalität angesiedelt sind, bilden einen Teil des wirtschaftlichen Lebens in Guatemala. Sobald diese in ihrem gesellschaftlichen Umfeld sanktioniert sind, ist es unerheblich, ob sie gegen Rechtsgrundsätze verstoßen, die schriftlich niedergelegt wurden. Denn solche Regeln werden als äußerlich oder irrelevant bewertet und sind somit wirkungslos.

Mitglieder der staatstragenden und -"erhaltenden" Oberschicht vertreten das Selbstbe-wußtsein einer Gruppe, die spätestens seit der Unabhängigkeit die Regeln in ihrem Land bestimmten. Gesetze wurden erlassen, um der städtischen Bevölkerung und der Landoligar-chie die möglichst ungehinderte „Inwertsetzung" der eroberten und unterworfenen Landstri-che zu ermöglichen. Der Teil der Bevölkerung, der mit ihrer traditionellen Lebensweise feindlichen Gesetzen konfrontiert wurde, hatte niemals einen Grund, diese als persönlich verbindlich anzusehen, wenn dieses nicht erzwungen wurde. Dieses subjektive Rechtsempfin-den ist eine der Ursachen, warum Begriffspaare wie „legal - illegal" oder „formell - informell" an Definitionsgehalt verlieren.

Die Präsenz von Gewalt und Unterdrückung ist ein Kontinuum in der guatemaltekischen Geschichte und hat bei allen Bewohnern des Landes Spuren hinterlassen. Indianischen Widerstand hat es zu allen Zeiten gegeben (*Allebrand* 1997 :59-62), wodurch sich der Gegendruck erhöhte. 1997 wurde zwar die Guerrilla offiziell entwaffnet, die *patrullas de autodefensa civil* aufgelöst und das Militär verringert, aber damit wird die Gewaltausübung nicht beendet. Die Vorstellung, daß nur die Starken und Listigen überleben, ist weit verbreitet. Die Überzeugung, daß gesellschaftliches Zusammenleben auch auf gegenseitiger Akzeptanz und Achtung beruhen könnte, ist eine Frage kommender Generationen und abhängig von einer wirtschaftlichen Umverteilung.

Vor diesem Hintergrund sind die folgenden Anmerkungen zur „Kriminalität" zu verste-hen, die dazu beiträgt, die historisch entstandenen Wirtschaftsregionen intern zu differen-zieren. Im Alltagsleben Guatemalas versuchen fast alle Akteure, persönliche Vorteile zu erwirt-schaften und sind frei von gesellschaftlich verbindlichen Gerechtigkeitsvorstellungen. Im Kampf um die Existenz wird selten Hilfe geleistet oder Solidarität gezeigt.

5.2.1 Lebensraum Stadt: Kriminelle Räume und Rückzug

5.2.1.1 Sozialräumliche Segregation in Guatemala-Stadt

Die Trennung von wirtschaftlich-sozialen Aktionsräumen nach gesellschaftlicher Hierarchie läßt sich besonders gut im hauptstädtischen Raum zeigen. Das Stadtgebiet ist in unterschied-liche Nutzungsräume bestimmter sozialer Gruppen abgeteilt. Deren Begrenzung ist sowohl in der „mental map" der Stadtbewohner verankert, als auch anhand der Bausubstanz und den gewerblichen Aktivitäten in den neunzehn Stadtbezirken (*zonas*) physiognomisch nachzu-vollziehen. Karte 8 gibt zunächst einen Überblick über die Gliederung des Stadtgebietes in die verschiedenen Bezirke und die Verkehrsverbindungen. Charakteristisch ist für das gesamte Stadtgebiet die Begrenzung und Trennung der bebauten Flächen durch tiefe Schluchten. An deren Abhängen sind seit 1956 sukzessive marginale Wohnsiedlungen entstanden, die teilweise in unmittelbarer Nähe zum Stadtzentrum (*zona1*) liegen.

Karte 9 zeigt die Verteilung von Gewerbe- und Wohnzonen unterschiedlicher gesellschaftlicher Schichten. Der Bewegungsraum der Oberschicht ist beispielweise das südöstlichen Viertel des Stadtgebietes. An der Ausfallstraße zu den Wohngebieten liegt die Mehrzahl der luxuriösen Einkaufszentren amerikanischen Zuschnitts, in der Zone 10 versammeln sich die Büros, Hotels, Cafés, Boutiquen, Schönheitssalons, Diskotheken, Restaurants und Bars der obersten Preisklasse. Ebenso haben dort internationale Organisationen, Botschaften und Forschungsinstitute ihren Sitz. Zone 9 liegt im Prestige etwas unter der Zone 10, vor allem wegen ihrer nördlichen und östlichen Nachbarn, den gering angesehenen Zonen 8 und 4, ihre Geschäfte sind aber noch eindeutig auf ein gehobenes Publikum ausgerichtet. In der 7. Avenida findet man u.a. eine deutsche Bäckerei, Fachhandlungen für Alarmanlagen, Mobilfunkgeräte, Computer und Bürobedarf, internationale Reiseveranstalter und die Niederlassungen verschiedener Automobilfirmen.

Anfang des 20. Jahrhunderts waren diese Gebiete der Zone 10 noch Kaffeepflanzungen und die Wohnsitze von Großgrundbesitzern. Mit der Ausdehnung des Stadtgebietes und zunehmender Kriminalität im Stadtbereich verlagerte sich die Wohnzone von diesem angestammten Terrain in die Zonen 13, 14, 15 und 16, und die Zonen 9 und 10 übernahmen die Versorgungs- und Erholungsfunktionen der städtischen Oberschicht. Die privaten Universitäten *Rafael Landívar, Francisco Marroquín, Del Valle* und *Mariano Gálvez* liegen in den Wohngebieten der oberen Mittelschicht und Oberschicht. Der „eigene" Friedhof in Zone 14 und die Nachbarschaft zum internationalen Flughafen komplettieren die räumliche Vergesellschaftung funktionaler Einrichtungen.

Der Aktionsraum des informellen Sektors erstreckt sich temporär auch auf die Zonen 9 und 10, ist aber quantitativ nicht den formellen Aktivitäten dort vergleichbar. Mobile Essensstände, Schuhputzer, Obst- und Zeitungsverkäufer an den Ampeln und Parkwächter vor Restaurants beziehen tagsüber oder abends ihre Stellungen. In Zone 1 belegen Straßenhändler die 6. und 7. Avenida, die 18. Calle und die Bereiche um das Nationaltheater. Im Norden und Osten der Zone 1, in der Zone 4 und der Zone 8 findet man informelle Werkstätten und Verkaufsstellen für Autozubehör, Druckereien, Schrott, Werkzeug, Eisenwaren, Reifen, Elektronik, Haushaltswarenm, Stoffe, Bekleidung usf.. Zone 7 ist als Stadterweiterungszone nach Westen, ebenso wie die Zonen 6, 12 und 18, Anlaufstelle für Migranten aus dem Inland, die bei Familienangehörigen Unterkunft und erste Tips zum Leben in der Stadt finden. Auch Staatsangestellte trifft der Mangel an verfügbarem Wohnraum und sie besetzen Land in diesen Gebieten. Insgesamt gibt es in Guatemala-Stadt 357 dieser marginalen Siedlungen. Ihre Bewohner haben aus Mangel an legalen Besitztiteln weder Strom- noch Wasseranschluß (*Ovando* 1997 :6-7).

Der Mittelstand lebt zwischen diesen beiden Welten im Südwesten und Nordosten der Stadt. Individuell bedroht durch Überfälle und Einbrüche, strukturell unter Druck gesetzt von wirtschaftlichen Rahmenbedingungen, die er nicht gestalten kann, verbringt diese Gruppe ihren Alltag innerhalb eines Aktionsradius zwischen Wohnort und Arbeitsplatz. Die Rückzugsbasis, das eigene Haus, ist mit Mauern, Gittern und Alarmanlagen gesichert. Zur Arbeit pendeln Unter- und Mittelschicht in die Zonen 1, 5, 9 und 10. Wer es sich leisten kann, fährt aus Sicherheitsgründen mit dem eigenen Auto.

5.2.1.2 *Typen der Kriminalität in unterschiedlichen Bezirken*

Ein verbindendes Element der städtischen Gesellschaft ist die allen Mitgliedern gemeinsame Angst, Opfer krimineller Handlungen zu werden. Die Art der Kriminalität und die Möglichkeiten, sich davor zu schützen, sind je unterschiedlich. Karte 10 zeigt eine funktionsräumliche Aufteilung des Hauptstadtgebietes nach Art und Intensität krimineller Handlungen. Es wird deutlich, daß Kriminalität ein Teil des Alltagslebens aller Stadtbewohner ist und daß deren unterschiedliche Ausprägung mit der physisch-sozialen Ausstattung der jeweiligen Aktionsräume verbunden ist.

Prinzipiell können zwei Haupttypen unterschieden werden, die auch räumlich voneinander getrennt sind: eine permanent auftretende und eine temporäre Kriminalität. Temporäre kriminelle Handlungen werden von Akteuren verübt, die ihre eigenes Wohnviertel verlassen, um in Oberschicht- und Mittelschichtgebieten gezielte und vorausgeplante Überfälle oder Entführungen zu verwirklichen. Eine permanente Bedrohung besteht dort, wo Akteure im eigenen Wohnviertel oder in dessen unmittelbarer Nähe Überfälle, Entführungen, Vergewaltigungen, Hehlerei oder Drogenhandel betreiben.

Die Kriminalität ist eine der wichtigsten sozialen Barrieren für legale wirtschaftliche Tätigkeiten in Guatemala-Stadt und gleichzeitig florierender Wirtschaftszweig. Ihr Ausmaß sollen folgende Zahlen illustrieren: Die hauptstädtische Bevölkerung gibt jährlich mindestens 750 Millionen Quetzales für private Schutzmänner und Selbstverteidigung aus. Das entspricht neun Prozent der Steuereinnahmen des guatemaltekischen Staates im Jahr 1996. Davon leben 180 private Wachfirmen, 30.000 Privatpolizisten und 150 Importeure von Alarmanlagen und Waffen (*González Moraga* 1996c :15). Das Defizit an Polizeibeamten beträgt laut MINUGUA siebentausend Personen. Gegenwärtig sind täglich nur viertausend Beamte verfügbar, bzw. einer für 2500 Einwohner. Die Polizeistatistik weist zehn Morde, drei Entführungen und zwanzig gestohlene Wagen pro Tag aus.

Die zuständige Militärbehörde erhält 50 Waffenscheinanträge pro Tag von Privatpersonen, die Anzahl der illegalen Feuerwaffen wird auf eine halbe Million geschätzt (*González Moraga* 1996c :15-16). Also wäre statistisch gesehen jeder zwanzigste Bewohner des Landes, inklusive der Kinder und Greise, mit einer Pistole, einem Maschinengewehr oder Karabiner ausgerüstet. Dazu käme noch der Waffenbesitz von Militärs. Es wird behauptet, daß nach Beendigung der Bürgerkriege in El Salvador und Nicaragua ehemalige Regierungs- und Guerrillatruppen sich auf Waffenhandel, organisierte Überfälle und Entführungen auf guatemaltekischem Territorium verlegten. Indikator dafür sind die Waffentypen, mit denen Banden in den Hauptstadtzonen 3, 5, 7 und 18 operieren: Maschinengewehre AK-47, AR-15, M-16 und Granatwerfer (*González Moraga* 1996c :16).

Über privatwirtschaftliche Angebote werden sowohl Bewacher kleiner Geschäfte in Innenstadtbereich (Kosten: 1.500 Quetzales pro Monat) als auch Bodyguards, die von israelischen Ausbildern trainiert wurden (Kosten: 2.500 Q.), vermittelt (*González Moraga* 1996c :16). Über die Vertrauenswürdigkeit dieser meist entlassenen Soldaten und Polizisten kann man sich Gedanken machen (*Flores* 1997 :12-13).

Die materielle Ausstattung aller Stadtviertel spiegelt die Angst der Bewohner vor dieser Kriminalität in Mauern und Gittern wieder. Aber nur ein Teil der Hauptstädter kann es sich leisten, in komplett abgeschotteten Wohnvierteln zu leben, andere müssen täglich die öffentlichen Verkehrsmittel benutzen und können nur Eisenstangen vor den eigenen Fenstern anbringen.

Es gibt kaum ein Geschäft, einen Parkplatz oder eine Tankstelle in der Zone 1, das nicht über einen Wachmann verfügt. Selbstjustiz der „Privatpolizisten" gegenüber potentiellen Attentätern ist an der Tagesordnung und wird von der Bevölkerung meist unterstützt (*Campos* 1997 :7-8). *Human Rights Watch* meldet, daß 1996 unter ungeklärten Umständen elf Straßenkinder ermordet wurden (*Prensa Libre* v. 30.08.1997 :10).

Die Wohnbezirke der Mittelschicht in den Zonen 7, 11, 12, 14, 15 und 16 werden von Privatpolizisten mit kugelsicherer Weste, Sprechfunk, 38er Revolvern und Gewehren kontrolliert. Außer in den Wachhäusern an den Einfahrten zu den Wohnbezirken sind auch Streifen zu Fuß oder auf dem Motorrad unterwegs. Diese leisten sich allerdings nur die Bewohner der Zonen 14-16. Noch mehr Sicherheit erkaufen sich einige Personen mit Videoüberwachung und kugelsicheren Fahrzeugen.

Die Bewohner der Zonen 1, 3, 5, 7, 18 und 19 schließen sich ihrerseits zu Nachbarschaftspatroullien zusammen oder kontraktieren Wachmänner mit Macheten und Trillerpfeife, entsprechend ihren finanziellen Mitteln (*González Moraga* 1996c :15-16). Die unterschiedlichen Systeme, sich zu schützen, verweisen bereits auf unterschiedliche Arten von Kriminalität, die in den Stadtbezirken ausgeübt wird und mit der jeweiligen Bevölkerungsschicht, die dort ansässig ist, in Zusammenhang steht (Vgl. Karte 9).

Hohe Kriminalitätsraten und eine Diversität der „Unternehmungen" kommen in den Innenstadtbereichen, den Zonen 1, 3, 4, 5, und 8 vor. Der Barrio „El Gallito" ist das Drogenverteilungszentrum der Hauptstadt. Geschäfte werden unter den Augen der Polizei getätigt, die Verkäufer sind Straßenkinder und Jugendliche des Viertels, die Kunden häufig Mittelschicht-Jugendliche (*Crónica* v. 15.03.1996 :19-24). Dort, ebenso wie in der Zone 5, führt die Beschaffungskriminalität jugendlicher Banden zu regelmäßigen Einbrüchen und Überfällen auf Wohnungen und Geschäfte. Die Bewohner stellen nächtliche Patroullien zusammen. Dadurch können Überfälle aber nur verlagert werden, wie z.B. auf den Bereich um das Stadion. Die Banden tauchen meist in den marginalen Wohnsiedlungen der Schluchten unter, deren berühmt-berüchtigste *La Limonada* in Zone 5 ist (*Taraño* 1996b).

Karte 10 zeigt weitere Standorte dieser marginalen Siedlungen, die besonders nahe am Innenstadtbereich liegen, prinzipiell kann aber davon ausgegangen werden, daß alle Hänge in den Schluchten, die nur irgendwie bebaubar sind, auch genutzt werden.

Zone 1 und 4 stechen besonders durch Überfälle auf Geschäftsinhaber oder Straßenhändler hervor. Nahe der Busstation und dem Markt in Zone 4 kamen in einem Schußwechsel zwischen Polizei und Bandenmitgliedern am 21.08.1997 ein Händler, ein Polizist und ein Bandenmitglied ums Leben. Die Täter sind bei den Händlern dafür bekannt, daß sie schon für eine Summe von 30 Quetzales jemanden erschießen würden (*Prensa Libre* v. 22.08.1997 :11-12). Die Stadtbezirke sind aufgeteilt zwischen Gruppen wie „Los Intocables", die vor allem um die Busstation *La Terminal* agieren und „Las Chinas", einer Frauenbande, die sich auf die Stände der 18. Calle der Zone 1 spezialisiert hat (*Colindres/Gramajo* 1996 :19). Neben den organisierten Überfällen sind diese Gebiete durch die Werkstätten bekannt, in denen gestohlene Wagen neue Papiere und Farben bekommen, oder in Teilen weiterverkauft werden. Auch Radios, Fotoapparate oder Ersatzreifen sind zur Hälfte des Neuwertes zu bekommen. Ein Großteil der Waren, die an den Ständen angeboten werden, wurden nie verzollt und stammen aus dem Schmuggelring *Alfredo Molinas*. Ebenso könnte man Waffen kaufen.

Die Randbezirke der Stadt, die Zonen 6, 7, 18 und 19 werden von organisierten Banden terrorisiert. Am Umsteigeplatz *Trébol*, entlang der gesamten Strecke der *Calzada San Juan*, in den Viertel *La Florida*, *Santa Marta* und *La Brigada* werden regelmäßig Buslinien überfallen und die Fahrgäste ausgeraubt (*Colindres/Gramajo* 1996 :19-20). Selbst wenn der Fahrer erschossen wird, müssen die Linien aufrechterhalten werden, denn sie sind die einzige Möglichkeit für die Bewohner, zur Arbeit in die Innenstadt zu kommen (*Sandoval/Amado* 1997 : 6). Vor allem in der Zone 7 (*Colonia Bethania, La Brigada, La Florida*) und 18 sind Überfälle auf Busse und Wohnungen, Mord und Vergewaltigung an der Tagesordnung. Die Buslinie 33 stellte daher Anfang 1996 ihre Fahrten in Zone 18 ein (*Colindres/Gramajo* 1996 :19-20).

In den Wohn- und Versorgungsviertel der Oberschicht finden andere Aktivitäten statt. Temporäre Aktionen wie Hauseinbrüche, Autodiebstahl oder Entführungen konzentrieren sich auf öffentliche und private Plätze. Auf den Parkplätzen der Einkaufszentren, auf Hauptstraßen oder vor Restaurants der *zona viva*, Zone 10, wird gezielt nach Menschen und Autos gegriffen. Wer sich wehrt, wird erschossen. Im Entführungsfall *Novella*, im Herbst 1996, stellten die Entführer eine komplette Verkehrskontrolle der Polizei auf einer belebten Einkaufsstraße der Zone 10 nach und überwältigten so die Bodyguards aus zwei Begleitfahrzeugen der *Sra. Novella*, die von einem Friseurbesuch kam.

5.2.1.3 Materielle und soziale Bedingungen der Kriminalität in Guatemala-Stadt

Die geringe Anzahl von Polizisten, deren mangelhafte Ausbildung und Bezahlung, das Klima der Straflosigkeit, die Unübersichtlichkeit und Enge des Baubestandes außerhalb der Oberschichtzonen und die räumliche Vergesellschaftung marginaler Wohnviertel mit Mittelschichtquartieren und Citybereich sind die wichtigsten materiellen und sozialen Bedingungen für die Durchführung krimineller Handlungen im Stadtbereich.

Die materielle Ausstattung ist kaum zu ändern, daher geraten gerade soziale Faktoren, wie Straflosigkeit und die Rolle der Polizei in die öffentliche Diskussion über Kriminalität. Aber erst 1996, im Umfeld der Friedensverhandlungen, kam es zu einem spektakulären Prozeß gegen einen der bekannten Bandenführer, *Ortega del Cid,* der schließlich verurteilt werden konnte. Sein Prozeß ist angesichts der vielen schwebenden Verfahren und flüchtigen Kriminellen ohne direkte Auswirkung geblieben und hat mehr symbolischen Charakter. Die vier Anführer der gefährlichsten Entführungsbanden brachen z.B. aus dem Gefängnis aus und werden erneut von der Polizei gesucht (*Prensa Libre* v. 18.08.1997 :8-9).

5.2.2 Das Landesinnere: Organisierte Überfälle und Konfliktzonen

Karte 11 gibt einen Überblick über die geographische Verteilung unterschiedlicher Arten von Gewaltausübung und Kriminalität im Landesinneren.

5.2.2.1 Organisierte Überfälle auf Fernstraßen und in Plantagengebieten

Verkehrswege, die als „gefährliche Strecke" eingestuft wurden, sind die Bereiche der Fernstraßen, in denen es zu regelmäßigen Überfällen durch organisierte Banden kommt. Diese Streckenabschnitte sind sämtlich durch große Unübersichtlichkeit und geringe Siedlungsdichte ausgezeichnet. Zusammengenommen sind sie so angelegt, daß der gesamte Last- und Personenverkehr des Landes über diese Abschnitte kontrolliert werden kann.

Der Abschnitt der CA 1 zwischen *Cuatro Caminos* und *Encuentros* ist seit 1993 Ort von Überfällen, Morden und Vergewaltigung. Im Frühjahr 1996 informierte MINUGUA, daß sich diese zu allen Tageszeiten und etwa alle zwei Tage ereigneten (*Colindres/Gramajo* 1996 :20). Seitdem das Militär mit Panzerwagen patrouilliert, einige Mitglieder der bekanntesten Bande verhaftet wurden und die Straße repariert ist, sind die Meldungen von Überfällen wieder abgeflaut. Die Verurteilungen stehen aus, ebenso wie Aktionen gegen diejenigen, die nach wie vor in diesem Abschnitt ihren Tätigkeiten nachgehen: unterstützt von Funktelefonen und starkmotorigen Geländewagen (*Blanck* 1996a :30-31). Die Polizei zieht es vor, bei Zusammentreffen, die Täter ungehindert ziehen zu lassen (*Colindres/Gramajo* 1996 :20).

Die grenznahen Abschnitte der CA 1 zwischen *El Carmen* und *San Juan Ostuncalco,* der CA 2 von *Tecún Umán* nach *Coatepeque* und die Verbindung zwischen *Coatepeque* und *San Juan Ostuncalco* teilen sich zwei Banden, die im Gebiet der *Costa Sur* und *Boca Costa* operieren. Lastwagen, Touristenbusse, Privatwagen, gepanzerte Geldtransporter oder Hubschrauber von Landbesitzern der Plantagenregion sind ihre Ziele. Nach Einbruch der Dunkelheit sind kaum noch Fahrzeuge unterwegs. Bei Überfällen auf die Plantagen der *Costa Sur* operieren die beiden Banden auch zusammen und beherrschen damit das Gebiet. Ende November 1996 wurde *Ismaél Fernández González* auf seiner Plantage, nahe *Génova,* ermordet. Die 40 Männer, die den Überfall verübten, waren ebenso wie die Gruppen in der Hauptstadt mit Maschinengewehren und Granatwerfern ausgerüstet (*González Moraga* 1996b :21-22). Selbst Landarbeiter in den Gemeinden an der *Costa Sur* und *Boca Costa* sind von regionalen Banden betroffen, die in dieser straffreien Zone alle Mitglieder der Gesellschaft zum Ziel nehmen.

Die wenigen asphaltierten Straßen, das unübersichtliche Gebiet abseits der Hauptstraße, die verstreut liegenden Wohnhäuser der Plantagenbesitzer, regelmäßige Lohngeldtransporte und unregelmäßige Polizeipräsenz stellen den materiellen Rahmen der organisierten Überfälle, die sich auch auf die anderen Plantagengebiete erstrecken.

Das *Motagua*-Tal ist nicht nur Ort wiederkehrender Überfälle auf der Hauptverbindungsstrecke zu den Karibikhäfen, sondern auch der Bewegungsraum für einschlägige Entführungsbanden. Sicherheitsfirmen lehnen Transporte zu Plantagen für diese Strecke ab (*Colindres/Gramajo* 1996 :23). Auf der Strecke zur salvadorianischen Grenze zwischen *Esquintla* und *Pedro de Alvarado*, ebenso wie im Abschnitt von *Río Hondo* nach *Santo Tomás de Castilla* „verschwinden" bevorzugt Schwertransporter samt Ladung.

An den Grenzstationen und in den Häfen werden solche Überfälle häufig schon vorbereitet (*Colindres/Recinos* 1996 :19-20). Dazu sind Grenzbeamte in die Fälschung von Einfuhrpapieren verstrickt. Gegen Personen in *Santo Tomás de Castilla, Puerto Quetzal, Valle Nuevo* und *San Cristóbal* wird seit der Verhaftung *Alfredo Molinas* ermittelt (*Cordón* 1997 :19). An den Grenzübergängen werden ebenfalls gestohlene Fahrzeuge verschoben und mit neuen Einfuhrpapieren „legalisiert" (*Prensa Libre* v. 28.02.1996 :2).

5.2.2.2 Bedrohung in Konfliktzonen

Neben den durch die Presse bekannten Bandenüberfällen gibt es in jeder städtischen Siedlung die sog. *maras*, Gruppen von Jugendlichen, die Überfälle auf Wohnungen und Personen verüben. Auch in *Quetzaltenango, San Juan* oder *Salcaja* gibt es in jedem Wohnviertel Bürgerwehren, auch dort vermeidet man, nachts unterwegs zu sein. Die Region war jahrelang Zielgebiet militärischer Repression und ist gegenwärtig dem Konflikt zwischen zurückkehrenden Flüchtlingen ohne Land und den „Daheim-gebliebenen" ausgesetzt, ohne daß weiterführende Konzepte zur Lösung in Aussicht stehen.

Auch aus diesen Gründen kann das Westliche Hochland als Konfliktzone bezeichnet werden. Zusätzlich sind die wirtschaftlichen Rahmenbedingungen dort für die Bevölkerung noch ungünstiger, als im Landesdurchschnitt, was die materielle und soziale Infrastruktur betrifft. Das soziale Gegeneinander zeigt sich nicht nur in den spektakulären Überfällen, sondern vor allem in den alltäglichen Handlungen im dörflichen und städtischen Kontext (Vgl. Kapitel 4). Die Bevölkerungsdichte ist überdurchschnittlich hoch, und die Verdienstmöglichkeiten aus saisonaler Migration an die Plantagengebiete gehen aufgrund von Mechanisierung und sinkenden Preisen für traditionelle Agrarexportgüter kontinuierlich zurück.

Konfliktzonen wie das Verapaz-Hochland, das östliche Bergland und das Polochic-Tal tragen bereits das Potential für künftige Zusammenstöße in sich. Regionale Entführungsbanden, Drogenhandel (*Prensa Libre* v. 18.08.1997 :7-8), illegale Ausbeutung von Wäldern und Bodenschätzen, Landbesetzungen und Konflikte mit Rückkehrern und demobilisierten Einheiten aus Guerrilla, Militär und Zivilpatrouillen sind hierzu die Stichworte. Auf der Strecke zwischen *Sacapulas* und *Nebaj* verübt z.B. seit Mitte 1997 eine Gruppe von 100-200 Bewaffneten Überfälle, gegen die lokale Polizei hilflos ist, da sie weder über Kommunikationsmittel, noch genügend Waffen oder Personal verfügt (*Conde* 1997 :10-12).

Wird die Nordregion des *Petén* in Zukunft für weitergehende Ausbeutung von Mineralöl- und Waldreserven verkehrsmäßig weiter erschlossen, sind die Konflikte zwischen Neusiedlern und internationalen Firmen vorprogrammiert. Den Aktivitäten des kolumbianischen Drogenkartells in Guatemala eröffnete sich zusätzlich eine ausgedehnte und schwer zu kontrollierende neue Anbauzone.

5.2.3 Zersetzung landwirtschaftlicher Strukturen

Traditionelle Strukturräume im Agrarsektor werden aufgrund der wirtschaftlichen Rahmenbedingungen innerlich differenziert: Die höheren Renditen, die durch Finanztransaktionen erreichbar sind, lassen das Interesse an Investitionen in den produzierenden Sektor landesweit

Abb. 18: Anbaufläche von Exportprodukten und Grundnahrungsmitteln

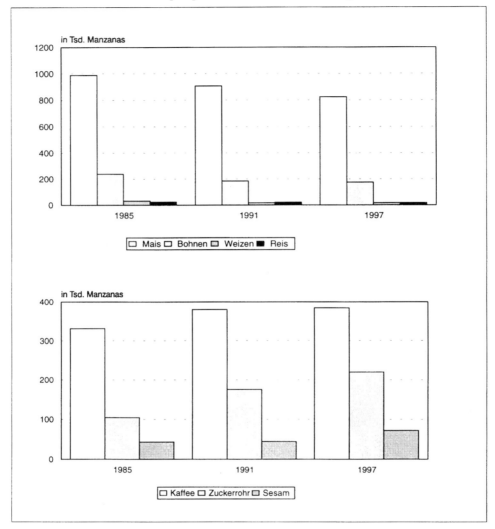

Anm.: 1 Manzana = 0,762 ha, Quelle: *Crónica* (1997: 24-32)

sinken. Die private Investitionstätigkeit geht seit 1992 zurück (*Crónica* 1997 :41). Die Produktions- und Organisationsstrukturen nationaler Unternehmen sind häufig veraltet und immer weniger wettbewerbsfähig. Einzelpersonen haben wenig Chancen, innovativ tätig zu werden, da das mangelhafte Ausbildungsangebot und die fehlenden Finanzierungsmöglichkeiten ihre Möglichkeiten sehr eingrenzen.

An der historisch entstandenen Verteilung agrarisch nutzbaren Landes und der Bewirtschaftungstypen ändert sich daher nur in Ausnahmefällen etwas (Vgl. Karte 7). Die Anbauflächen für Kaffee, Zuckerrohr und Sesam haben sich zwischen 1984 und 1996 ausgedehnt, die Flächen, auf denen die Grundnahrungsmittel Bohnen, Mais, Reis und Weizen angebaut werden, haben sich demgegenüber verringert.

Allerdings geraten die gewachsenen Bewirtschaftungsstrukturen in der gegenwärtigen Lage zunehmend unter Druck. Da der Agrarsektor in Guatemala nach wie vor den größten Anteil an Beschäftigten absorbiert (58 Prozent der ökonomisch aktiven Bevölkerung, *Crónica* 1997 :22), sollen einige Beispiele die kulturräumlichen Auswirkungen, die damit zusammenhängen, verdeutlichen.

5.2.3.1 Kleinbäuerliche Landwirtschaft

Im Bereich der kleinbäuerlichen Familienwirtschaften des Westlichen Hochlandes hat die kontinuierliche Verkleinerung des zur Verfügung stehenden Landes aus historisch-politischen Gründen und durch das Realteilungssystem zu Besitzgrößen zwischen 0,376 und 0,752 Hektar pro Familie inklusive Weideflächen und Waldbesitz geführt (*Birk* 1995a :203). Die Bedarfsdeckung an Lebensmitteln für die Familie aus dem eigenen Landbesitz schwankt zwischen 37 und 76 Prozent, je nach Kinderzahl und Größe des Erbteils (*Birk* 1995a :217).

Die vorhandenen Flächen werden intensiv genutzt. Brachezeiten entfallen und selbst steile Hänge werden mit dem traditionellen *Milpa*-System aus Mais, Bohnen, Kürbis und Heilkräutern bepflanzt. Wiederaufforstung von Waldflächen, die aufgrund des Brennholzbedarfs abgeholzt wurden, findet kaum statt. Regen und Wind führen vor allem zu Beginn der Regenzeit und während der sechsmonatigen Trockenzeit zu einer starken Bodenabtragung. Die ohnehin dünne Humusschicht der aus sauren Vulkanaschen aufgebauten Böden geht

Abb. 19: Typische Abtragungsformen durch Übernutzung

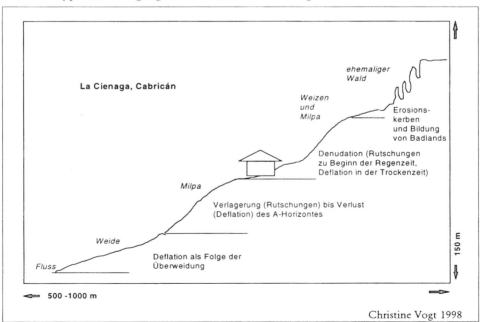

durch diese Abtragung und aufgrund mangelnden oder unkontrollierten Eintrags von Dünger zunehmend verloren. Je nach Hangneigung und Exposition verlaufen diese Vorgänge mit unterschiedlicher Schnelligkeit. Erosionsschutz (Gründünger, Terrassen, Hecken etc.) wird nur in Ausnahmefällen betrieben. Abbildung 19 zeigt die typische kleinräumige Verteilung der Landnutzungsformen und der Abtragungstypen an einem Beispiel aus dem Westlichen Hochland.

Das Beharren auf traditionellen Anbauformen ohne die notwendigen Regenerationsphasen für Boden und Wald beschleunigt so den Verlust der Lebensgrundlage kleinbäuerlicher Familien.

Abbildung 20 verdeutlicht die ökologisch-naturräumlichen Folgen einer exportorientierten Landwirtschaft im Tal von Almolonga.

In dieser, und auch der Nachbargemeinde *Zunil*, wird vorwiegend marktorientiert Gemüse angebaut. Die gute Verkehrsanbindung zu allen wichtigen Überlandstraßen (Vgl. Karte 3) und die günstige naturräumliche Lage im Tal des *Rio Samalá* sind die Gunstfaktoren dieser Orte. Die traditionelle Anbaustruktur wurde durchbrochen und die *Milpa*-Kultur von den Alluvialauen in marginale, stark erosionsgefährdete Bereiche abgedrängt. Die intensive Nutzung der begrenzten Talflächen, Mangel an sozialer Organisation auf Gemeindeebene und fehlende Kenntnisse über die Anwendung chemischer Mittel zur Produktionssteigerung führen allerdings zu ökologischen Problemen: Die ungeklärten Abwässer aus der Stadt *Quetzaltenango* und den umliegenden Gemeinden fließen in den *Rio Samalá*. Dazu kommen noch Sickerwässer aus den Mülldeponien entlang des Flusses. Mit diesem Wasser werden die Gemüsefelder bewässert. Die poröse Struktur der lokalen Böden (Andosole), die räumliche Nähe der Anbauflächen zu Mülldeponien und der Abwässerzufluß sorgen insgesamt dafür, daß das angebaute Gemüse in hohem Grad belastet wird. Auch die übermäßige Anwendung von Düngern und Pestiziden auf den Feldern hinterläßt ihre Spuren. Costa Rica, Mexico und die

Abb. 20: Verschmutzung von Gemüseanbauflächen in der Talaue von Almolonga

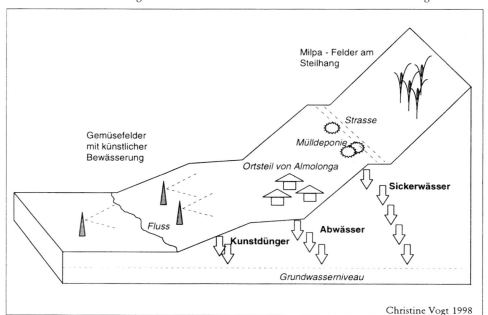

Christine Vogt 1998

USA haben inzwischen ihre Grenzen für Gemüse aus *Almolonga* und *Zunil* geschlossen, nachdem Labortests Fäkalien- und Pestizidrückstände nachgewiesen haben. Seitdem exportieren die Gemüsebauern *Almolongas* vorwiegend nach El Salvador, Honduras und Nicaragua (*Landes* 1997).

5.2.3.2 Plantagenwirtschaft

Im Bereich der Plantagenwirtschaft ergeben sich andere Probleme. Seit den siebziger Jahren sinken allgemein die Preise für traditionelle Argarexportprodukte wie Kaffee, Zucker und Baumwolle. Die Plantagenbesitzer haben versucht, diesen Verlust durch Rationalisierung der Arbeitsabläufe und Ausdehnung der Anbauflächen auszugleichen, was vor allem beim Zuckerrohranbau auf dem ebenen Küstenstreifen der Pazifikküste möglich war. Der Baumwollanbau ist fast vollständig zum Erliegen gekommen. Bei Dauerkulturen wie Kaffee, die kontinuierlicher Pflege bedürfen, kann Technisierung nur bei sehr großen Betrieben kostendämpfend wirken.

Die *Finca Oná*, nördlich von Coatepeque (14° 45´30´´N/91°48) besitzt 32 *caballerías* (= 1440 ha) Kaffeekulturen, die Ernte wird über Lastwagen und eine Seilbahn organisiert, die Schäl- und Trockenanlagen zur Weiterverarbeitung sind vollautomatisch, ebenso wie die Verladung der gefüllten Säcke. Über eine hydroelektrische Anlage wird der benötigte Strom produziert. Die Produktionskosten für 50 kg grünen, geschälten Kaffee betrugen im Jahr 1995 70.- US-$ (*Stuhlhofer*, Interview v. 27.03.1995 m.d.A.).

Die Verkaufspreise für Kaffee lagen im Durchschnitt der Jahre 1990-1994 kaum über dieser Marke. Die zweitgrößte Kaffeevermarktungsfirma Guatemalas, *Transcafé*, gibt an, daß sich die Gewinnmarge ihrer Firma im Kaffeegeschäft um ein Prozent bewegt (*Nottebohm*, Interview v. 25.02.1997 m.d.A.). Kaffeeproduzenten ohne ausreichendes Kapital zur Technisierung ihrer Betriebe sparen zuerst an den Arbeitskräften, dann an den Düngekosten und dann an der Pflege ihrer Bestände. Ohne den neuerlichen Preisschub bei Kaffee 1995 und 1996 aufgrund der Frosteinbrüche in den brasilianischen Anbaugebieten hätten viele von ihnen bereits Konkurs anmelden müssen.

Insgesamt wird aber deutlich, daß der Kaffeeanbau keine großen Gewinnmargen mehr bereithält. Das schlägt sich in ungepflegten Kaffeekulturen und brach liegenden Parzellen auf vielen *Fincas* des pazifischen Küstengebietes nieder. Überschuldete Anwesen werden meist parzellenweise veräußert. Kleinproduzenten oder landlose Rückkehrer, die während des Bürgerkrieges nach Mexiko geflüchtet sind, kaufen diese Ländereien, wobei sie häufig von NROs oder Regierungsstellen vorfinanziert werden. Sie nutzen einige Parzellen zum Maisanbau, von dem die Familie überlebt und die Kaffeestöcke als *cash-crop*. Da der Kaffeeanbau von Kleinproduzenten aufgrund der handwerklichen Weiterverarbeitung der Bohnen (Vortrocknen, Schälen, Sortieren, Trocknen, Verpacken) sehr kostenintensiv ist, reicht der Verkaufserlös nicht aus, um den Kredit abzulösen.

Meist wirtschaften die Kleinproduzenten, ohne irgendeine Kalkulation angestellt zu haben. Sie wissen nicht, ob sie durch ihre Arbeit gewinnen, verlieren oder überleben (*Cárcamo*, Interview v. 12.10.1996 m.d.A.). Die Kaffeepflanzungen unterliegen durch diese Entwicklung einem stetigen Verfall. Die Gebäude und Verarbeitungsanlagen werden zwar gemeinschaftlich betrieben, aber nicht instand gehalten. Innerhalb des ehemaligen Plantagengeländes sind keine Transportmöglichkeiten vorhanden. Die Kaffeeernte wird in einzelnen Säcken von ihrem Besitzer zu den Hauptgebäuden gebracht, oder mit Hilfe von handbetriebenen Schälvorrichtungen weiterverarbeitet. Die Bepflanzungen waren meist bereits ungepflegt und überaltet, als die Parzellierung begann. Da ein junger Kaffeebaum frühestens nach acht Jahren Gewinn bringt, sind die Neusiedlerfamilien darauf angewiesen, mit dem überkommenen Bestand zu wirtschaften, auch wenn dessen Erträge unterdurchschnittlich sind.

Das Prinzip der Parzellierung ehemaliger Großbetriebe zeigt Abbildung 21.

Abb. 21: Parzellierung einer ehemaligen Kaffeeplantage

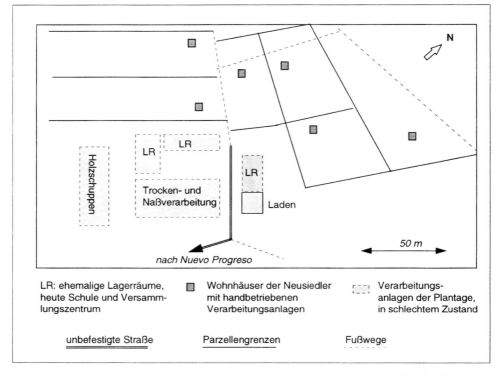

Christine Vogt 1998

In der Neusiedlung *Nuevo Emanuel*, der Gemeinde *Nuevo Progreso* teilen sich 200 Familien das Gelände einer ehemaligen Kaffeeplantage. Jede Familie bekam 32 *cuerdas* (1,5 ha), die zu ungleichen Teilen mit Mais und Kaffee bepflanzt werden (*Cárcamo* Interview v. 12.10.1996 m.d.A.). Es wird deutlich, daß die isolierte Lage der Wohnhäuser auf den Parzellen die Schaffung einer arbeitsgerechten Infrastruktur sehr kostenintensiv machen würde. Den Neusiedlern fehlen dazu die Mittel. Viele der Flüchtlinge, die nach Guatemala zurückkehren, hoffen, ein eigenes Stück Land bewirtschaften zu können. Die Aufteilung ehemaliger Kaffeeplantagen ist eines der Mittel, mit denen die Regierung die Forderungen des Friedensabkommens nach sozialer und wirtschaftlicher Integration dieser Menschen zu erfüllen versucht (*Larra* 1997 :5-6). Angesichts der finanziellen und ökologischen Hintergründe dieser neuen „Lebensgrundlage" darf am Erfolg des Konzeptes gezweifelt werden. Die Nutzung der einzelnen Parzellen verdeutlicht Abbildung 22.

Die Durchsetzung der einzelnen Parzellen mit Maiskulturen ist notwendig, um das Überleben der Familien zu sichern. Allerdings führen diese zu verstärkten Erosionsprozessen an steilen Hängen, die aufgrund des Klimas und der Exposition nur für Dauerkulturen wie Kaffee geeignet sind. Insgesamt gesehen stellt sich der Verkauf und die Aufteilung ehemaliger Großbetriebe an landsuchende Bauern als vorgezeichneter Weg zum Konkurs dar, der dem ehemaligem Eigner durch den Verkauf erspart blieb.

Abb. 22: Idealprofil einer Parzelle in Nuevo Emanuel

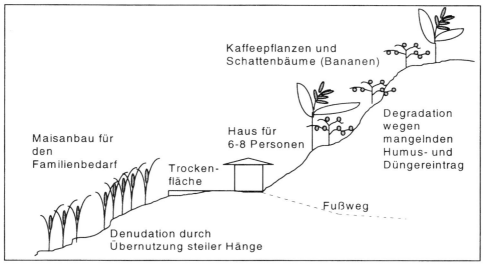

Kaffeepflanzen und
Schattenbäume (Bananen)

Degradation
wegen
mangelnden
Humus- und
Düngereintrag

Maisanbau für
den
Familienbedarf

Haus für
6-8 Personen

Trocken-
fläche

Fußweg

Denudation durch
Übernutzung steiler Hänge

Christine Vogt 1998

5.3 Zusammenfassung

Die kulturräumliche Struktur Guatemalas ist von der wirtschaftlichen Entwicklung der letzten zwei Jahrzehnte nicht entscheidend in ihren Grenzen verändert worden. Nach wie vor erscheint Guatemala nach außen als ein Land, das aufgrund seiner kolonialen Vergangenheit bestimmte wirtschaftsräumliche Prägungen aufweist, die für den lateinamerikanischen Raum insgesamt als typisch gelten. Die Besitzverteilung im Agrarsektor, die Dominanz der Metropole und der Mangel an staatlichen Infrastruktureinrichtungen im ländlichen Raum sind hier vor allem als interregionale Disparitäten zu nennen.

Hinsichtlich der wirtschaftlichen Aktivitäten, die gegenwärtig in Guatemala von hoher Bedeutung sind, stellt sich allerdings eine räumliche Gliederung ganz anderen Typs heraus. Die Monopolstellung einer kleinen Personengruppe dominiert die nationale Finanzwirtschaft und verhindert damit einen wirtschaftlichen Strukurwandel. Die überkommenen wirtschaftlichen Aktivitäten im Bereich des produzierenden Gewerbes, einschließlich des Agrarsektors, geraten daher zunehmend in Wettbewerbsprobleme, die sich nicht nachhaltig durch eine intensivierte Nutzung der gegebenen Flächen oder Ausweichmechanismen wie Migration und informelle Nebeneinkünfte werden lösen lassen. Daraus resultiert eine zunehmende interne Zersplitterung der vorhandenen Wirtschaftsräume und ihre Durchmischung mit Zonen informeller bis krimineller Wirtschaftsaktivität.

Die Tatsache, daß die Einkünfte aus illegalen Quellen für eine begrenzte Gruppe von Akteuren aus der obersten Gesellschaftsschicht erhebliche Summen ausmachen und auf stabilen und komplexen Organisationsformen beruhen, rechtfertigt, diese Aktivitäten als Teil des Wirtschaftslebens zu analysieren. Die sozialräumlichen Auswirkungen dieser Aktivitäten sind erheblich. Zunächst verhindern sie, ebenso wie die finanzwirtschaftliche Lage, eine Intensivierung von Tätigkeiten im produzierenden Sektor. Darüberhinaus schaffen sie ein Klima der Straffreiheit und subjektive Akzeptanz krimineller Handlungen, das sich auch in den anderen Bevölkerungsschichten durchsetzt. Davon ist dann die Alltagsgestaltung der

Menschen im städtischen und ländlichen Raum gleichermaßen betroffen. Auch hier zeigt sich aber eine interne Zersplitterung gewachsener sozialer Räume, wie z.B. der Wohnzonen der Hauptstadt, auf die die Betroffenen entweder mit Rückzugsbewegungen oder mit erhöhter Aggresion reagieren.

Die Handlungsstrategien der Wirtschaftsakteure tragen ebenfalls zur Zersetzung der traditionellen Wirtschaftsstrukturen bei. Das Interesse für kurzfristige, gering risikobehaftete Einkünfte, die Abwesenheit von mittel- bis langfristiger Planung und die Ablehnung eines Engagementes außerhalb der eng umgrenzten Familienökonomie sind auch Ursachen dafür, daß die kleinbäuerlichen und -gewerblichen Aktionsräume begrenzt bleiben. Mittelständische Unternehmer mit anderen Handlungsintentionen stehen vor dem Problem, daß sie keinerlei Einflußmöglichkeiten auf die Rahmenbedingungen des Wirtschaftslebens haben. Zu teure Kredite, eine mangelhafte Infrastruktur, kaum ausgebildetes, gering engagiertes Personal und Wechselkursnachteile kennzeichnen ihre Arbeitsbedingungen. Die beiden möglichen Ausweichstrategien: Migration oder Kriminalität, verfestigen die beschriebenen Strukturen und lassen gegensystemische Alternativen immer unwahrscheinlicher werden. Die wirtschaftsräumliche Entwicklung wird daher auch in Zukunft von dem Kampf um die zu geringen und eigenständig begrenzten Ressourcen für die Mehrheit der guatemaltekischen Bevölkerung gekennzeichnet sein. Die kleine Gruppe von Profiteuren wird demgegenüber versuchen, ihre Wirtschafts-und Lebensräume noch nachdrücklicher vor potentiellen „Eindringlingen" zu schützen. Die Aussichten für ein gewaltfreies Zusammenleben und wirtschaftliche Umverteilung sind daher schlecht.

6. Theoretische und empirische Grenzen geographischer Analyse

In den vorangegangenen drei Kapiteln wurden die Ergebnisse der empirischen Untersuchungen zur wirtschaftsräumlichen Differenzierung Guatemalas vorgestellt. Die handlungsorientierte Analyse von Raumstrukturen unterschiedlicher Größenordnung war dabei zunächst auf die Erklärung der Rolle einzelner Akteure in gesellschaftlichen Machtpositionen ausgerichtet (Kap. 3). Es wurde deutlich, daß diese für die Entstehung und Dauer bestimmter Handlungsregeln verantwortlich sind, die den wirtschaftlichen Aktionsraum der guatemaltekischen Bevölkerung beeinflussen.

Individuelle Handlungsstrategien von Akteuren im ländlichen und städtischen Raum führen nicht zu einer Veränderung der strukturellen Handlungsregeln, sondern diese werden akzeptiert oder ignoriert (Kap. 4). Die Folgen der Handlungsstrategien aus je unterschiedlichen Machtpositionen heraus sind unter anderem materieller Art und beeinflussen einerseits historisch entstandene und bilden andererseits neue kulturräumliche Strukturen (Kap. 5).

An dieser Stelle ist es nun notwendig, über die theoretische Erklärungstiefe und empirische Durchführbarkeit handlungsorientierter Analysen für geographische Fragestellungen erneut zu reflektieren. Darüber hinaus ist es wichtig zu klären, in welchem Verhältnis globale Systeme zu regionalen wirtschaftlichen Aktionsräumen stehen.

Wenn es so ist, daß Institutionen des kapitalistischen Wirtschaftssystems gesellschaftlich mächtigen Akteuren ermöglichen, materielle Vorteile auf Kosten vieler anderer Menschen zu erhandeln, dann sind lokale Wirtschaftsräume mit globalen Strukturen verbunden. Die wirtschaftsgeographische Auseinandersetzung mit diesem Zusammenhang kann engagiert für betroffene Menschen Stellung nehmen und interdisziplinäre Lösungsansätze unterstützen. Zum Abschluß dieses Kapitels geht es daher um das Konzept der Sozialgeographie als handlungsorientierte, engagierte und interdisziplinär arbeitende Regionalwissenschaft.

6.1 Die theoretischen Grenzen einer handlungsorientierten Wirtschaftsgeographie

6.1.1 „Action Settings", „Räumlichkeit" und „Region"

In der neueren Diskussion um die Bedeutung handlungstheoretischer Forschung für die Humangeographie wird unter anderem danach gefragt, ob und wie eine „moderne sozialwissenschaftliche Raumtheorie" (*Weichhart* 1996a :39) entwickelt werden könne. Die Positionen dazu sind kontrovers. *Weichhart* fordert, die künstliche Trennung zwischen sozialen und physisch-materiellen Strukturen zugunsten eines Konzeptes aufzugeben, das die Umwelt von Akteuren als „systemimmanentes Strukturprinzip des Sozialen" (1996a :39) anspreche.

Es gibt mehrere Argumente, die für diese These sprechen: Wenn sich Individuen z.B. mit der Umgebung, in der sie leben oder mit ihrem Geburtsort identifizieren, benutzen sie eine räumliche Projektionsfläche, um soziale Wertmaßstäbe auszudrücken. Dies ist einer der unbestreitbaren Fälle der Verschränkung physisch-materieller Gegebenheiten mit der sozialen Welt im Bewußtsein von Akteuren.

Obwohl, oder vielleicht gerade weil Akteure gegenwärtiger Gesellschaften immer weniger dazu gezwungen sind, auf ihre direkte physische Lebensumwelt Bezug zu nehmen, um sich zu informieren, zu arbeiten, sich zu entspannen usw., treten subjektive „Wahrnehmungsregionen" (*Weichhart* 1996a :37) als identitätsschaffende Konstrukte im individuellen Bewußtsein immer mehr in den Vordergrund, wodurch gesellschaftliche Systeme auch in räumlichen Dimensionen differenziert werden.

Diese Überlegungen schaffen eine theoretische Grundlage für geographische Untersuchungen im Bereich kleinerer Einheiten, wie der subjektiven Bewertung und Nutzung von Stadtvierteln oder öffentlichen Räumen, die schon eine gewisse Tradition haben. *Hard* (1989) prägte den Begriff des „hermeneutischen Spurenlesens", der Interpretation materieller Handlungsfolgen, die Teil der regionalgeographischen Analyse sein müsse. Auf diese Weise gewonnene Ergebnisse sind relevant für raumplanerische Ansätze, die darauf abzielen, die Lebensqualität in untersuchten Alltagsregionen zu erhöhen (*Weichhart* 1997a).

Abgesehen von dem Konzept alltagsweltlicher Identifikation mit Orten oder Regionen, bestehen noch ganz andere Beziehungen zwischen der sozialen und physisch-materiellen Welt, die ebensowenig ontologisch voneinander zu trennen sind. Es handelt sich um die Konfiguration beliebiger Akteure, spezifischer Handlungstypen und eines materiellen und sozialen Kontextes, die *Weichhart* (1996a :40) in Anlehnung an *Barker* (1968) als „action setting" bezeichnet: Die Verwirklichung von Handlungen oder auch ganzen Handlungsprogrammen ist in den meisten Fällen davon abhängig, daß die daran beteiligten Akteure an einem bestimmten Ort anwesend sind, dieselben Handlungsintentionen haben und sich der Ort hinsichtlich seiner materiellen Ausstattung und seines subjektiv wirksamen Identifikationsangebots zur Ausführung des gemeinsamen Projektes auch eignet. Eine Theateraufführung, ein Fußballspiel, ein Wochenmarkt, eine Vorlesung, eine Bergwanderung usw. sind typische Beispiele hierfür.

Daher behauptet *Weichhart*, daß die Räumlichkeit des Sozialen Teil seiner Systemkonstitution sei (1996 :41). Damit erweitert er das Konzept von *Giddens* (1992), dessen Begriff der Regionalisierung als durchaus ambivalent und in gewisser Hinsicht auch oberflächlich gelten kann, da für ihn die „Region" lediglich in der raumzeitlichen Verortung typischer Handlungsmuster faßbar wird (Vgl. Kap. 2). *Weichhart* (1996a :41) schlägt vor, unter „Regionen" ein Gefüge von miteinander in funktionaler Beziehung stehender *action settings* zu verstehen, die ein Gefüge auf der Meso- oder Makroebene bildeten, das in sich zeitlich instabil und innerlich differenziert ist und durch den Handlungsvollzug interagierender Akteure je konstituiert und reproduziert wird.

In der Stadt Duisburg findet seit einiger Zeit ein Konzept Anwendung, das *Weichharts* Überlegungen bestätigt: In einigen Stadtteilen, die durch hohe Arbeitslosigkeit, einen beträchtlichen Ausländeranteil und eine stark erneuerungsbedürftige Bausubstanz gekennzeichnet werden, gelang es, die Zerstörung öffentlicher Anlagen und Einrichtungen zu begrenzen. Das Konflikt- und Gewaltpotential, das in Stadtvierteln mit schwierigen sozialen Bedingungen existiert, äußert sich meist in Aggression gegen Gegenstände oder Personen. Sind einmal einige Fensterscheiben eingeworfen, dauert es nicht lange, bis die übrigen auch zu Bruch gehen, und der bauliche Verfall des Viertels nimmt zu, analog zur sozialen Desintegration und ausgelebten Aggression seiner Bewohner. Durch gezielte Bürgeraktionen wurde aber diese *Region* bestimmter Stadtzonen anders geprägt. Man traf sich, um die Gehsteige zu säubern, den Park zu pflegen etc.. Diese regelmäßig wiederkehrenden *action settings* wirkten sich auf die subjektive Bewertung des eigenen Lebensumfeldes positiv aus. Die Bereitschaft das eigene Viertel instand zu halten und vor Zerstörung zu schützen, griff um sich und wird heute von den meisten Bewohnern geteilt und handelnd reproduziert. Die Stadtkämmerin von Duisburg nennt diesen Zusammenhang „broken-windows"-Konzept, ausgehend von der Gewißheit, daß dort, wo schon Fensterscheiben zerbrochen sind, auch weitere eingeworfen werden (*Reitz/Thoms* 1997 :15).

Sowohl die theoretische, als auch die praktische Auseinandersetzung mit den Konstituenten einer neuen sozialwissenschaftlichen Raumtheorie hat bislang schwerpunktmäßig in Bezug auf stadtgeographische Themen stattgefunden (*Weichhart* 1990, 1996a, 1996b, 1997a, *Escher /Wirth* 1992). Im Bereich der Wirtschafts- und Sozialgeographie stand diese bislang noch aus (*Weichhart* 1997b :13).

6.1.2 Eine „Geographie ohne Raum" und „alltägliche Regionalisierungen"

Mit der „Sozialgeographie alltäglicher Regionalisierungen" stellt *Werlen* aus sozialonto-logischer (1995, Bd. 1) und methodologischer (1997, Bd. 2) Sichtweise dar, auf welchen Bedingungen eine zeitgemäße Sozialgeographie beruhen könne. Wie schon in den Grund-thesen über die „Geographie ohne Raum" (1993) geht es *Werlen* um eine handlungstheore-tisch orientierte Sozialgeographie, die den veränderten Bedingungen spätmoderner Gesell-schaften Rechnung trage. Er fordert nicht weniger als eine Veränderung der Forschungskon-zeptionen, des methodischen Vorgehens und der Ergebnisdarstellung humangeographischer Arbeiten. Damit vertritt er den Anspruch einer grundlegen Neuausrichtung der Sozialgeogra-phie.

Der theoretische und methodische Rahmen für die vorliegende Untersuchung wurde aus den früheren Überlegungen von *Werlen*, der Theorie der Strukturierung von *Giddens* und programmatischen Aussagen *Weichharts* abgeleitet. Offen blieb aber zunächst noch das Konzept der „Regionalisierung" (Kap. 2). An dieser Stelle ist es daher angebracht, die neuen Aspekte in der theoretischen Auseinandersetzung um eine handlungsorientierte Sozialgeogra-phie kritisch darzustellen und in Bezug zu den empirischen Ergebnissen der Kapitel 3 bis 5 zu setzen.

Ausgehend von der Konzeption *Kants* versteht *Werlen* „Raum" als dreidimensionales Ordnungsraster, das als ideales Konzept, ebenso wie „Zeit", die relative Position von Gegenständen auszudrücken vermag (1993 :245). „Raum" stelle somit kein Objekt hinter den materiellen Gegebenheiten dar. Daraus leitet er ab, daß daher auch jeder Form empirischer Raumwissenschaft die Grundlage entzogen sei (1993 :250; 1995 :241). Als angemessener Gegenstand geographischer Forschung gelte vielmehr das Handeln der Subjekte unter be-stimmten räumlichen und zeitlichen Bedingungen (1993 :252; 1995 :243). Teil dieser Bedin-gungen sind auch gesellschaftliche Machtverhältnisse, wenn Macht als Verfügungsgewalt über materielle Ressourcen verstanden werde (1993 :252; 1997 :64-65).

Die räumliche Ordnung materieller Gegebenheiten ist dann einerseits als Ausdruck beste-hender Machtverhältnisse und andererseits als Bedingung, Ursache und Folge des Handelns von Akteuren zu interpretieren (1993 :252, 1995 :6, 1997 :64). Die Analyse selbst müsse sich auf subjektiv konstituierte Lebensformen konzentrieren (1997 :287). Dabei werden struk-turelle Aspekte in Verbindung zum je individuellen Handlungsvollzug thematisiert, wie das Konzept der Strukturationstheorie von *Giddens* fordere (1995 :72-73). Schließlich sei der Charakter spätmoderner Gesellschaften zu berücksichtigen, der sich durch eine Dialektik des Globalen und Lokalen auszeichne (1993 :253; 1997 :16) und durch die raum-zeitliche „Entan-kerung" ihrer Akteure (1993 :250, 1995 :12, 134).

Diese Überlegungen führen zu folgender (Neu)Definition des Regionalisierungskonzeptes: „Regionalisierung ist [...] Ausdruck des täglichen Geographie-Machens durch die handelnden Subjekte unter spät-modernen, globalisierten Lebensverhältnissen. Wissenschaftliche Analy-sen der Anthropogeographie sollen diese alltäglichen Regionalisierungsprozesse systematisch rekonstruieren und beurteilbar machen" (1997 :16). Die Lage- und Ortskenntnis der Dinge und Lebensverhältnisse liegt dabei vor der wissenschaftlichen Auseinandersetzung (1997 :6).

Diese Argumentation knüpft an die Überlegungen *Werlens* von 1986 und 1988 an, und steht, wie u.a. die Verweise zeigen, in engem Zusammenhang mit den Aussagen von 1993 zu einer „Geographie ohne Raum". Die eigentliche Leistung der „Sozial-geographie alltäglicher Regionalisierungen" (1995, 1997) liegt daher weniger in der revolutionären Neuheit der vorgestellten Thesen, sondern in deren umfangreicheren Herleitung auf der Grundlage bereits vorliegender soziologisch-geographischer Forschungskonzeptionen (1997, Kap. III und IV) und ihrer philosophischen Verankerung (1995, Kap. III und IV).

6.1.2.1 Kritik

Kritisch anzumerken wären folgende Punkte:

Zur Regionalisierung:

Die Definition von „Regionalisierung", als „alle Formen, in denen die Subjekte über ihr alltägliches Handeln die Welt einerseits auf sich beziehen, und andererseits erdoberflächlich in materieller und symbolischer Hinsicht über ihr Geographie-Machen gestalten" (1997 :212), ist an dieser relativ späten Stelle der Auseinandersetzung noch sehr vage gehalten. Sozialgeographische Forschung solle Antworten auf die Fragen finden, wie „Raum" sozial konstituiert und intern differenziert wird, sowie welche Bedeutung „Raum" für die Aufrechterhaltung sozialer Praxis hat (1997 :217). Einfacher ausgedrückt geht es um die „Erschließung der Verhältnisse von Gesellschaft, Handlung und räumlichen Bezügen" (1995 :5). Aber gerade die Schnittstellen zwischen diesen drei Bereichen werden von *Werlen* nicht thematisiert (*Blotevogel* 1997).

„Räumliche Bezüge" wiederum werden lediglich über den Spiegel des Bewußtseins individueller Akteure hergestellt. Diese radikale Subjektzentrierung, die die physische Welt lediglich über das Prinzip der „Körpererfahrung von Raum" (1997 : 208) einbezieht, hat weitergehende Folgen: Die Bedeutung von Ressourcen, die zur Deckung der Lebensbedürfnisse von Menschen dienen, wird nicht angesprochen oder analysiert. Die Forderung, materielle Gegebenheiten als Bedingung, Ursache und Folge von Handlungen anzusprechen (1993 :252, 1995 :6, 1997 :63), löst *Werlen* also nur teilweise ein.

Darüberhinaus sei die Konzeption *Werlens* weder dazu geeignet zu klären, wie Verantwortungsbewußtsein bei Akteuren entsteht, noch sind aus ihm Handlungsaufforderungen zu rechtfertigen. Damit ist dieses methodologische Prinzip ethisch neutral und erkläre nicht, wie Gesellschaftskonstitution und individuelles Handeln sich gegenseitig bedingen (*Oßenbrügge* 1997). Die Verantwortung für bestimmte Handlungsfolgen kann zwar nachträglich einzelnen Akteuren zugewiesen werden, aber auf das kritische Potential, das in der Strukturanalyse gesellschaftlicher Systeme und ihrer Mechanismen steckt, wird verzichtet. Das ist umso erstaunlicher, als *Giddens*, auf den sich *Werlen* ja fortwährend bezieht, diese im Zusammenhang der Diskussion um die „Dialektik der Herrrschaft" und „Dualität von Struktur" ausdrücklich einfordert (*Giddens* 1992 :67, 77).

Insgesamt haben die Aussagen zum Konzept der „Regionalisierung" eher programmatischen als forschungsleitenden Charakter, denn der Bezug zu konkreten empirischen Untersuchungen hat *Werlen* bis zum Erscheinen von Band 3 der „Sozialgeographie alltäglicher Regionalisierungen" aufgeschoben (1997 :421). Hinweise auf die empirische Umsetzung seiner Theorie sind hermetisch formuliert und auf einem sehr hohen Abstraktionsniveau angesiedelt (1997 :401-402). Die neu vorgeschlagenen „Typen von Regionalisierung", sollen nach produktiv-konsumptivem (1997 :271-273), normativ-politischem (1997 :273-275) und informativ-signifikativem (1997 :275-276) Bereich unterteilt werden. Offen bleibt dabei aber, welcher der Vorteil solcher normativen Setzungen ist, die völlig ungenügend die Struktur wirtschaftlicher Systeme in Kategorien fassen.

Zur Methodologie:

Es ist methodologisch fragwürdig, alltägliche Handlungen zur Grundlage einer neuen Forschungssicht zu erklären, deren Beschreibung und Erklärung aber aus rein wissenschaftstheoretischer Überlegung heraus zu konzipieren und empirische Untersuchungen nicht zur Weiterentwicklung dieser theoretischen Fragestellungen zu nutzen. Wichtige Besonderheiten der Alltagswelt von Handelnden erschließen sich möglicherweise nur, wenn die Interpretation konkreter Handlungen dem Prinzip der Offenheit qualitativer Sozialforschung verpflichtet ist (*Lamnek* 1993, Bd. 2 :17), und eben nicht auf einem vorgefertigtem Analysemuster beruht.

Analog dazu ist auch *Werlens* Verständnis des methodologischen Dualismus kritisierbar: „In objektiver Perspektive sind die subjektiven Gründe und Ziele des Handelns [...] einzuklammern" (1995 :72-73). Gerade der gegenseitige Bezug zwischen objektiver und subjektiver Perspektive ist das Neuartige an der „Theorie der Strukturierung" von *Giddens* (1992), auf die auch *Werlen* aufbaut. Es kann nicht sinnvoll sein, objektive Strukturen als „gegeben" zu analysieren, sondern auch diese sind Handlungsprodukte. Wie die empirischen Untersuchungen aus Kap. 3 zeigen, sind gesellschaftliche Strukturen in hohem Maße mit der Einflußnahme gesellschaftlich mächtiger Akteure verbunden. Daher ist der Rückbezug auf Handlungsvollzüge konkreter Akteure auch zur Analyse „objektiver Strukturen" entscheidend. Das Besondere an der Analyse aus objektiver Perspektive ist, daß der Schwerpunkt auf die Beschreibung und Erklärung gesellschaftlicher Strukturen gelegt wird.

Zum Verständnis des „Raumes":

Das „Ende der Raumwissenschaft" zu erklären gilt nur, wenn man Raumwissenschaft prinzipiell als geodeterministische Forschungskonzeption versteht. *Werlen* findet diesen Aspekt bis hin zu den neueren Ansätzen der „Bewußtseinsraumforschung" (1997 :75). Aber der Bezug zur Raumkonzeption *Kants* reicht für die Behauptung nicht aus, daß „die Geographie" auf das „Forschungsobjekt Raum" verzichten könne (1997 : 62). Notwenig ist vielmehr eine Neudefinition, was unter raumbezogener Forschung sinnvollerweise verstanden werden soll.

Es bietet sich etwa an, Handlungen in einem ökonomisch, politisch oder sozial abgrenzbaren Gebiet (z.B. Europäische Union, Nationalstaaten, Stadtbezirke) hinsichtlich einer problemorientierten Perspektive, die inhaltlich mit der getroffenen Abgrenzung zusammenhängt, zu untersuchen. Das wäre keine „Verortung von Handlungen", sondern deren Analyse hinsichtlich ihrer Besonderheiten in einem spezifischen räumlichen Kontext und möglicherweise der Wechselwirkungen zwischen Handlungsumgebung und -vollzug.

Eine zweite Möglichkeit raumbezogener Forschung wäre, materielle Phänomene und ihre räumliche Verbreitung unter anderem *auch* auf menschliches Handeln zurückzuführen, um diese angemessen erklären zu können. Wenn *Werlen* davon ausgeht, daß materielle Gegebenheiten nicht nur als Folge, sondern auch als „Bedingung und Ursache" menschlichen Handelns gelten können (1993 :252, 1995 :6, 1997 :63), müssen diese in ihrer Art und Weise zunächst wissenschaftlich erfaßt werden. Lage- und Ortsbeschreibungen von Dingen der physischen Welt sind sicherlich noch vorwissenschaftliche Leistungen, aber deswegen sind nicht alle Betrachtungen, die mit Lage- und Ortsbeziehungen zu tun haben, grundsätzlich propädeutisch. Denn die Auswahl spezifischer materieller Gegebenheiten neben anderen und die Herleitung, warum gerade jene Handlungsrelevanz aufweisen, muß auf Kriterien und argumentativer Auseinandersetzung beruhen, die wissenschaftlichen Ansprüchen genügen.

Was Regionalisierung ohne Raumwissenschaft sein soll, formuliert *Werlen* (1997 :64) so: Das „zentrale Interessensfeld" der Sozialgeographie sind nunmehr „die Geographien, die wir unter spezifischen sozialen, kulturellen und wirtschaftlichen Bedingungen alltäglich leben und teilweise neu entwerfen". Auf welcher Maßstabsebene jene „Geographien", beziehungsweise „Regionen" angesiedelt sind, deutet er anhand der gewählten empirischen Belege an. Diese Beispiele (*Werlen* 1997 Kap. 4.5), die sämtlich dem Hauptwerk von *Giddens* (1992) entnommen wurden, suggerieren ausnahmslos, daß „Regionalisierung" allein auf einer sozialen Mikroebene stattfinde. Betrachtet wird die handelnde Nutzung von Raumausschnitten in der Schule, einer Fabrikhalle oder in Gefängnissen. Mit dieser Perspektiveinengung weicht *Werlen* dem Thema „Regionalisierung auf großmaßstäbigerer Ebene" aus, und zwar sowohl in räumlicher als auch in sozialer Hinsicht.

Werlen behauptet, daß „Räume und Regionen [...] von den Subjekten sinnhaft konstituierte soziale Wirklichkeiten" sind (1997 :208). Unklar ist, warum diese als soziale Wirklichkeiten das *fachspezifische* Interesse von Geographen anregen sollten. Nicht mehr der Himalaya interessiert im Rahmen von *Werlens* neuer Sozialgeographie, sondern die „Sehnsucht Selbst-findung" in dieser Umgebung der Berge (1997 :412). Das grenzt an eine Art Befindlichkeits-forschung, die den Blick auf das Innenleben einzelner Akteure verengt. Orte werden ihres materiellen Charakters beraubt und nurmehr in den auf sie projizierten Bedeutungszuweisun-gen aus Forschersicht wahrgenommen (1997 :413-414). Aus der berechtigten Kritik an der traditionellen und Regionalgeographie, die *Werlen* seit 1987 immer wieder äußert, wird so eine dogmatische Gegenposition, die in ihrer Ausgrenzung ebenso problematisch ist, wie überholte Forschungspositionen.

Gerade in diesem Zusammenhang werden seine Thesen von der „Geographie ohne Raum" erneut fragwürdig. In Abschnitt 6.2 werden daher eigene empirische Ergebnisse in Verbin-dung mit dem „Setting"-Konzept gebracht, um die Räumlichkeit von Handlungen auf unterschiedlichen Maßstabsebenen genauer zu betrachten.

Zum Verständnis spätmoderner Gesellschaften:

Es scheint also, daß der grundlegende Widerspruch in *Werlens* Konzeption der „Sozialgeo-graphie alltäglicher Regionalisierungen" in der Ablehnung liegt, daß eine handlungszentrierte Untersuchungsperspektive gleichzeitig auch raumbezogen differenzieren könnte. *Werlen* begründet dies vor allem mit der Ontologie von „Raum" in spätmodernen Gesellschaften. Seine Argumentation weist aber entscheidende Schwachstellen auf: Eine der zentralen Thesen lautet, daß soziale und kulturelle Bedeutungen, räumliche und zeitliche Komponenten des Handelns in solchen Gesellschaften nicht mehr auf festgefügte Weise miteinander verkoppelt seien, sondern „über einzelne Handlungen der Subjekte auf je spezifische und vielfältigste Weise immer wieder neu kombiniert" werden (1993 :250, 1995 :12, 134). Die Konstitution gesellschaftlicher Systeme wäre dann innerhalb eines raum-zeitlichen Kontinuums nicht mehr denkbar. Die einzelne Handlung des ungebundenen Akteurs wäre darüber hinaus die einzige zu rechtfertigende Analyseeinheit handlungstheoretischer Untersuchungen.

Dementsprechend bezieht *Werlen* auch die Begriffe von „Regionalisierung", „Zonierung" und „Schauplätzen" in Beispielen ausschließlich auf eine räumliche Mikroebene (1997 :169-171). Das ist nicht praktikabel, und widerspricht auch der subjektiven Alltagserfahrung von Menschen, die z.B. ihre kulturräumliche Herkunft als Teil ihrer Identität betrachten oder sich ausdrücklich als Mitglied einer sozialen Gruppe identifizieren, die auch raum-zeitlich verankert ist.

Ohne die verschiedenen Systeme geopolitisch-kultureller Unterteilungen (*Oßenbrügge/ Sandner* 1994) überstrapazieren zu wollen, kann man dennoch davon ausgehen, daß eine Vielzahl gesellschaftlicher Systeme mit je unterschiedlichen Mischungsverhältnissen traditioneller und moderner Elemente unterschiedlicher kultureller Bedeutung gleichzeitig auf der Erde vorkom-men. *Werlen* spricht zwar von der „Gleichzeitigkeit des Ungleichzeitigen", und der Tatsache, daß traditionale Handlungsmuster nurmehr „Möglichkeiten" darstellen (1997 :4), bezieht sich in seiner folgenden Argumentation aber nurmehr auf spätmoderne Gesellschaften. Schon die idealtypische, dichotomische Darstellung von traditionellen und spätmodernen Gesellschaf-ten ist eine stark verkürzte Sichtweise, die nicht einmal innerhalb Europas Gültigkeit hätte:

> *„Einzelne Handlungsabläufe können innerhalb eines einzigen Tages auf die verschie-densten, ehemals nationalen oder regionalen Kulturen Bezug nehmen. Handelnde lösen, an beinahe beliebigen Standorten, Segmente aus globalen Informationsströmen heraus. Diese Informationen können zur Veränderung der Lebenspolitik und -form führen [...] Da weder der Zugriff auf diese Informationen noch deren Interpretation räumlich abhängig sind, greifen sowohl Raumforschung als auch die Versuche, sozial-kulturelle Verhältnisse in räumliche Kategorien zu typisieren, zu kurz"* (Werlen 1993 :250).

Die Schlußfolgerung, die er im Zusammenhang mit der Rolle postmoderner Akteure in einer globalen Gesellschaft zieht, ist unlogisch: Zunächst ist es fraglich, ob das Herauslösen von Bruchstücken aus globalen Informationsströmen als Bezugnahme auf „ehemals regionale oder nationale Kulturen" angesehen werden kann. Denn die gebotenen Informationen in Medien wie Radio, Fernsehen oder Internet betreffen in den meisten Fällen die Gegenwart, haben also wenig mit ehemaligen Kulturen zu tun. Außerdem ist der beschriebene, einseitige kommunikative Akt nicht gleichbedeutend mit Handlung schlechthin, sondern genau der Einzelfall, in dem auf die Kopräsenz von interagierenden Akteuren verzichtet werden kann.

Der Zugriff auf globale Informationsströme ist darüberhinaus räumlich abhängig: In der ehemaligen DDR wurden Westprogramme gezielt mit Funkwellen gestört. Die Kosten für den Internetanschluß können sich nur Personen mit einem bestimmten Einkommensniveau leisten, die zudem in einem Land leben, wo die notwendigen Leitungen auch flächendeckend verlegt sind. Die Interpretation der gebotenen Informationen hängt von der lokalen Qualität der Bildung ab, die ein Akteur erhalten hat und davon, ob in seinem Land Nachrichten zensiert werden. Daher ist die Existenz moderner Medien kein Garant dafür, daß im „globalen Dorf" jeder mit jedem prinzipiell vernetzt sei (*Werlen* 1997 :398).

Daß neue Informationen zur Veränderung der Lebenspolitik und -form führen können, ist kein herausstechendes Merkmal spätmoderner Gesellschaften. Was die Mikro-Ebene des einzelnen Akteurs und seine je individuellen Entscheidungen mit der Konstitution sozial-kultureller Verhältnisse zu tun haben, läßt *Werlen* offen. Er könnte dies auch nicht erklären, da er das gesellschaftliche Leben als vielschichtiges und unverbundenes Nebeneinander von Handlungsprogrammen einzelner Akteure kennzeichnet. Wäre schließlich die postulierte Unverbundenheit von Handlung und Raum konsequent durchgeführt, dürften Begriffsver-bindungen wie *„regionale Kulturen"* in seiner Argumentation nicht auftauchen.

Zum Verständnis der Globalisierung:

Ein weiteres Argument richtet sich gegen folgende Aussage: „Globale Zusammenhänge sind konstitutiv für alltägliche Handlungen auf lokaler Ebene und lokale Handlungen haben globale Konsequenzen" (*Werlen* 1993 :250). Das ist sicherlich richtig, trifft aber auch für traditionelle Gesellschaften zu und nicht nur für spätmoderne. Hätte Königin Isabela Kolum-bus´ Amerikafahrt nicht finanziert, wäre Lateinamerika heute etwas anderes. Ohne den Bourbonenkrieg hätten einige lokale *Caudillos* auch niemals die Unabhängigkeitskämpfe in Zentralamerika angestiftet und gewonnen.

Globale Informationen existieren nach wie vor mit Zugangsbeschränkungen, die Ver-schränkung von Akteuren in globalem Handeln ist nach wie vor nur auf eine „Expertenkaste" zu beziehen. Entgegen *Werlens* Verständnis (1997 :235) liegt die Dynamität von Globalität und Globalisierungsprozessen heute *vor allem* im ökonomischen System des Kapitalismus begründet, das ohne Rücksicht auf ontologische Differenzierung von Gesellschaftssystemen auf der Skala von traditionell bis modern Eingang in das Alltagsleben von Akteuren findet. Zu diesem Thema werden in Abschnitt 6.2 weitere Überlegungen angestellt werden.

Schlußfolgerung:

Wenn also die ontologische Beschreibung von „Gesellschaft", die *Werlen* anbietet, nicht zutrifft, diese aber wiederum die Grundlage für die Forderung liefert, alle räumlichen Aspekte, die über die Körpererfahrung von Akteuren hinausgehen, in geographischer Forschung zu vernachlässigen, dann ist auch diese methodologische Schlußfolgerung falsch. Vielmehr müssen sinnvolle Bezüge zwischen handlungsorientierter Forschung und dem theoretischen, methodischen und empirischen Rahmen der Sozialgeographie hergestellt werden.

6.1.3 Wirtschaft, Struktur, Handlung und Raum

Eine sozialwissenschaftliche *Raum*theorie bietet *Werlen* mit der „Sozialgeographie alltägli-cher Regionalisierungen" nicht an. Da seine kategorische Abneigung, soziale Phänomene in Wechselwirkung mit physisch-räumlichen Aspekten zu begreifen, so nicht akzeptiert werden kann, soll die Terminologie *Weichharts* hier wieder aufgenommen und auf wirtschaftsgeographische Fragestellungen bezogen werden. Die Ergebnisse der eigenen empirischen Untersuchungen aus den Kapiteln 3 bis 5 lassen zunächst folgende Schlüsse auf theoretischer Ebene zu:

1. Für die soziale Welt:

Strukturelle Rahmenbedingungen der Nationalwirtschaft Guatemalas wie Zinssätze, Wechselkurse, Investitionstätigkeit, Inflation und Inlandsverschuldung hängen direkt mit den Handlungen einzelner Akteure in gesellschaftlichen Schlüsselpositionen zusammen. Folgewirkungen wie eine negative Außenhandelsbilanz, geringes Wirtschaftswachstum, hohe Arbeitslosigkeit, mangelnde Infrastrukturausstattung und die zunehmende Verarmung von drei Vierteln der Bevölkerung liegen daher zum Teil auch in der Verantwortung dieser Akteure. Da es bislang keine wirksame Instanz gesellschaftlicher Kontrolle über deren z.T. illegale Einflußnahme gibt, konnte das Handlungsprogramm einer „Rentiersklasse", die gesellschaftlich-finanzielle Vormachtstellung zu erlangen und zu verteidigen, ungehindert vollzogen werden. Die institutionellen Möglichkeiten, die das kapitalistische Geld- und Produktionssystem bietet, bilden eine wichtige Grundlage zur Verwirklichung dieses Programmes.

Daher kann man die Strukturdaten zur guatemaltekischen Wirtschaftsentwicklung als Handlungsergebnis einer Unternehmerschicht deuten, die ungestört von ethischen oder gesetzlichen Beschränkungen vorgeht. Einkommenskonzentration einerseits und sich verschärfende Verarmung andererseits sind daher national reproduzierte Strukturphänomene, deren ursächliche Konstitution in Zusammenhang mit der Ausdehnung des kapitalistischen Weltsystems, modern formuliert: dem ökonomischen Globalisierungsprozeß, steht.

2. Für die materielle Welt:

Es bestehen sowohl direkte als auch vermittelte Zusammenhänge zwischen den makroökonomischen Wirtschaftsstrukturen und der flächenräumlichen Nutzung und Prägung des guatemaltekischen Staatsgebiets.

Direkte Zusammenhänge bestehen z.B. zwischen der Lage und Anzahl von Bankgebäuden und Finanzierungsgesellschaften im städtischen Bereich und den Möglichkeiten zu gewinnbringender Finanzspekulation für deren Betreiber. Einen mittelbaren Bezug weist z.B. die Persistenz landwirtschaftlicher Nutzungsformen (Plantagen- und Minifundiowirtschaft) mit dem Mangel an erfolgversprechenden Investitionen im gewerblichen Bereich aufgrund hoher Finanzierungskosten, geringer Inlandskaufkraft und schlechter Exportbedingungen auf. Oder: Die Ausdehnung krimineller Aktionsräume im städtischen und ländlichen Bereich hängt mittelbar mit dem Mangel an gesellschaftlich verbindlichen Kontrollmechanismen und dem Mangel an Verdienstmöglichkeiten zusammen.

6.1.4 Zusammenfassung

Hinsichtlich der Terminologie für die jeweiligen Wechselbeziehung zwischen (wirtschaftlichen) Strukturen, Handlung und Raum, wird als Ergebnis der theoretischen Auseinandersetzung vorgeschlagen:

Das „*Setting*", als Teilbereich des Aktionsraums, konstituiert sich, wenn Akteure die Möglichkeit zum Handeln im konkreten, punktuellen Handlungsvollzug verwirklichen.

Unter „*Aktionsraum*" wird der physische Ausschnitt des menschlichen Bewegungsraums verstanden, in dem Individuen aufgrund ihrer Handlungskompetenz, der materiellen Möglichkeiten und mit gesellschaftlicher Akzeptanz ihr soziales und physisches Umfeld prägen können. Beispiele für die Diversität und Konstitution wirtschaftlicher Aktionsräume in Guatemala wurden in Kapitel 5 vorgestellt. Sie strukturieren sich durch eine Bündelung und Vernetzung spezifischer Settings, die sich aus der je problemorientierten Perspektive ergeben. „*Regionen*" schließlich sollen als Zusammenschlüsse von Aktionsräumen gelten. Als Erweiterung der Terminologie von *Giddens* um die räumliche Komponente kann das Setting als raumzeitlich am geringsten, der Aktionsraum in mittlerer Hinsicht und die Region am stärksten ausgedehnt verstanden werden. Denn ebenso wie Strukturmomente, Strukturprinzipien und Institutionen unterschiedlich hohe Grade raumzeitlicher Persistenz in der sozialen Welt aufweisen, ist auch Dauer und Ausdehnung ihrer räumlichen „Spuren" zu differenzieren.

6.2 Die empirischen Grenzen der Handlungsanalyse

6.2.1 Typisierung von Aktionsräumen und Regionen in Guatemala

Bezüglich der wirtschaftlichen Ressourcen Geld, Bildung, Arbeit und Infrastruktur hat sich gezeigt, daß deren räumliche Verteilung gesellschaftliche Machtverhältnisse widerspiegelt. Aber nicht nur als Handlungsfolge, sondern auch als Bedingung für zukünftiges Handeln sind diese räumlichen Verteilungsmuster von Bedeutung. Dort, wo Akteure aufgrund physischer und sozialer Begrenzungen keinen freien Zugriff auf Finanzierung, Arbeit, Bildung, Verkehrs- und Kommunikationsmittel haben, verengt sich die Vielfalt möglicher *wirtschaftlicher Aktionsräume* auf einige wenige Alternativen. Aus dem Zusammenhang der vorangegangenen empirischen Untersuchung sollen einige Beispiele das Konzept von Setting, Aktionsraum und Region belegen und veranschaulichen:

Der Aktionsraum kleinbäuerlicher Familienwirtschaft

zeigt sich in der Kombination bestimmter Settings: Anbau, Pflege und Ernte von Grundnahrungsmitteln auf dem eigenen Land während der Regenzeit; temporäre Migration in die Plantagengebiete in der Trockenzeit; kleingewerbliche Aktivitäten zum Nebenverdienst im Umfeld des eigenen Dorfes während des ganzen Jahres.

Nachhaltige Einflußmöglichkeiten der Akteure in diesem Aktionsraum hängen von ihren landwirtschaftlichen, handwerklichen und unternehmerischen Kenntnissen und ihrer persönlichen Initiativkraft ab, aufgrund derer die temporäre Migration durch erfolgreiche gewerbliche Tätigkeiten ersetzt werden könnte. Kurzfristige Einflußnahme wirkt sich eher auf das soziale Umfeld aus und zielt nicht auf die Schaffung neuer Einkommen, sondern die Umverteilung bestehender Ressourcen, wodurch es zum Konflikt oder sogar zur Zerstörung bestehender Einkommensquellen kommen kann.

Der Aktionsraum des informellen Kleingewerbes

überschneidet sich zum Teil mit dem der kleinbäuerlichen Familienwirtschaft. Seine Settings bestehen aus ganzjähriger, kleinmaßstäblicher Produktion von Gütern oder Dienstleistungen, im eigenen Heim oder in dessen Nähe, im städtischen und ländlichen Raum; einem durch subjektive Erfahrungen festgelegten Vermarktungssystem mittlerer Reichweite; der nicht kostenmäßig erfaßten Unterstützung durch Familienangehörige und einer hohen Abhängigkeit von Auftragsarbeit.

Die Einflußmöglichkeiten liegen auch hier vorwiegend im persönlichen Engagement und der Flexibilität der einzelnen Personen begründet. Marktchancen zu erkennen und auszunutzen, die eigene Unternehmung gezielt zu planen und zu kontrollieren und einen Qualitätsvorsprung vor Konkurrenten herauszuarbeiten, kann zu nachhaltigen Verbesserungen der wirtschaftlichen Situation führen. Personen, die solche Möglichkeiten nicht ergreifen (können), geraten in Anhängigkeit von konjunkturellen Situationen oder verlagern ihre Aktivitäten auf den Bereich der Kriminalität.

Der Aktionsraum der Kriminalität

wird durch eine Vielzahl von Settings gebildet und ist nicht an einzelne soziale Schichten gebunden: Überfälle an strategischen Punkten der Überlandstraßen und auf Anwesen vermögender Personen; Entführungen einflußreicher oder vermögender Personen aus ihrem Alltagsumfeld; gezielte Manipulation von Daten und Machtbefugnissen, um Zugriff auf Finanzressourcen zu erlangen; Kontrolle umgrenzter Territorien, um zufällige Möglichkeiten zu Diebstahl etc. nutzen zu können; Aufbau und Kontrolle von Netzwerken krimineller Akteure.

Die Einflußmöglichkeiten einzelner Personen hängen nun entscheidend von ihrem sozialen Status in der Hierarchie krimineller Gruppen ab. Ehemalige Staatspräsidenten und Militärs können von Spitzenpositionen eines Schmuggelnetzes Straffreiheit häufig erzwingen, Straßenkinder, die mit Kokain handeln, müssen sich selber schützen.

Die Festlegung von *Regionen* hängt auch von der materiellen Ausstattung einzelner Gebiete ab, die die Verwirklichung bestimmter Settings und ihrer Kombinationen begünstigen oder verhindern. Diese Regionen sind nicht deckungsgleich mit der kulturräumlichen Aufteilung Guatemalas (Karte 3). Deren Abgrenzung und Beschreibung gibt aber Hinweise über die materielle Ausstattung spezifischer Regionen, die auf komplexe Weise auch von sozialen und physischen Faktoren beeinflußt werden. Die grundlegende Beschreibung der Besonderheiten eines Landes, die die kulturräumliche Darstellung bietet, hat insofern für die Bestimmung von komplexen Wirtschaftsregionen propädeutischen Charakter.

Die Regionen „organisierter Kriminalität" (Karte 11)

hängen von je spezifischen materiellen Gegebenheiten in einer bestimmten räumlichen Anordnung und von sozialen Faktoren ab. Zum Beispiel erleichtert das räumliche Nebeneinander von unübersichtlichen, engen Verkehrswegen, wenig Überlandstraßen, eine allgemein geringe Verkehrsdichte abseits der Hauptstrecken, die Lage von Streusiedlungen auf bewaldetem Plantagengebiet und die ungeschützten Hauptgebäude der Plantagen gezielte Überfälle auf deren Besitzer und erschwert die Verfolgung der Täter.

Soziale Faktoren, die hinzukommen sind: mangelndes Interesse der Arbeiter, Überfälle zu verhindern, sei es aus Furcht oder fehlender Identifikation mit „ihrer" Plantage, und die geringe Präsenz staatlicher Institutionen. Spezifisch wirtschaftliche Faktoren in der Region sind: regelmäßige Wiederkehr von Geldtransporten (Lohngelder), regelmäßige Präsenz von Personen aus der Oberschicht auf ihren Gütern, ständige Präsenz von Waren- und Personentransporten auf einer der wichtigsten Überlandstraßen des Landes.

Insgesamt schließen sich die Aktionsräume zu einer ausgedehnteren Region zusammen, in der sowohl die materiellen Bedingungen, als auch die sozial-wirtschaftlichen Faktoren raumzeitlich zusammentreffen.

Regionalisierungen im Bereich des Stadtgebietes von Guatemala-City (Karte 10)

sind ebenfalls von der Konfiguration bestimmter physischer, sozialer und wirtschaftlicher Faktoren in räumlicher Hinsicht abhängig. Die kriminellen Aktivitäten, die sich z.B. im Bezirk „El Gallito" konzentrieren, beruhen auf folgenden materiellen Bedingungen: eine dichte und unübersichtliche Bebauung, die räumliche Konzentration informeller Produktionsstätten, die Nähe zu illegalen Wohnsiedlungen in den angrenzenden Schluchten.

Der Bezirk gilt als typisches Zuzugsgebiet von Migranten, die Arbeitslosigkeit ist hoch und die Polizeipräsenz gering. Dieses sozial schlechte Image des Bezirks rekonstituiert sich durch die mafiösen Strukturen der Sozialkontrolle, die die Drogenhändler von der Ebene der mit Kokain handelnden Straßenkinder bis zu der gezielten Ermordung von Bürgerwehr-aktivisten ausüben. Die relativ attraktiven Verdienstmöglichkeiten durch Kriminalität im Gegensatz zu Tätigkeiten als Straßenhändler oder Schuhputzer können für ungelernte Arbeiter ein guter Grund sein, illegale Handlungen zu verüben.

Das Ensemble unterschiedlicher Settings im Bereich der Drogen-, Beschaffungs- und Kleinkriminalität konzentriert sich auf die Wohn- und Arbeitsviertel der Unterschicht und bildet so eine der „Kriminalitätsregionen" im Stadtgebiet, die eine hohe Intensität krimineller

Handlungen aufweist und alle Bewohner dieser Region in ihren alltäglichen Handlungen stark beeinflußt.

Die Region „temporärer Kriminalität" zeichnet sich dadurch aus, daß in ihr die potentiellen Opfer von gezielten kriminellen Handlungen wie Überfälle, Raub und Entführung leben und arbeiten. Da jene zur Oberschicht gehören, versprechen diese Aktivitäten eine hohe Rendite und werden dementsprechend sorgfältiger und professioneller vorbereitet. Es bedarf einer Organisation, die weit über die Notwendigkeiten eines Überfalles auf Linienbusse im Stadtzentrum hinausgeht, um ein Mitglied der führenden Familien des Landes zu entführen. Ebenso abhängig von funktionalen, vernetzten Strukturen ist der Diebstahl von Neuwagen in hoher Anzahl. Diese müssen mit neuen Papieren ausgestattet werden, die Änderungen der Motorblocknummer dürfen nicht auffallen, und es werden Fahrer, Notare, Grenzbeamte, Polizisten, Diebe, Bewacher und Mechaniker benötigt. Daher rührt auch der temporäre Charakter dieser Kriminalität. Die Bedrohung und die Schutzmechanismen bilden zwar, wie auch in den anderen Regionen hoher Intensität krimineller Handlungen, einen Teil des Alltagslebens der Bewohner, die tatsächlich realisierten Übergriffe aber treten seltener auf.

Regionen sozial-wirtschaftlicher Marginalisierung
können im Landesinneren unterschieden werden. Zum gegenwärtigen Zeitpunkt konstituieren sich diese in Zusammenhang mit der Rückkehr von Bürgerkriegsflüchtlingen im Bezirk *Petén* oder in Neusiedlungen der Kaffeezone der *Boca Costa*.

Der soziale Hintergrund dieser Entwicklung ist, daß die ursprünglichen Landstriche, von denen diese Familien stammen, heute von anderen Personen genutzt werden. Eine Aufteilung von Großgrundbesitz, bzw. eine grundlegende Agrarreform ist nach dem Text der Friedensvereinbarung nicht vorgesehen und entspräche auch nicht den Vorstellungen des Unternehmerverbandes, der diese politischen Verhandlungen entscheidend beeinflußte. Um Konflikte zu vermeiden, werden die Rückkehrer in Landstrichen angesiedelt, die bislang landwirtschaftlich nicht genutzt wurden und in weiter Entfernung zu den dicht bevölkerten Regionen des Westlichen Hochlandes und dem politischen Zentrum der Hauptstadt liegen.

Die materielle Ausstattung des Gebietes (subtropischer Berg- und Tieflandregenwald) ist für die Dauerkulturen, die die Neusiedler in traditioneller Weise anlegen, nicht geeignet. Als wirtschaftlicher Faktor kommt hinzu, daß es kaum Infrastrukturausstattung in diesen neu erschlossenen Gebieten gibt. Die finanzielle Situation des Staates erlaubt keine Entschädigungszahlungen oder breit angelegte Gewerbeprogramme. Nebenerwerbstätigkeiten sind daher in diesen Gebieten noch weniger erfolgversprechend, als in Dörfern und Kleinstädten des Westlichen Hochlandes.

Die Wandlungsprozesse im Mikrobereich landwirtschaftlicher Tätigkeiten, die in Kapitel 5 dargestellt wurden, zeigen einige der direkten räumlich-materiellen Folgen in solchen eingeengten Aktionsräumen.

6.2.2 Vor- und Nachteile des handlungsorientierten Regionenkonzepts

Einer der Vorteile der handlungstheoretischen Analyse von Wirtschaftsregionen liegt in der flexiblen, verständnisgeleiteten Diskussion der jeweils prägenden systemischen, individuellen und materiellen Faktoren und ihrer Wechselwirkungen. Die Verortung materieller Ressourcen oder konkreter Betriebsstandorte allein kann nichts über Handlungsstrategien und Zwänge des Wirtschafts- und Gesellschaftssystem aussagen, oder z.B. erklären, warum an einigen Orten keine Betriebe angesiedelt sind, obwohl die technische Möglichkeit dazu bestünde.

Rein strukturorientierte Untersuchungen über die Funktionsweise des kapitalistischen Wirtschaftsystems vernachlässigen die Einflußnahme konkreter Akteure, die von allen gesellschaftlichen Ebenen aus am Wirtschaftsleben teilnehmen und dieses entscheidend prägen. Ebenso im Dunkeln bleiben bei strukturellen Ansätzen die Rolle materieller Zwänge oder Vorteile am konkreten Wirtschaftsort. Eine nur auf die subjektiven Bedeutungszuweisungen ausgerichtete Untersuchung wiederum würde verkennen, daß nicht jeder Akteur prinzipiell frei in der Wahl seiner Ziele und Mittel ist.

Funktionsweisen des Wirtschaftssystems, gesellschaftliche Struktur und materielle Umwelt geben einen komplexen Rahmen vor, innerhalb dessen agiert wird, oder der gezielt verändert werden soll. Subjektives Handeln geschieht nicht ohne Wechselwirkung mit sozialen, wirtschaftlichen und physischen Bedingungen. Die vorgestellten Konzepte des Settings, des Aktionsraumes und der Region reagieren auf die Komplexität wirtschaftlichen Handelns auf der individuellen Mikro- bis zur gesellschaftlichen Makroebene. Sie sind flexible Konstruktionen, die zwar eindeutige Raum-Zeit-Bezüge aufweisen, aber vorwiegend über Handlungen konstituiert werden. Verlagern die Akteure ihren physischen Bewegungsraum, verändern sich auch Settings, Aktionsräume und Regionen.

Ein weiterer Vorteil dieses dynamischen Konzeptes liegt darin, daß weder die strukturell-quantitative Perspektive, noch die Analyse subjektiver Bedeutungszuweisungen Vorrang vor der jeweils anderen Position hat. Je nach Interesse, können für bestimmte Regionen die strukturellen Daten oder die subjektive Sichtweise besonders thematisiert werden. Grundlegend für die Abgrenzung der Regionen ist dabei, immer beide Positionen in ihrer Wechselwirkung mit der physischen Ausstattung konkreter Gebiete zu analysieren. Damit ist eine handlungsorientierte Regionenbeschreibung auch für die planerische Umsetzung von regionalen Förderungskonzepten von Bedeutung. Einerseits können auf einer quantitativen Datengrundlage gezielte Veränderungen für bestimmte Raumausschnitte konzipiert werden, andererseits erlaubt die Kenntnis über subjektive Wertmaßstäbe, den zukünftigen Erfolg und die Akzeptanz der geplanten Maßnahmen abzuschätzen.

Möglicherweise nachteilig kann sich aber gerade auch die hohe Flexibilität des Regionen-Konzeptes auswirken. Zunächst ist ein relativ hoher empirischer Aufwand notwendig, um Regionen angemessen beschreiben und erklären zu können. Bei Veränderung der politischen, wirtschaftlichen oder sozialen Rahmenbedingungen muß die Gültigkeit bzw. Neubestimmung der relevanten Handlungsregionen jeweils neu überprüft werden. Ein weiterer Aspekt liegt in der Einflußnahme überregionaler Faktoren auf lokale Ereignisse. Gesellschaftliche und wirtschaftliche Institutionen wirken gegenwärtig auch in globaler Hinsicht. Es ist notwendig, deren Bedeutung für die Konstitution und Dynamik von Regionen mittlerer und geringer Größe zu klären.

6.3 Die Dualität von globalen und lokalen Strukturen

In Kapitel 3 wurde gezeigt, wie bestimmte lokale Akteure sich globaler Finanzströme bedienen, um ihre wirtschaftlichen Interessen durchzusetzen. Die aus jenem Handeln folgenden Zwänge (Inflation, Zinshöhe, Wechselkurs etc.) für die Bewohner des nationalen Territoriums von Guatemala wirken landesweit. Zur politischen Einflußnahme auf diese geschaffenen Handlungszwänge fehlt den Betroffenen die gesellschaftliche Macht. Dieser aus der handlungsorientierten Analyse entwickelte Zusammenhang zeigt beispielhaft die Verflechtung globaler, nationaler und lokaler ökonomischer Maßstabsebenen, die von einer spezifischen gesellschaftlichen Situation im Nationalstaat, weltweiten Informations- und Finanznetzen und Struktureigenschaften des Geldsystems abhängen.

Die Analyse globaler Mechanismen verbunden mit kapitalistischer Systemkritik ist in den letzten Jahren zum prominenten Thema der Gesellschaftswissenschaften geworden (*Altvater/*

Mahnkopf 1997), wobei vorwiegend theoretische Aspekte statt konkreter Formen behandelt werden. Ausgehend von einigen zentralen Thesen zum Prozeß der Globalisierung sollen hier die Grundlagen für die Koppelung globaler mit regionalen und lokalen Phänomenen in Wirtschaft und Gesellschaft angesprochen werden.

6.3.1 Globalisierungsprozesse in historischer Sicht

Wenn man den Prozeß der Globalisierung als Ausweitung eines vorherrschenden ökonomischen Systems über territoriale und kulturelle Grenzen hinweg verstehen will, dann beginnt dieser bereits im Mittelalter.

Die Entstehung der europäischen Weltwirtschaft im „langen" 16. Jahrhundert von 1450 bis 1640 analysiert *Wallerstein* (1974, 1979) und folgert, daß die europäische Arbeitsteilung diesen Prozeß erst ermöglichte (*Wallerstein* 1979 :47, *Mathis* 1992). Erst ab dem Zeitpunkt, wo die Arbeitskraft zum Produktionsfaktor wird, um Waren zu produzieren, die auf einem Markt angeboten werden, kann von kapitalistischer Produktionsweise gesprochen werden (*Wallerstein* 1979 :44-45). Eine entscheidende Rolle spielt hierbei die Entwicklung der Kreditwirtschaft. Die Handelshäuser der Medici und der Fugger waren *die* Finanziers des Mittelalters für Kirche und Kaiser (*Herr* 1985). Für den frühindustriellen Bergbau (Salz-, Kupfer-, Silber- und Goldbergwerke) ebenso wie zur Kriegführung waren Summen notwendig, über die meisten Königshäuser nicht verfügten. Andererseits zwang das Zinsverbot die Kirche, ihre Geschäfte von weltlichen Bankiers abwickeln zu lassen.

Die Notwendigkeit, erhaltene Mittel zurückzuzahlen, führte dann zur Ausweitung des Geldsystems auch auf den ländlichen Raum: die Bauern beglichen „den Zehnten" immer häufiger mit Geld. Einen Teil ihrer Produkte veräußerten sie auf dem städtischen Markt, wodurch sich ihr Wirtschaftssystem von der reinen Tauschwirtschaft zum beginnenden kapitalistischen System verlagerte (*Braudel* 1985 :481; *Marnisch* 1980). In den Städten wurden die lokalen, kontrollierten Waren- und Geldkreisläufe, die durch das Zunftsystem sichergestellt waren, aufgebrochen. Kein Handwerksmeister und keine Zunft konnte unabhängig sowohl die Warenproduktion als auch das Finanzkapital, das für Bergbau und Fernhandel benötigt wurde, organisieren (*Braudel* 1985 :359-402).

Der historische Prozeß vom Agrarkapitalismus zum Industriekapitalismus wurde ebenfalls stark durch monetäre Faktoren beeinflußt. *Braudel* (1985, Kap. 7) hat die Bedeutung des Geldes für die Herausbildung funktionaler (kapitalistischer) Wirtschaftssysteme dargestellt. Seine etwas unkritische Schlußfolgerung ist, daß bei entwickelteren Zahlungsmitteln der Komplexitätsgrad des Wirtschaftslebens ansteigt und die Homogenität von Zahlungsmitteln die geographische Ausdehnung des Weltsystems bedingt.

Die Uneinheitlichkeit der benutzten Währungen, die Konkurrenz zwischen Silber- und Goldstandard, Spekulation, Hortung und der Mangel an verfügbaren Zahlungsmitteln und die Entwicklung von Innovationen im Finanzsystem (Wechsel, Aktien, Banken und Börse) sind die wechselnden historischen Bedingungen, unter denen in territorialen Grenzen mehr oder minder erfolgreich gewirtschaftet wurde und aufgrund derer das kapitalistische Weltsystem in neuen Regionen „exportiert" wurde.

Die Dynamik und Bedeutung der globalen Finanzmärkte für nationale Wirtschaftsprozesse im 20. Jahrhundert wurde durch die politische Deregulierung mit Ende des Bretton-Woods-Systems und Innovationen bei den Kommunikationsmedien ermöglicht. Die Ware Geld kann derzeit zu Spekulationszwecken in Sekundenschnelle um den Globus geschickt werden. Bemerkenswert ist, daß sich die monetären Prozesse längst von den realwirtschaftlichen abgekoppelt haben: Zum einen übersteigt das weltweite Kapitalangebot um das 99fache die Kapitalmenge, die zur Abwicklung des internationalen Warenaustausches notwenig wäre. Zum anderen boomen die Aktienmärkte gerade bei schlechter Lage der Realwirtschaft (*Altvater/Mahnkopf* 1997 :131-133).

Die Geschwindigkeit, mit der Kapitaltransaktionen täglich stattfinden, verweist darauf, daß zum kapitalistischen System nicht nur eine Ausdehnung in räumlicher, sondern auch in zeitlicher Hinsicht gehört. Da es zumindest für den Faktor Finanzkapital, der als Ware gehandelt wird, heute keine globalen Grenzen mehr gibt, wird eine Renditesteigerung („Wachstum") über den Beschleunigungseffekt erreicht, der zu höheren Umsätzen führt. Wenn realwirtschaftliche Produktion demgegenüber noch konkurrenzfähig sein will, muß sie ebenfalls ihre „Umlaufzeiten" verkürzen. Haben Finanzmittel also aus historischer Sicht zunächst für die Schaffung der Arbeitsteilung und die Durchsetzung des industriellen Paradigmas in räumlicher Dimension eine entscheidende Rolle gespielt, so beeinflussen sie heute auch schon die zeitliche Struktur des Wirtschaftsprozesses. Daher kann das „Weltsystem" in gegenwärtiger Prägung nicht mehr allein aus territorialer oder politisch-hegemonialer Sichtweise verstanden werden, denn die „dramatische Beschleunigung allen Handelns " (*Altvater/ Mahnkopf* 1997 :577) greift in die Lebenswelten von immer mehr Akteuren ein.

Die Ausweitung des kapitalistischen Weltsystems zu Lasten von Tauschwirtschaften und die zunehmende „Verwandlung aller Dinge in Waren", die für *Wallerstein* (1984, Kap. 1) konstitutives Merkmal dieses Systems ist, beruht also anscheinend auf zwei Faktoren: der Monopolisierung von Finanzkapital einerseits und dem je individuellen Streben von Akteuren und Gruppen an die wirtschaftlichen Spitzenpositionen ihrer Gesellschaft andererseits, die zusammengenommen den Prozeß der Arbeitsteilung vorantreiben. Die Konzentration von Finanzkapital entsteht aufgrund des Zinseffekts und ist damit ein strukturelles Merkmal der Geldwirtschaft: Verleiht ein Finanzier im ersten Jahr noch ein Stammkapital von 100 Prozent, auf das er z.B. 7 Prozent Zinsen erhebt, so kann er im zweiten Jahr bereits 107 Prozent des ursprünglichen Kapitals verleihen, worauf er erneut einen Zinsanspruch hat. Sein Vermögen „vermehrt" sich daher mit je progressiver Steigerungsrate.

Wenn Warenproduktion und Finanzierung nicht von demselben Akteur vorgenommen werden, muß der Produzent die Ansprüche des Finanziers begleichen. Gesamtwirtschaftlich gesehen muß die Gruppe aller Warenproduzenten die progressiv steigenden Forderungen der Finanzkapitalbesitzer bedienen. Da die Produktion von Gütern aber nicht auf Dauer progressive Renditen ermöglicht, weil sie auf der Ver- und Bearbeitung natürlicher Ressourcen beruht, die sich nicht unbegrenzt vermehren oder ausbeuten lassen, müssen immer neue Produktbereiche und Absatzmärkte erschlossen werden. Der produzierende Sektor selbst muß sich ausdehnen, bzw. „wachsen", wenn die Gewinne für bestehende Produkte stagnieren oder nachlassen.

Das kapitalistische System ist also gerade aufgrund der Diskrepanz zwischen Produktionszuwächsen und Finanzkapitalansprüchen systemisch instabil. Gelingt die Expansion, indem neue Produkte und Märkte erschlossen werden, wird die Krise, die schon beim Nullwachstum beginnt, abgewendet. Diesen Zusammenhang der „Zwangs-Akkumulation" (*Wallerstein* 1984 :10) haben die Vertreter der freiwirtschaftlichen Theorie in der Nachfolge von *Gesell* (1984[10]) immer wieder thematisiert, ohne allerdings die historische Perspektive entsprechend aufzuarbeiten (Vgl. Kap. 3). Warum trotz vielfältiger Analysen aus kritischer Perspektive nicht längst eine idealistische Wirtschaftsweise verwirklicht ist, kann mit individuellen Interessen und gesellschaftlichen Machtkonstellationen begründet werden.

6.3.2 Weltmarkt und Systemkrise

Wenn es richtig ist, daß die Dynamik und Konstitution der globalen, kapitalistischen Wirtschaftsweise mit dem Geldsystem zusammenhängt, ergeben sich mehrere Schlußfolgerungen:
1. Die dynamische Erschließung neuer Produkt- und Marktchancen wird an Grenzen stoßen. Diese können geographischer, politischer oder ökologischer Art sein. Können diese nicht überwunden werden, muß es zur Krise kommen.

2. Die Konzentration von Finanzmitteln auf wenige Akteure nimmt insgesamt zu. Den Systemvorteil haben diejenigen unter ihnen, die mit dem relativ größeren Grundkapital beginnen, da ihre prozentualen Zuwachsraten schneller steigen.

3. Kapitalbesitz stehen Schulden gegenüber. Immer mehr Akteure mehren den Reichtum von wenigen, wobei die absolute Summe der Verschuldung progressiv steigt.

4. Wenn wirtschaftliche Krisen zur Kapital"vernichtung" und Streichung von Guthaben und Schulden führen, beginnt ein neuer Zyklus der Kapitalakkumulation bei möglicherweise veränderten Machtkonstellationen. Die gesellschaftlichen Auswirkungen krisenhafter Entwicklungen beginnen bei wirtschaftlicher und sozialer Verelendung breiter Bevölkerungsschichten und schließen kriegerische Auseinandersetzungen um knapp (gehaltene) Ressourcen ein.

5. Politische Maßnahmen müssen bei monetären Funktionsmechanismen ansetzen.

Die *geographischen* Grenzen der Produkt- und Marktentwicklung werden letztlich vom Planeten Erde bestimmt. Ab 1989, seit dem Moment, wo dem kapitalistischen Wirtschaftssystem keine global wirkende Konkurrenz mehr entgegenwirkt, geht es vor allem um dessen renditeorientierte Optimierung. Monopolisierung, Deregulierung, gemeinsame Märkte, Kostenminimierung, kürzere Produktzyklen, kleine Serienproduktion, flexible Märkte, hochspezialisierte Facharbeiter, ein weltweites Informationsnetz und die Entwicklung „virtueller" Produkte wie Finanzinnovationen und -spekulation sind die Stichworte dazu. Regulationstheoretiker nennen diese Merkmale als konstitutiv für die gegenwärtige Phase des Postfordismus (*Danielzyk/Oßenbrügge* 1996, *Krätke* 1996), allerdings ohne zu erklären, warum es zu dieser Dynamik kam (*Frieling* 1996). Der politische Wettstreit um Einflußgebiete zwischen den wirtschaftlichen Machtblöcken ist dabei wesentlich für die Dynamik des Globalisierungsprozesses und wird teilweise mit kriegerischen Mitteln, wie z.B. der latente Konflikt zwischen dem Irak und den USA belegt, ausgetragen.

Die *ökologischen* Grenzen kapitalistischer Produktionsweise sind in vielen Bereichen bereits überschritten (*Meadows/Meadows/Randers* 1993, *Wuppertal Institut* 1996, *Altvater/Mahnkopf* 1997 Kap. 14). Da fehlendes Wachstum mit höherer Verschuldung und Mehrbelastung der Wirtschaftsakteure verbunden ist, ohne Wachstumsverzicht aber weiterhin begrenzte Ressourcen verbraucht werden, ist das kapitalistische System für „sustainable development" nicht geeignet. Den Naturverbrauch in die Kostenberechnung mit einzubeziehen, könnte bestenfalls verlangsamenden Effekt haben, aber dadurch würden „die Schadspuren nicht ausgelöscht" (*Altvater* 1996 :88).

Neben der ökologischen Krise droht eine *soziale*. Eine global gleichverteilte Erhöhung des Lebensstandards auf das Niveau der Industrienationen kann aufgrund knapper natürlicher Grundlagen und der bereits vorhandenen Belastung der Ökosysteme nicht verwirklicht werden. Daher wird zukünftig entweder die „industrielle Produktion von Reichtum [...] für einen kleinen Teil der Menschheit gegen die Mehrheit reserviert", oder das gegenwärtige Wirtschaftssystem muß grundlegend verändert werden. Bislang sorgte der Preis- und Zinsmechanismus dafür, daß Industrialisierung als exklusives Gut nur einem kleinen Teil der Menschheit zur Verfügung stand (*Altvater* 1996 :89-90). *Galtung* (1996 :9) beziffert z.B. den finanziellen Nachteil, dem die Entwicklungsländer durch Zinszahlungen, Marktbeschränkungen für ihre Produkte und Arbeitskräfte und Kapitalabfluß ausgesetzt sind, mit 500 Billionen US-$ pro Jahr. Neben diesem existenzbedrohendem Ausschluß vom Markt sind Wirtschaftsakteure mit einem anderen sozial wirksamen Aspekt globalen Wirtschaftens konfrontiert: Bei Abwesenheit politischer Regulation kommen Renditen verstärkt aus informellen bis hochgradig kriminellen Quellen. Da es in Marktwirtschaften um die Quantität und nicht die Qualität des Gewinns geht, sind Waffengeschäfte, Menschenhandel und Drogenmafia eine logische Variante im System der Marktproduktion (*Altvater* 1992 :97), die gerade in Regionen Fuß fassen können, wo andere Möglichkeiten begrenzt sind.

Suter (1990) hat in seiner empirischen Studie über „Schuldenzyklen in der Dritten Welt" nachgewiesen, daß Schulden Teil des kapitalistischen Wirtschaftssystems sind. Die globale Verteilung von Schuldenlasten rührt ursächlich vom Kapitalexport aus Ländern her, die in wirtschaftlichen Wachstumsphasen einen inländischen Kapitalüberschuß gebildet haben. Aufgrund des Mangels an Investitionsmöglichkeiten in realwirtschaftliche Unternehmungen verlagerte sich die Wirtschaftsaktivität auf Finanztransaktionen. Der Aufbau des Schuldenzyklus in drei Phasen: Aufbau und Expansion internationaler Verschuldung, Ausbruch von Schuldenkrisen und Suche nach einer Regelung der Schuldenprobleme, rekonstituiert dabei das kapitalistische Geldsystem immer wieder aufs neue. Nach einer „Entschuldung" säumiger Zahler beginnt nur ein neuer Zyklus, möglicherweise mit anders verteilten Rollen aber systemisch immer gleich. Die Krisen selber werden zu Lasten der Bevölkerung verschuldeter Staaten ausgetragen (*George* 1990), die im Rahmen von Strukturanpassungsprogrammen auf soziale Leistungen und Infrastruktur verzichten müssen, wobei erwirtschaftete Wachstumsraten zum Schuldendienst genutzt werden.

Die sog. „Musterländer der freien Marktwirtschaft" befinden sich „gerade wegen des Marktes am Rande des Bankrotts" (*Altvater* 1992 :98) Denn nach dem Zusammenbruch des Bretton-Woods Systems 1973 wurde die Vergabe von Entwicklungskrediten über den freien Kreditmarkt abgewickelt und stieg quantitativ stark an (*Hankel* 1983, *Sangmeister* 1994). Aufgrund fehlender Bankenaufsicht und einer Kreditschöpfungspraxis, die auf gegenseitiger Verschuldung der Banken untereinander beruht, koppelten sich die finanzwirtschaftlichen Vorgänge von den realwirtschaftlichen ab: Zur Abwicklung des Welthandels würden laut *Duwendag* (1993 :326) 5 Prozent des Weltkapitalangebots genügen, *Altvater* (1996 :80) rechnet sogar nur mit 1 Prozent. Der Rest wird für „reine Kapitaltransaktionen" genutzt. Seit den 80er Jahren wechseln täglich mehr als 1000 Milliarden US-$ den Besitzer, die Auslandsguthaben der Banken sind weltweit von 1.836 Mrd. US-$ 1980 auf 7.021 Mrd. US-$ 1993 gestiegen (*IMF* 1994).

Die weltumspannenden Finanzmärkte und die hohen Summen, die für spekulative Zwecke zur Verfügung stehen, lassen eine nationalstaatliche Kontrolle des Zinsniveaus, der Geldmenge oder der Wechselkurses gegen den Willen von Spekulanten nicht mehr zu, wofür die Mexikanische „Peso-Krise" den Beweis erbracht hat (*Altvater* 1996 :81, *Falk* 1996 :27). Die vielfältigen Vorschläge zum Schuldennachlaß können das Problem daher im Grunde nicht lösen (*Raffer* 1996). Vielmehr muß es darum gehen, den „Jokervorteil" (*Suhr* 1988) des Geldes zum Ziel von Reformvorschlägen zu machen. Die unbegenzte Verfügbarkeit von Finanzmitteln, ihre Funktion als Wertaufbewahrungsmittel und der Liquiditätsvorteil sind die Gründe für die höhere Einsatzfähigkeit von Geld im Vergleich zu anderen Wertobjekten. Daraus rechtfertigen sich die Zinsforderungen bei Verleih von Finanzkapital. „Es ergibt sich so im modernen Kapitalismus erneut eine Situation wie jene, die Aristoteles, den Islam und die Kirchenväter [...] veranlaßten, ein kanonisches Zinsverbot auszusprechen: Schuldner sind überbeansprucht, der Reichtum von Geldvermögen wächst in einer Weise, die nicht nur die gesellschaftliche Moral unterminiert, sondern die Effizienz der Wirtschaft erheblich beeinträchtigt und selbst ökologisch schädlich ist." (*Altvater* 1996 :83)

6.3.3 *Zentrale Orte und Regionen im globalen Netz*

Mit dem Globalisierungsprozeß ist eine Neubewertung und Umgestaltung von Wirtschaftsstandorten verbunden, wobei lokale und globale Faktoren wechselseitigen Einfluß aufeinander haben. Die Rolle konkreter Orte oder Gebiete im wirtschaftlichen System wird zunehmend dadurch bestimmt, inwieweit diese im Rahmen globaler Handlungsregeln konkurrenz- und durchsetzungsfähig sind. Die bewußte Reflexion regionaler Potentiale und Befähigungen gewinnt daher an Bedeutung.

Die Arbeitshypothesen zur konzeptionellen Verbindung von Globalität und Regionalität im „global-local-interplay" (*Danielzyk/Oßenbrügge* 1996 :101) gehen davon aus, daß Kundenorientierung am Markt dezentrale Steuerung verlangt, daß die vertikale Desintegration der Arbeitsteilung unabhängige, aber miteinander verflochtene Einheiten schafft und qualitative und aufgabenbezogene Flexibilität und häufige Innovationen eine regionale Organisation und Vernetzung der Produktionssysteme hervorbringen. Regionalspezifische Produktionssysteme könnten so ein kollektives, nach Bedarf neu zu strukturierendes Angebot organisieren. Sie wären dynamisch und profitierten von Agglomerationsvorteilen. Ortsgebundene Produktionsverbünde von High-Tech-Industrien, design-intensiven Industrien oder unternehmensorientierter Dienstleistungsbetriebe (*Krätke* 1996 :8) spiegeln bereits heute die Verschränkung der globalen mit einer lokalen Ebene, ebenso wie sich die „global cities" als Steuerungszentren globalwirtschaftlicher Vorgänge herausbilden. Da es anscheinend auch spezifische kulturell-politische Organisationsformen von Regionen gibt, bilden auch solche „regionalen Mentalitäten" ein mögliches wirtschaftliches Potential (*Danielzyk/Oßenbrügge* 1996 :106-107).

Weichhart (1997b) stellt die Bedeutung und die vielfältigen Vernetzungsmöglichkeiten regulationstheoretischer Überlegungen für die Wirtschaftsgeographie heraus, die zur Beschreibung und Erklärung der Dialektik von Globalisierung und Regionalisierung herangezogen werden. Der Wechselwirkung des Wirtschaftslebens mit einem bestimmten politischen und gesellschaftlichen Kontext wird hierbei besondere Bedeutung zugemessen. Regulationstheoretische Ansätze vertreten darüberhinaus den Anspruch, ein umfassendes Modell des langfristigen wirtschaftlichen und gesellschaftlichen Wandels bereitzustellen. Dennoch bleibt die Frage offen, ob Wirtschaftskrisen nicht ein ökonomisches Strukturprinzip darstellen. Dann hätte die Darstellung der darauf folgenden Veränderungen in Akkumulationsregime und Regulationsweise einen mehr nachvollziehend-deskriptiven und weniger erklärenden Gehalt, wie Kritiker behaupten (*Helbrecht* 1994 :205, *Frieling* 1996 :85).

Altvater/Mahnkopf (1997 :582-590) vertreten den Standpunkt, daß die Regulationsweise erheblich verändert werden muß, um der faktischen ökologischen, ökonomischen und sozialen Krise zu begegnen. Wenn von der geographischen Auseinandersetzung andere Ergebnisse erwartet werden, als eine Professionalisierung des Regionalmarketings, dann wird sich diese auch mit der Frage, wie bestehende Strukturen verändert werden können, befassen müssen.

6.4 Zusammenfassung: Wirtschaftsgeographie - eine handlungsorientierte, engagierte, interdisziplinäre Regionalwissenschaft

Sowohl die theoretische als auch die empirische Auseinandersetzung mit den Grenzen und Möglichkeiten einer handlungstheoretisch orientierten Sozialgeographie machen deutlich, daß diese Konzeption vielversprechende Forschungsperspektiven ermöglicht. Dies allerdings nur, wenn Einseitigkeit und Polarisierungen vermieden werden. Subjektbezogene Forschung muß durch strukturelle Analysen ergänzt, erweitert oder relativiert werden, da menschliches Handeln unter nicht selbstgewählten Bedingungen sozialer und materieller Art stattfindet. Zu den sozialen Bedingungen gehören Wirtschaftsstrukturen und ihre Reproduktionsmechanismen, kulturelle, ethnische, historische und sprachliche Faktoren, die in problemorientierter Perspektive in je unterschiedlicher Kombination in den Blick rücken. Damit löst sich die Handlungsanalyse aus dem engen Feld des methodologischen Individualismus und arbeitet interdisziplinär. Aber diese Offenheit kann nur sinnvoll sein, wenn mit jeweils ganz spezifischen Fragen die Auswahl und Kombination von Sichtweisen, Methoden und Ergebnissen anderer Disziplinen begründet werden kann.

Es gehört zur Identität geographischer Fachwissenschaft, raumbezogene Fragestellungen zu entwickeln. Diese basieren auf einem komplexen Ansatz. Die Geographische Analyse bezieht sich dabei vor allem auf die raumwirksamen Wechselwirkungen zwischen Individuen, Gesellschaft, Wirtschaft und Natur. Ein solches raumwissenschaftliches Konzept bietet drei verschiedene Themenbereiche zur Untersuchung an: die Bedeutung räumlicher Komponenten für menschliches Handeln, erfolgte Veränderungen räumlicher Strukturen durch menschliches Handeln und gewünschte Veränderungen des menschlichen Lebensraumes (*Boesch* 1989 :220-226). Gerade wenn von einer handlungsorientierten Sichtweise aus Geographie als Wissenschaft betrieben wird, müssen auch zukünftige Handlungen thematisiert werden. Sonst würde sich diese Disziplin auf die „nachholende Erklärung" sozialräumlicher Phänomene beschränken.

Boesch (1989 :226) versteht unter einer politik-orientierten Raumwissenschaft die „dezidierte Selektion konkreter Probleme im Kontaktbereich von Natur, Wirtschaft und Gesellschaft", die aus einer integrativen Sichtweise heraus analysiert, in generelle Aussagen überführt und dann auf andere, konkrete Situationen übertragen werden können. Sein erweitertes Wissenschaftsverständnis sieht nicht allein Erkenntnisgewinn als Ziel wissenschaftlichen Arbeitens, sondern fordert, daß die Institution Wissenschaft sich der Verantwortung stellt: Sie muß „verständlich, brauchbar, verantwortbar und prägnant" (*Boesch* 1989 :213) sein. Die Integration der pragmatischen und ethischen Perspektive in das wissenschaftliche Handeln entspricht dem handlungstheoretischen Ansatz. Handlungsforschung führt auch zu Stellungnahme, Kritik und Lösungsvorschlägen für erkannte Probleme. Sie ist engagiert.

Das folgende Kapitel wird sich daher mit den Perspektiven für zukünftiges Handeln in Guatemala beschäftigen. Wer könnte Einfluß ausüben, zu welchem Zweck, wo, wie lange und mit wem? Ein Konzept zur Erweiterung regionaler Handlungsspielräume wird sich dabei an den Koordinaten der Verantwortung und Toleranz orientieren müssen, sowie globale Beziehungen und lokale Effekte im Zusammenhang verstehen.

Erkannt ist, wer jetzt zögert,
erkannt, wer den Spruch vergaß.
(I.Bachmann, Im Zwielicht)

7. Veränderungen, Konflikte, Perspektiven. Überlegungen zu regionalem Handeln und globalen Beziehungen

In diesem Kapitel wird hinterfragt, inwieweit die Ergebnisse der vorangehenden Abschnitte auch „brauchbar" sind, und inwiefern ein zukünftiges institutionelles oder individuelles Engagement in Guatemala sinnvoll wäre. Da sich eine wirtschaftliche Ungleichverteilung weder von selber auflöst, noch die politisch und finanziell mächtigen Akteure freiwillig ihre Positionen räumen werden, sind Veränderungen notwendigerweise mit gesellschaftlichen Konflikten verbunden. Alle empirischen Ergebnisse dieser Untersuchung zeigen aber, daß es in den unterschiedlichen gesellschaftlichen Systemen kaum Mechanismen gibt, diese angemessen und produktiv auszutragen. Genauso problematisch ist die Frage nach den Personen, die diese Veränderungen anregen und durchsetzen könnten.

Die gegenwärtige Zusammenarbeit von Regierung und IWF, die auf die Durchsetzung neoliberaler Wirtschaftskonzepte zielt, würde im günstigsten Fall zu höheren Wachstumsraten des BIP führen. Eine gerechte Verteilung dieses Wachstums und eine nachhaltige Lebenssicherung für den Großteil der guatemaltekischen Bevölkerung bedeutete diese aber nicht. Mit welcher Rechtfertigung sollte also die Hoffnung von Menschen auf ein Leben ohne Hunger, Unterdrückung und Gewalt mit einem System beantwortet werden, das Wachstum für wenige und Ungleichverteilung für die meisten Beteiligten bedeutet?

Ebensowenig können die bislang Benachteiligten Ziel einer externen Hilfestellung sein. Strenggenommen hieße dies, ein Sozialsystem für fast alle Guatemalteken zu finanzieren. In der Praxis werden aber bislang „repräsentative Vertreter der Zielgruppe" mit Modellprojekten bedacht, die eine neue Ungleichverteilung und zusätzliche soziale Konflikte schaffen. Die Förderung der materiellen Infrastruktur mit Straßen- und Schulenbau genügt vor allem quantitativen Ansprüchen an „Entwicklung", ist aber nicht dazu geeignet, systemischen Zwängen und individuellem Egoismus etwas entgegenzusetzen. Daher erscheint es angemessen, solche quantitativen Erwartungen an internationele Zusammenarbeit zugunsten einer Perspektive des qualitativen Wandels aufzugeben. Dazu ist es notwendig, gesellschaftlich vermitteltes Handeln als einen kontinuierlichen und rekursiven Prozeß zu verstehen, mit dem die Anfangs- und Endpunkte von „Projektarbeitszeiten" selten in Einklang zu bringen sind.

Die vorangestellten Analysen haben gezeigt, daß gegenseitige Achtung, Toleranz, Anteilnahme, Stellungnahme und je individuelle Handlungsbereitschaft gegenwärtig für sehr viele Personen nicht handlungsleitend sind, und zwar unabhängig von der gesellschaftlichen Rolle und Position, die sie einnehmen. Die folgenden Abschnitte stellen daher eine utopische Sichtweise dar. Utopisch insofern, als nicht davon ausgegangen werden kann, daß die dort vorgestellten gesellschaftlichen und wirtschaftlichen Veränderungen kurzfristig und in umfassender Weise zu realisieren sind. Wenn überhaupt, wird es eine Aufgabe von mehreren Generationen sein, die sozialen und politischen Verwerfungen zu glätten, die sich seit der *conquista* im heutigen Guatemala ausgebildet haben. Dennoch ist es notwendig, solche Utopien zu entwickeln. Denn angesichts des konzertierten Handelns in Politik, Wirtschaft und Gesellschaft, das sich nur noch an dem möglichen materiellen Gewinn orientiert, ist die Frage nach alternativen Orientierungshilfen sehr aktuell. Dabei ist auch der jeweilige Rückbezug auf die Faktoren, die wünschenswerten Veränderungen zum gegenwärtigen Zeitpunkt entgegenstehen, besonders wichtig.

Die richtige Antwort auf die heikle Frage, *was* denn nun in Guatemala zu tun wäre, gibt es nicht. Aber in den vorangehenden Kapiteln wurden die Handlungsbereiche identifiziert, die für Wirtschaft und Gesellschaft insgesamt zentrale Bedeutung haben. Die folgende Diskussion über Veränderungen wird sich daher auf diese Bereiche konzentrieren. Ebensowenig sinnvoll wäre es, festzulegen, *wer* handeln soll. Aber es ist wichtig, über die Eigenschaften und Rollen von Personen nachzudenken, die miteinander in Kontakt treten könnten. Initiativen werden weder flächendeckend, noch in allen Bereichen gleichzeitig, entstehen, da es ohnehin in allen gesellschaftlichen Systemen nur wenige Akteure gibt, die einen Wandel einleiten wollen und bereit sind, dessen Folgen auch zu tragen. Im Fall von Guatemala sind zusätzlich seit spätestens den 70er Jahren solche Personen die Zielscheiben und Opfer staatlicher Gewalt gewesen.

7.1 Konzertiertes Handeln: Information, Recht, Markt

Wie die vorangehenden Kapitel gezeigt haben, werden die sozialen und wirtschaftlichen Handlungsspielräume in Guatemala von vielfältigen Einflüssen geprägt. Von besonderer Bedeutung sind dabei die Bereiche der Information, der individuellen Rechte und des Marktes. Wenn Bemühungen zur Erweiterung der Handlungsmöglichkeiten von Akteuren gewünscht werden, die bislang wenig zur Gestaltung ihrer wirtschaftlichen Aktionsräume beitragen konnten, wird es sinnvoll sein, diese in allen drei der genannten Bereiche zu verankern. Denn politische Rechte allein nützen wenig, wenn niemand von ihnen weiß, oder durch die Sorge um das tägliche Überleben erpreßbar ist. Ein florierender Markt, dessen Gewinne nicht denen zugute kommen, die dafür gearbeitet haben, ist kein Erfolg. Informationen, die nicht umgesetzt werden, oder nur wenigen Personen zur Verfügung stehen, dienen nicht dazu, strukturelle Zwänge abzubauen.

7.1.1 Information: Kenntnisse, Nachrichten, Wertung

Das Lebensumfeld von Akteuren beeinflußt die Art der Informationen, mit denen sie umgehen und für die sie sich interessieren. Der Inhalt, die Medien und die Form von Informationsangeboten müssen sich daher an den unterschiedlichen Rezipienten orientieren. Je weniger die Auswahl dessen, was als Information gelten soll, zentralisiert ist, umso geringer ist die Möglichkeit, daß die Informationszuteilung politisch instrumentalisiert wird. Daher ist es wichtig, daß die Nutzer von Information auch Einfluß auf dessen Angebot haben. Das ist nicht nur inhaltlich zu verstehen, sondern auch in Bezug auf die Orte der Vermittlung, die kommunikative Form und die Quantität. Das Schulsystem Guatemalas spiegelt Ansprüche und pädagogische Vorstellungen des 19. Jahrhunderts wieder und dient mehr disziplinatorischen denn identitätsstiftenden Zwecken (*Brunner/Dietrich/Kaller* 1993). Ein einheitliches Berufsbildungssystem existiert nicht. Diesem mangelhaften Angebot wäre eine Vielfalt an differenzierenden Möglichkeiten, sich zu informieren, entgegenzusetzen, die in den unterschiedlichen Aktionsräumen von Akteuren materiell und ideell erarbeitet werden müssen.

7.1.1.1 Gestaltung im Bildungssektor

Einige der denkbaren Ansätze für den Bildungsbereich sind:

Curriculum und Methodik

im staatlichen und privaten Schulwesen müssen auf das Lebensumfeld der Schüler und ihre individuellen Fähigkeiten ausgerichtet sein. Dazu gehören die Ansprache unterschiedlicher Lerntypen und die praxisorientierte Motivation von Unterrichtsinhalten. Um bereits bestehende Einzelinitiativen von Direktoren, Lehrern und Eltern zu unterstützen, sind eine flexible Schulverwaltung und finanzielle Förderung notwendig. Motivierende Lehrmaterialien für einen praxisorientierten Unterricht sind bislang kaum auf dem Markt und schon die vorhandenen Bücher und Hefte können viele Familien nicht bezahlen. Lehrer sollten daher auch Kenntnisse darüber erwerben, nach welchen Grundsätzen sie zusätzliche, kostengünstige Materialien selbst entwerfen und anwenden können.

Organisation:

In organisatorischer Hinsicht erweisen sich bislang die großen Lerngruppen von 50 bis 60 Schülern, das Fehlen von geeignetem Mobiliar und Räumen und die häufige Abwesenheit schlechtbezahlter Lehrer als Begrenzung für einen kontinuierlichen Lehr- und Lernbetrieb. Da die offiziellen Statistiken diese Situation nicht wiedergeben, unterbleiben gegenwärtig notwendige zusätzliche Investitionen im staatlichen Bildungsbereich. Auch die zeitliche Gliederung des Schuljahres ist für Schüler und Eltern ungünstig angelegt: Die Ferien beginnen erst nach der Ernteperiode, dauern aber dann bis zu drei Monaten an. Zahlreiche Feiertage und deren Vorbereitung mit Exerzierübungen begrenzen die Unterrichtszeit zusätzlich. Auch der Beamtenstatus von Lehrern und die damit verbundene Praxis des „Planstellenkaufs" durch Bestechung der Sachbearbeiter im Erziehungsministerium ist diskussionswürdig. Angestellte sind aufgrund des Stellenmangels in hohem Grade erpreßbar und nehmen daher unterbezahlte Arbeitsplätze an. Neben der inhaltsbezogenen Umgestaltung des staatlichen Bildungsbereichs wird daher auch der organisatorische und finanzielle Rahmen überdacht werden müssen.

Private Initiativen:

Die lokalen Bildungsinitiativen für Erwachsene und Jugendliche halbstaatlicher und privater Träger könnten intensiviert und vernetzt werden. Es gibt eine Vielzahl von Kursen, die NROs mit „ihrer" Zielgruppe in „ihren" Dörfern, mit „ihrem" Personal durchführen. Lehrende und Lernende haben häufig denselben kulturellen Hintergrund und die Inhalte sind an der Verwendung lokal verfügbarer Ressourcen und nachhaltiger Wirtschaftsformen, Basisgesundheitsfürsorge und der Erhaltung der kulturellen Identität ausgerichtet. Viele der in diesem Bereich tätigen Menschen möchten mit ihrer Arbeit positive Zeichen setzen. Diesem Potential stehen teilweise erhebliche organisatorische, finanzielle und soziale Probleme entgegen. Die Abhängigkeit der NROs von ausländischer Finanzierung beeinflußt jährlich die Inhalte ihrer Dienstleistungen, die sich mit Interessen der Geldgeber decken sollten, den Personalbestand und die zur Verfügung stehende Zeitspanne für Programme. Zusätzlich muß jede NRO gegen andere um Gelder konkurrieren. Daher schützen diese Organisationen sowohl ihr spezifisches Wissen, als auch ihren Zugang zu den entwicklungsmodisch definierten Zielgruppen (Frauen, Bauern, informeller Sektor, Straßenkinder) vor Übergriffen anderer Akteure und versuchen sich so gut als möglich zu vermarkten. Aus diesen Gründen entspricht ihre äußerliche Darstellung nicht immer den Inhalten und sie arbeiten häufig ineffizient, da sie nicht auf Erfahrungen, Materialien und Zielgruppen anderer Organisationen zurückgreifen können oder wollen. Staatliche Alphabetisierungsprogramme und Erwachsenenbildung treffen meist nicht die Bedürfnisse der Bevölkerung und kämpfen mit erheblichen Legitimationsproblemen. Damit schaffen sie ein negatives Image in der Bevölkerung, das sich auch auf andere

Organisationen auswirkt. Eine systematische inhaltliche und methodische Fortbildung für staatliche Lehrer und Mitarbeiter von NROs könnte deren Fähigkeiten erweitern, die persönliche Motivation erhöhen und dem inter-institutionellen Austausch von Ideen, Erfahrungen und Kenntnissen dienen. Damit die betroffenen Personen daran auch Interesse haben, sollte ihnen eine finanzielle Grundsicherung angeboten werden. Darüberhinaus sollte es leistungsbezogene Zuschüsse geben.

Netzwerkbildung:

Unterstützend müßten dezentrale Dokumentationsszentren für Lehrmaterialien und ein informelles Netzwerk von „Ausbildern für Ausbilder" aufgebaut werden. Die Fülle an guten Ideen und Materialien, die Fähigkeiten vieler Praktiker können meist nicht ausgetauscht oder weiterentwickelt werden. Nicht nur die bereits angesprochene finanzielle Situation vieler Organisationen ist hierfür die Ursache, sondern auch die für Einzelpersonen zu hohen Transaktionskosten, die mit Austausch- und Weiterbildungsaktivitäten zusammenhängen. Eine Reise in die nächste Stadt bedeutet, die Busfahrkarte, die Übernachtung und das Essen, vielleicht sogar Kursmaterialien zu bezahlen, beziehungsweise einen Verlust von bis zu einem Viertel des Monatslohns pro Person. Von den Dokumentationszentren könnten auch Anstrengungen ausgehen, Rückhalte und Mißtrauen in der Bevölkerung abzubauen, indem die Inhalte und Ziele von Bildungsinitiativen öffentlich gemacht und allgemein diskutiert werden. Der Rückgriff auf partizipative und künstlerische Kommunikationsformen und der Einsatz beliebter Medien wird dafür wichtig sein.

Hochschulen:

Forschung und Lehre an privaten und öffentlichen Berufs- und Hochschulen müßte zur Verwirklichung der vorher genannten Veränderungen beitragen. Wenn es gelänge, daß sich Akteure in „weiterführenden" Einrichtungen weniger als Elite und mehr als Vermittler lebensnotwendiger und -erleichternder Informationen verstünden, könnten sie von Hütern vorgefertigter „Bildungsinhalte" zu Agenten in einem gesellschaftlichen Bildungsnetzwerk werden. Es geht darum, die Rolle bislang privilegierter Akteure zu verändern, indem ihr Wissen nicht als erleichterter Zugang zu gesellschaftlicher Macht, sondern als soziale Verantwortung definiert wird. Man könnte „Solidaritätsbeiträge" in materieller und ideeller Form in allen Fachbereichen anregen: eine „Ideen-, Materialien- und Projektbörse" von Studenten und Professoren würde nicht nur den Praxisbezug in der Ausbildung erhöhen, sondern dem gegenseitigen Verständnis bislang voneinander getrennt agierender Menschen in Stadt und Land dienen. Stipendien und Prämien für herausragende Ansätze könnten das Prestige sozial ausgerichteter Forschung und die individuelle Motivation, diese zu betreiben, fördern.

7.1.1.2 Gestaltung in den Medien

Die Medien als Informationsträger, -vermittler und -macher spielen eine wichtige Rolle im öffentlichen Leben Guatemalas. In den jeweiligen Alltagswelten werden sie unterschiedlich rezipiert, und ihr Potential ist vielfältig. Da die öffentliche Diskussion über politische, soziale, wirtschaftliche und kulturelle Themen bis zum heutigen Zeitpunkt von gesellschaftlichen Machtpositionen aus beeinflußt und instrumentalisiert wurde, ist die Schaffung unabhängiger, zuverlässiger, kostengünstiger und motivierender neuer Formen der Informationsvermittlung entscheidend.

Presse:

Die Presse entfaltet ihre Wirkung vor allem in Guatemala City und einigen Bezirkshauptstädten. Ihre Leser gehören zur Mittel- bis Oberschicht. Neben kritischer Berichterstattung in den Bereichen Politik, Wirtschaft und Gesellschaft stehen oft reißerische Artikel über die alltägliche Gewalt und seitenlangen Anzeigen der hauptstädtischen Handelsketten, deren Mischungsverhältnis mit dem Geschmack der vorgestellten Zielgruppe variiert. Da die Verfolgung und Ermordung von Journalisten in den 90er Jahren abgenommen hat, kann man auch Berichte über politisch brisantere Themen lesen. Aber gerade Zeitungen, wie der neu gegründete *El Periódico, La Hora, Siglo Veintiuno* und die Wochenzeitschrift *La Crónica,* aber auch das Massenblatt *La Prensa,* werden von ihren großen Anzeigenkunden unter Druck gesetzt, bestimmte Artikel nicht zu veröffentlichen. Es ist daher zusätzlich möglich, daß eine Selbstzensur unter Journalisten etliche Beiträge von vornherein verhindert. Solange fast die Hälfte der Bevölkerung Guatemalas gar nicht und ein großer Anteil nur begrenzt lesen kann, können Zeitungen nur ausschnitthaft einen öffentlichen Meinungsbildungsprozeß anregen und bleiben ein Forum für eine abgegrenzte Gruppe und deren Interessen.

Es wäre aber möglich, Lokal- und Regionalzeitungen zu gründen, deren Informationsangebot auf das Lebensumfeld ihrer Leserschaft ausgerichtet ist. Diese könnten eine unabhängige Meinungsbildung, die Erweiterung wirtschaftliche Möglichkeiten und den sozial-kulturellen Zusammenhalt fördern. Mit *El Quetzalteco* gibt es in Quetzaltenango bereits ein erfolgreiches Blatt, das zweisprachig auf die dortige Bevölkerung ausgerichtet ist. Aber auch im ländlichen Raum könnten neue Angebote entstehen. Lokalnachrichten und zutreffende Informationen über Landwirtschaft, Gesundheit, Preise und Transportmöglichkeiten, Werbung für lokale Produkte und Veranstaltungen etc. sind interessant für Menschen, die sonst allein von der Meinung und Darstellung bestimmter Schlüsselpersonen (religiöse, politische, wirtschaftliche Anführer) abhängen, oder weite und kostenintensive Wege zurücklegen müssen, um an Informationen zu gelangen. Was Baumaterial und Dünger kosten, wann die Anmeldefristen für das neue Schuljahr ablaufen, wo Arbeitsstellen frei sind, wer zu welchem Preis Kaffee ankauft oder welche Aufgaben ein Bürgermeister hat, muß normalerweise erst mühsam erfragt werden. Eine Möglichkeit, von außerhalb der eigenen sozialen Netze, aber mit Bezug auf den individuellen Handlungsraum regelmäßig neue Informationen zu erhalten, und selber zu verbreiten, gibt es bislang im ländlichen Bereich kaum. Diese könnte aber mit auflagenstarken, preiswerten Lokalblättern, die z.B. an Markttagen verkauft werden, geschaffen werden. Längerfristig könnten sie ein Schritt für den Aufbau von lokalen Informationszentren sein, die als Ort für Feste und Weiterbildung und mit Informationsmaterialien einige Alternativen zu bisher Bekanntem anbieten.

Radio:

Das Massenmedium Radio wird überall und zu fast jeder Tageszeit gehört. Bauern gehen mit dem Radio aufs Feld, in Überlandbussen, Küchen, Büros, Restaurants, Geschäften und Ämtern hört man die Hits der Musikszene, Kurzmeldungen, Werbespots und Lokalnachrichten. Einige Sender haben sich auf Bildungsprogramme spezialisiert, andere sind religiös motiviert. Insgesamt bieten die unterschiedlichen Stationen und Programme eine kostengünstige Möglichkeit für kulturell, politisch, technisch, pädagogisch und sozial ambitionierte Sendungen. Als unterstützende Maßnahme für Veranstaltungen (Versammlungen, Kurse, Feste, Märkte) und als Informationsquelle für Nicht-Leser kann es nach Bedarf eingesetzt werden. Hörspiele, Musikdramen, Lokalinterviews, Fortsetzungsgeschichten, Meinungsbilder, Reportagen, Direktübertragungen etc. sind einige der Formen, mit denen gearbeitet werden könnte. Das besondere Potential des Radios im Vergleich zu einer Lokalzeitung sind die relativ größere Gruppe der Rezipienten und die kreativen Möglichkeiten der gleichzeitigen Gestaltung von Text, Geräuschen und Musik, die das Interesse und die Phantasie des Hörers ansprechen.

Fernsehen:

Das Fernsehprogramm dient vorwiegend kommerziellen Zwecken. Filme, Werbung und Shows vermitteln die Botschaft, daß materieller Konsum glücklich mache und skrupelloses und brutales Verhalten zum Erfolg führe. Dabei bedient es sich rassistischer und sexistischer Motive einfachster Art. Die Nachrichtensendungen sind eher kurz gehalten und bieten kaum Hintergrundinformationen. Bezüglich der Nutzergruppe und des kritischen Informationsgehaltes ist es ähnlich strukturiert wie die hauptstädtische Tagespresse. Es hat aber wesentlich mehr soziales Prestige und nimmt größeren Einfluß auf den Alltag von städtischen Familien. Kinder, Jugendliche und Erwachsene verbringen viele Stunden mit Fernsehen. Eine öffentliche Diskussion über dessen Grenzen und Möglichkeiten gibt es nicht. Eine Abkehr von einem ausschließlich „unterhaltenden" Fernsehen wird mit den Betreibern der Privatprogramme kaum möglich sein. Die Regierung nutzt Sendezeiten zu Propagandazwecken, wie z.B. bei der Übertragung der Feierlichkeiten zum offiziellen Friedensschluß am 29.12.1996, oder greift massiv in die Regie von Nachrichtensendungen ein, wie im Februar 1997 im Kanal von *Telenotisiete*. Gerade deshalb sollten die Möglichkeiten zu alternativen Programmen ausgelotet werden, in inhaltlicher, formaler und finanzieller Hinsicht.

7.1.2 Recht: Politische Gestaltungsräume und alltägliche Kriminalität

Die zukünftige Gestaltung sozialer und wirtschaftlicher Aktionsräume wird in entscheidendem Maße davon abhängen, inwiefern es gelingt, die individuellen Rechte von Menschen in Guatemala angemessen und in Übereinkunft zu formulieren und zu schützen. Der *propuesta maya de reforma constitucional* wird dabei große Bedeutung zukommen, als Versuch mit einer neuen Verfassung der „plurikulturellen Gesellschaft" Guatemalas gerecht zu werden (*Yrigoyen Fajardo* 1997 :230-238). Dabei müssen individuelles und kulturelles Rechtsempfinden nicht nur zwischen den beiden Blöcken der mayastämmigen und mestizischen Bevölkerung vermittelt werden. Schon innerhalb dieser Lager herrschen sehr unterschiedliche Vorstellungen darüber, was gerecht wäre und Recht sein soll.

Ein System zu schaffen, mit dem ein Großteil der guatemaltekischen Staatsbewohner einverstanden wäre, ist ein ehrgeiziges Projekt und zugleich unerläßliche Grundlage für eine gewaltfreie Gestaltung des wirtschaftlichen, politischen und sozialen Zusammenlebens im Land. Solange einzelne Gruppen Gesetze und staatliche Organe für ihre persönlichen Zwecke instrumentalisieren können und es keine effiziente Strafverfolgung bereits überführter Täter gibt, werden Korruption und Gewalt die Aktionsräume aller Menschen in Guatemala prägen. Längst trennen Konflikte Familien, Dorfgemeinschaften, religiöse und ethnische Gruppen. Damit in Zukunft andere Parameter das Alltagsleben bestimmen, muß nicht nur ein legislativer, sondern auch ein Wertewandel einsetzen. Der Vorstellung, daß alle Staatsbürger dieselben Rechte besitzen sollten, stehen althergebrachte Muster alltäglicher Diskriminierung des gesellschaftlich Anderen entgegen.

7.1.2.1 Legalität und Legitimität

Das alltägliche Leben vieler Menschen in Guatemala wird davon beeinflußt, daß die meisten kriminellen Handlungen straffrei bleiben. Diese Tatsache ist zum Teil Produkt einer historischen Entwicklung, in der Gesetze geschaffen und mit Gewalt durchgesetzt wurden, um wirtschaftlichen Wohlstand für die Eroberer und ihre Söhne zu garantieren. Die Unterscheidung kriminellen oder legalen Handelns war daher stets von einem individuellen Gerechtigkeitsempfinden getrennt. In der Kolonialzeit galt eine strikte juristische Trennung zwischen Spanien und indigener Bevölkerung, indem spezifische Gesetze für jede Gruppe galten.

Mit den liberalen Reformen aber sollte sich das normative Modell des Nationalstaates europäischen Musters durchsetzen. Die neue Republik wurde auf der Basis einer einzigen Kultur, Sprache und Religion, mit einer einzigen Gesetzesgrundlage und einem Rechtssystem proklamiert. Die kulturellen Unterschiede zwischen indigener und mestizischer Bevölkerung mußten daher beseitigt werden. Der zentralistische Staat mit Gewaltenteilung sah vor, alle soziale Regulation und Konfliktlösung an sich zu binden. Indigene Rechtsvorstellung und -sprechung war per Dekret zu Unrecht geworden und konnte nur noch im Verborgenen praktiziert werden (*Yrigoyen Fajardo* 1997 :224-227). Der ökonomische Entwicklungsgedanke der Liberalen führte zur Verstaatlichung von Landbesitz indigener Gemeinden (Dekret 170 von 1877), zur Zwangsarbeit auf Plantagen und in Infrastrukturprojekten (Dekret 222 von 1878, Dekret 243 von 1894, „Vagabundengesetz" von 1934).

Nicht nur das Diktat der kulturellen Überlegenheit der mestizischen Bevölkerungsminderheit, sondern auch diese Erlasse entbehrten der Legitimation durch die von ihnen Betroffenen. Was aus der Sichtweise der Reformer auf legale Weise geschah, erscheint im gesellschaftlichen System indigener Gemeinden als Rechtsbruch. Diese Situation galt im Prinzip für alle lateinamerikanischen Staaten mit hohem indianischem Bevölkerungsanteil bis zum 20. Jahrhundert.

Erste Veränderungen wurden in Peru mit einer Verfassungsreform im Jahr 1920 eingeleitet. Fortan wurden der indigenen Bevölkerung einzelne, begrenzte Rechte eingeräumt (*Yrigoyen Fajardo* 1997 :231-233). In Guatemala beginnt dieser Prozeß erst mit der Ablösung der Militärherrschaft Mitte der achtziger Jahre: Artikel 66 der Verfassung von 1985 erkennt das kulturelle Recht der indigenen Völker auf die eigene Lebensform, Brauchtum, Traditionen, soziale Organisation und Sprache an. Diese Maßnahme zeigte aber kaum Auswirkungen auf den praktizierten Rassismus im Alltagsleben von *ladinos* und *indígenas*. Im Verlauf der Friedensverhandlungen ab 1991 zwischen Regierung und Guerrilla wurde deutlich, daß national wirkende Abkommen und Gesetze immer noch von einigen wenigen Interessensvertretern hinter geschlossenen Türen erarbeitet werden. Vertreter von Maya-, Menschenrechts-, Gewerkschafts- und Frauenorganisationen blieben systematisch ausgesperrt und verbreiteten ihre Vorstellungen über die Presse (*Cojti Cuxil* 1997a :176).

Der Text des endgültigen Friedensabkommens hat deren Forderungen berücksichtigt, was als Annäherung von Legalität und Legitimität in der Verfassungsgebung gewertet werden kann. So war u.a. die Ratifizierung des Abkommens 169 der *International Labour Organization* von 1989 ein Teil des Verhandlungspaketes. Es trat am 5. März 1997 in Guatemala inkraft, als Teilbereich des Abkommens über „Identität und Rechte der indigenen Völker", das am 31. März 1995 unterzeichnet wurde. Es garantiert die Rechte auf kulturelle Selbstbestimmung, zweisprachige Bildung, amtliche Übersetzer und zweisprachige Gerichtsverhandlungen. Darüberhinaus wird das indigene Gewohnheitsrecht anerkannt und dessen Anwendung empfohlen. Beide Abkommen sollen die Grundlage für eine weitreichende Verfassungsreform bilden, die die Identität der indigenen Völker „innerhalb der Einheit der guatemaltekischen Nation" (*Gobierno de Guatemala/URNG* 1997 :70) in Gesetze fassen. Die Ansprüche auf politische Autonomie (*Cojti Cuxil* 1997a u.1997b) werden in Abschnitt IV des *Acuerdo sobre Identidad y Derechos de los Pueblos Indígenas* angesprochen. Selbstverwaltung auf Gemeindeebene in den Bereichen der sozialen Organisation, Rechtsprechung, Bildung, Gesundheit, Kultur und Infrastruktur sollen über eine Reform des Gemeindeverwaltungsrechts (*Código Municipal*) und Dezentralisierungsmaßnahmen ermöglicht werden (*Gobierno de Guatemala/URNG* 1997 :84-88).

Da die einzelnen Abkommen, die im Prozeß der Friedensverhandlungen getroffen wurden, mit der Unterzeichnung des Vertrages am 29.12.1996 in Guatemala-Stadt Gesetzescharakter besitzen, ist der Kongreß normativ dazu verpflichtet, eine Verfassungsreform einzuleiten und zu verabschieden. Daß aber tatsächlich erstmalig seit der *conquista* Entscheidungsbefugnis auf die Gemeindeebene zurückverlagert wird, wodurch staatliche Gesetze auch von den Betroffenen als legitim aufgefaßt werden könnten, hängt nicht von der Existenz von Gesetzestexten ab, sondern von deren Anwendung. Aus diesem Grund ist die dargestellte Veränderung der normativen Grundlagen zwar als positiv zu bewerten, deren direkte Auswirkungen sind aber gegenwärtig kaum zu erkennen und werden sich auch nicht automatisch einstellen.

7.1.2.2 Juristische Alltagskultur

Entscheidend wird daher sein, wie sich die Alltagskultur entwickelt. Denn die Prinzipien der Legalität und Legitimität in Gesetzestexten miteinander in Einklang zu bringen, kann nur als erster Schritt verstanden werden. Die Institutionen des bisherigen Justizsystems müssen verändert und politische und kulturelle Selbstbestimmung praktiziert werden. Es fehlen zudem noch die Regeln, wie Konflikte zwischen lokalen und staatlichen Autoritäten gelöst werden sollen. Auf der Gemeindeebene werden zusätzliche Probleme auftreten: Zunächst aufgrund der Tatsache, daß der Text der Friedensabkommen im ländlichen Raum weitgehend unbekannt ist. Da er auf Spanisch und in dem komplizierten Duktus amtlicher Texte verfaßt wurde, werden Übersetzungen und alltagssprachliche Übertragungen notwendig sein, um ihn der Bevölkerung überhaupt zugänglich zu machen. Dann verfügen die unterschiedlichen indigenen Gemeinschaften über lokal sehr differenzierte rechtliche Normen und Instanzen, da sich das Gewohnheitsrecht an unterschiedlichen Orten und in verschiedenen Sprachen jeweils anders repräsentiert (*Kalny* 1997).

Da die Gemeinden des ländlichen Raums jahrhundertelang anderen kulturellen Einflüssen und wirtschaftlichem Druck ausgesetzt waren, hat sich ihre traditionelle Sozialstruktur verändert. Die *closed indian communities* gehören der Vergangenheit an (*Birk* 1995c). Angesichts der bedrückenden wirtschaftlichen Lage im ländlichen Raum insgesamt sind Solidarität und Gemeinschaftssinn lange nicht so ausgeprägt, wie unter Rückgriff auf die *cosmovisión maya* im politische Diskurs behauptet wird. Gerade auf diesen Prinzipien soll aber in Zukunft die neue lokale Autonomie beruhen (*Gobierno de Guatemala/URNG* 1997 :69). Was in ein neues, lokales Rechtssystem von dem traditionellem Gewohnheitsrecht übernommen werden wird, und wer dieses institutionell repräsentiert, wird also der Interpretation in den Gemeinden unterliegen. Da es hierbei um die Verteilung von Macht und materiellen Zugriffsmöglichkeiten geht, können diese Konflikte zu Gewalt werden. Die ländliche, mestizische Bevölkerung, die vielfach eine lokale Oberschicht mit spezieller Machtbefugnis als Bürgermeister, Polizisten, Gemeindeangestellter, Händler etc. bildet, wird versuchen, ihre einflußreiche Position zu erhalten, und diese Konflikte zu ihren Gunsten verschärfen. In den als autonom deklarierten Gemeinden im mexikanischen *Chiapas* ist ein ähnlicher Prozeß bereits zu beobachten: Indianische Aktivisten der Regierungspartei PRI verschleppen und ermorden indianischen Aktivisten und Sympathisanten der Zapatistenbewegung ihrer eigenen Gemeinde. Vertreter des mexikanischen Staates gehen dagegen nicht vor. Die alltägliche Gewalt im Dorf nimmt daher weiter zu (*Cervantes* 1997 :7).

Neben den politischen und wirtschaftlichen Trennlinien können auch religiöse Motive die Auseinandersetzung um lokale Rechtssysteme in Guatemala beeinflussen. Denn mindestens 30 Prozent der mayastämmigen Bevölkerung gehören inzwischen charismatisch-fundamentalistischen Sekten an (*Allebrand* 1997 :123). In mestizischen Siedlungsgebieten (*Boca Costa, Costa del Sur*, Östliches Bergland, *Motagua*-Tal, *Izabal, Petén*) wird Rechtsunsicherheit herrschen. Auf welches „autochthone Gewohnheitsrecht" sollen diese Menschen zurückgreifen? Oder wird dort das Modell des zentral koordinierten Rechtsstaates zugrundegelegt? Hier müßten lokale Rechtssysteme gänzlich neu geschaffen werden.

Der Öffnung gesetzlicher Freiräume „von oben" steht demnach eine komplexe Realität an der Basis gegenüber. Wenn es nicht gelingt, die unterschiedlichen Interessen und Interpretationen zu vermitteln und eine Rechtsgrundlage zu schaffen, die der zukünftigen Konfliktlösung dient, wird ein neues Rechtssystem nicht lokale Selbstverwaltung, sondern Marginalisierung bedeuten. Es ist Teil des neoliberalen Reformkonzepts, die staatlichen Funktionen zu dezentralisieren, effizienter und damit auch billiger zu machen. Der Rückzug von Aufgaben ist auch angesichts des finanziellen Defizits ein Anliegen der Regierung. Eine juristische Pluralität aber, die dem „multiethnischen, plurikulturellen" Staatsgebilde der Zukunft gerecht werden soll, wird eher mehr finanzielle Mittel beanspruchen, als bisher im Haushalt vorgesehen waren.

Woher diese auf Dauer kommen werden, ist ungewiß. Sicherlich wird die Gruppe der Unternehmer kein Interesse daran haben, ein Rechtssystem über Steuern zu finanzieren, das ihnen die juristische Macht über den Teil der Bevölkerung verweigert, die bislang als billige Arbeitskraft ausgenutzt wurde. Es ist durchaus denkbar, daß sich die Allianz zwischen Unternehmerverband CACIF und Regierung ihre verfassungsrechtlich definierten Aufgaben auch in Zukunft nicht vollständig ausfüllen. Die Gewinne aus dem Finanz- und Exportsektor könnten dann weiterhin unter einer begrenzten Zahl von Akteuren aufgeteilt werden.

Die übrigen gesellschaftlichen Gruppen haben ihre Ablehnung einer solchen Staatsstruktur bislang durch Wahlenthaltung ausgedrückt (*Gutierrez* 1997 :66, *Ferrigno Figueroa* 1997). Ihr Anteil an der Gestaltung des nationalen Handlungsrahmens blieb daher gering. Gerade deshalb müssen aber heute Formen der Koordinierung zwischen lokaler und nationaler Ebene gefunden werden. Es ist daher die Aufgabe der vielen gesellschaftlichen Gruppen, konstruktive Vorschläge zur gemeinschaftlichen Verwirklichung der Vision vom Rechtsstaat Guatemala vorzulegen, eines Staates, in dem auch das Recht auf gleichmäßige Verteilung wirtschaftlicher Chancen ernst genommen wird.

7.1.2.3 Strafverfolgung

Wesentlich intensiver als das Legitimitätsprinzip wird in der Öffentlichkeit die Straffreiheit krimineller Akteure wahrgenommen. Die lokale Antwort auf Raub und Gewalt ist häufig brutal und vorschnell. Die extremen Beispiele von Lynchjustiz treffen aber nur eine bestimmte Gruppe von Kriminellen. Die Verbindungen zwischen der Schmuggel-, Geldwäsche- und Autoschieber-Industrie und Unternehmerkreisen bleiben bislang relativ unangetastet (*González/Léon* 1997 :20). Neben dieser politischen Vorsicht wird die Durchsetzung neuer und alter Gesetze auch von materiellen Faktoren abhängen. Zu wenige, schlecht ausgebildete und unterbezahlte Polizisten, Korruption in Polizei, Militär, Judikative und Verwaltung, fehlende Ausrüstung, abbruchreife, überbelegte Gefängnisse, schleppende Gerichtsverfahren und hohe Verfahrenskosten sind keine gute Grundlage für einen Rechtsstaat.

Eine unbestechliche, effiziente Rechtsprechung und Strafverfolgung muß sich ein Staat leisten und gegen die Interessen mächtiger Akteure durchsetzen können, was in Lateinamerika insgesamt als schwierig gelten kann (*Garzón Valdés* 1994, *Dietrich* 1994). Im heutigen Kolumbien und Paraguay zeigt sich sogar deutlich, wie der Einfluß der Drogenkartelle die politische Regulationsgewalt übersteigt. Ohne die Begrenzung krimineller Aktivitäten werden Menschen in Guatemala nicht motiviert sein, ihren Lebensunterhalt auf legale Weise zu verdienen und das Eigentum anderer zu respektieren. Nur durch entschiedenes und koordiniertes Handeln auf lokaler und nationaler Ebene zugleich, das auch die Unternehmerschicht und das Militär nicht verschont, kann die Kriminalität und Straffreiheit begrenzt und die Handlungsfähigkeit lokaler Gemeinschaften wie des Staates gewonnen werden.

7.1.2.4 Handlungsansätze

Die vorherige Darstellung legt nahe, daß Handlungsansätze zur Gestaltung eines allgemein tragbaren und funktionalen Rechtssystems auf verschiedenen Ebenen wirksam werden müßten. Auf der lokalen Gemeindeebene findet die Auseinandersetzung zwischen den dort betroffenen Akteuren statt, auf der nationalen Ebene sollten Regelungen und Mechanismen ausgehandelt werden, die die lokale Rechtsprechung anerkennen und unterstützen. Ebenfalls auf nationaler Ebene müssen Wege gefunden werden, die übergreifend wirksame und organisierte Kriminalität zu bekämpfen.

Im lokalen Rahmen fehlen bislang die Gelegenheiten zur Meinungsbildung über eine zukünftiges Rechtssystem. Da an diesem aber Akteure mit unterschiedlichstem Hintergrund Teil haben sollen, kann keine einzelne Gruppe autokratisch bestimmen. Die im ersten

Abschnitt angesprochene Rolle der Information rückt so wieder ins Blickfeld. Die verschiedenen Möglichkeiten der Gestaltung lokaler Autonomie müssen bekannt sein, wenn diese nicht von wenigen (selbsternannten) Führern propagiert und ausgenutzt werden soll. Jedes Mitglied lokaler Gesellschaften müßte die Chance haben, das für ihn wirksame Recht zu kennen und öffentlich zu hinterfragen. Sonst wird dieses ein Recht ohne Legitimität, anerkannte Institutionen und juristische Kultur sein. Die Kommunikationsformen, die hierbei genutzt werden können, sind vielfältig und betreffen alle verfügbaren Medien und künstlerischen Ausdrucksformen.

Auf nationaler Ebene muß ebenfalls ein Meinungsbild darüber entstehen, welche institutionellen und personellen Maßnahmen zum Aufbau und zur Durchsetzung des Rechtsstaates ergriffen werden können. Diese Diskussion kann nur sinnvoll sein, wenn sich alle gesellschaftlichen Gruppen daran beteiligen und nicht nur die Kongreßabgeordneten Entscheidungsbefugnis haben. Denn solange „informelles Verhalten" alle Bereiche der Gesellschaft durchzieht, wäre die Diskussion um neue Regeln im kleinen Kreis nicht ausreichend. Eine über-institutionelle und multiethnische Kommission könnte Vorschläge erarbeiten, und diese über die Medien einer öffentlichen Abstimmung zugänglich machen. Diese sollte auch nach alternativen Formen der Kriminalitätsbekämpfung suchen, da mit repressiven Mechanismen nicht die Ursachen krimineller Handlungen beseitigt werden. In welchem Umfang außerstaatliche Akteure damit betraut werden können, den Aufbau eines Rechtsstaates zu unterstützen, sollte öffentlich ausgehandelt werden. Die Aktivitäten, die die UN-Mission für Guatemala (MINUGUA) bereits wahrnimmt, könnten gerade im juristischen Bereich noch erweitert werden.

Da häufig im lokalen Rahmen oder innerhalb bestimmter Segmente der Gesellschaft die Personen und ihre Taten bekannt sind, könnten Prozesse effizienter und schneller durchgeführt werden. Dies ist notwendig, damit Vertreter einseitiger *Law and Order*-Parolen (*Recinos* 1997) nicht die öffentliche Diskussion bestimmen, sie sind aber nicht ausreichend. Alle Handlungsansätze hängen davon ab, daß der rechtliche Minimalanspruch auf Sicherheit für Leib und Leben und das Ziel einer lokalen kulturellen Selbstbestimmung nicht gegeneinander ausgespielt werden. Und ohne den subjektiven Rückhalt in der Bevölkerung wird auch ein effizient organisiertes Lokal- und Staatsrecht kein gewaltfreies Alltagsleben schaffen.

7.1.3 Markt: Bedingungen und Möglichkeiten

Die Globalisierungsdebatte verleitet zu der Annahme, daß die lokalen oder regionalen Handlungsspielräume von Akteuren systemisch so festgelegt seien, daß individuelles Handeln bestenfalls zum lokalen Erfolg im Verteilungskampf global kontrollierter Ressourcen führt. Nicht der Zugang zu wirtschaftlichen Gestaltungsmöglichkeiten stünde dann am Ende eines noch so reflektierten Verhaltens, sondern eine zunehmende wirtschaftliche, soziale und politische Ungleichverteilung im globalen Rahmen. Wenn überstaatlich sanktionierbare Regeln und individuelles Engagement, die solches verhindern könnten, fehlen, wird diese Situation auch so bestehen. Dennoch gibt es weitere Möglichkeiten, von der nationalstaatlichen und lokalen Ebene aus einige der wirtschaftlichen Probleme anzugehen. Die Rahmenbedingungen des Wirtschaftens müssen verändert und der Machtmißbrauch an den Schlüsselstellen der wirtschaftlichen Regulation verhindert werden, damit einzelne Akteure mächtig sind, in ihrem konkreten Umfeld ihr Leben wirtschaftlich abzusichern.

7.1.3.1 Handlungsansätze auf nationaler Ebene

Finanzpolitik:

Die bereits bestehenden Finanzinstitutionen müssen zur Unterstützung des produzierenden Sektors und des Faktors Arbeit genutzt werden. Über die bisherige Subventionspolitik, oder

Auslandskredite kann die Sicherung des Lebensunterhaltes der guatemaltekischen Bevölkerung nicht erreicht werden. Deswegen ist es notwendig, die allgemeinen Rahmenbedingungen so zu verändern, daß produktive Tätigkeiten attraktiv und rentabel werden. Aufbauend auf den Überlegungen von Kapitel drei geht es hier zunächst um Lösungsansätze für die Verzerrungen im Finanzsektor.

Wegen der überbewerteten Landeswährung werden Exportprodukte künstlich verteuert und Importprodukte verbilligt. Eine entsprechende Angleichung des Quetzal würde zwar die Inflationsrate beeinflussen, die Kaufkraft der Bevölkerung könnte aber über andere Maßnahmen gefördert werden, sodaß dieser negative Effekt gemildert würde (Vgl. 2.). Für den produzierenden Sektor ist es entscheidend, daß der währungsbedingte Wettbewerbsnachteil beseitigt wird. Die Abhängigkeit der Handelsbilanz von den traditionellen Agrarexportprodukten, vor allem Kaffee, ist problematisch, da der Kaffeepreis weitgehend an der New Yorker Börse von Monopolen bestimmt wird. Nur die Produktionsausfälle in Brasilien haben in den letzten Jahren die guatemaltekischen Einkünfte wieder ansteigen lassen. Für die Zukunft ist die Diversifizierung des Exportsektors im Bereich der nicht-traditionellen Produkte deshalb besonders wichtig. Einerseits, um die Handelsbilanz und die Devisenreserven zu stabilisieren, andererseits, um Produktionsbereiche zu fördern, in denen lokales Wissen und Arbeitskraft genutzt werden können.

Der Binnenmarkt wurde zusätzlich durch den Verfall des mexikanischen Peso seit Beginn 1994 beeinflußt. Strickwaren, Schuhe, Arzneimittel, Weizen- und Maismehlprodukte guatemaltekischer Produktion sind seitdem nicht mehr konkurrenzfähig. Die angestrebte wirtschaftliche Integration mit Mexiko ohne Veränderung der Wechselkurse würde den Zugang mexikanische Podukte weiter erleichtern und damit den nationalen Arbeitsmarkt und die Kaufkraft beeinträchtigen. Die Binnenmarktproduktion muß daher generell über die Abwertung des Quetzal gestützt und andererseits selektiv vor Dumping geschützt werden. Das neoliberale Konzept des Abbaus aller Zoll- und Handelsschranken hätte demgegenüber fatale Folgen, da dieses prinzipiell den Handel fördert, aber nicht den Arbeitsmarkt.

Spekulation darf sich nicht mehr lohnen, als die Investitition in produktive Unternehmungen. Die Einführung einer Gewinnsteuer auf Spekulationsgewinne, ähnlich wie der Nobelpreisträger *Tobin* (1994) fordert, hätte in Guatemala zwei Effekte: externes Kapital würde in alternative Anlagemöglichkeiten fließen und der Fluß von Drogengeldern könnte sich begrenzen lassen. Für Unternehmer und Investoren des produzierenden Sektors muß der Zugang zu Bankkrediten erleichtert werden. Das betrifft sowohl die Aktivzinsrate als auch die Transaktionskosten, die Kreditberatung und Garantieforderungen. Zinslose Kredite zu vergeben, darf dabei nicht das Ziel sein, denn diese werden leicht als Aufforderung zum Mißbrauch ausgelegt. Aber die Privatbanken könnten gezwungen sein, effizienter mit dem Großteil ihrer bisherigen Kunden umzugehen, indem ihnen andere, spekulationsabhängige Gewinnmöglichkeiten genommen werden. Wenn sich die Banken über das Kreditgeschäft und nicht Spekulationen finanzieren müssen, werden sie neue, akzeptable Angebote für einen Personenkreis in Unter- und Mittelklasse entwickeln, der bisher nur als Nettoeinzahler von negativ verzinsten Spareinlagen interessant war. Um dies durchzusetzen, muß eine Bankenaufsicht, die vom Privatsektor und der politischen Führung unabhängig ist, geschaffen werden. Die Monopolstellung der *Junta Monetaria* steht dem immer noch entgegen (Vgl. Kap. 3).

Haushaltspolitik:

Die Struktur der Staatseinnahmen und -ausgaben ist bereits seit Antritt der ersten „Zivilregierung" unter *Vinicio Cerezo* Gegenstand der politischen Debatte und Ziel von Veränderungsvorschlägen. Nur waren diese bislang nicht durchsetzbar (*Gutiérrez* 1997 :43-48). Jede Regierung versuchte sich an einer Steuerreform, um die Staatsfinanzen zu sanieren und die ungleichen Belastungen bei Produzenten und Konsumenten zu verändern, scheiterte aber an der Gegenwehr des Unternehmerverbandes CACIF. Daher zahlen Großunternehmen keine oder zuwenig Steuern. Statt Steuernachzahlungen zu leisten, konnten Unternehmer im Jahr 1990 *bonos de emergencia* kaufen, die der Staat anschließend verzinste (*Gutiérrez* 1997 :44). Die Steuerlastquote ist mit 8,4 Prozent (Stand 1996; *Crónica* 1997 :81) nach wie vor zu niedrig. 42 Prozent der Staatseinnahmen kommen aus der Mehrwertsteuer (*Crónica* 1997 :82), wodurch gerade die ärmeren Bevölkerungsschichten überproportional zum Staatshaushalt beitragen. Die zu geringen Einnahmen sind ursächlich mit der Inlandsverschuldung und den hohen Zinsausgaben, der sog. Überliquidität und der Herausbildung einer spekulativen Wirtschaft verbunden.

Außer einer Steuerreform, die auch Abstriche bei der Mehrwertsteuer einschließt, und der Einrichtung einer unabhängigen Aufsichtsbehörde, die gegen Steuerhinterziehung vorgeht, sollten daher auch Schuldenverhandlungen geführt werden. Die Konditionen der wesentlich unproblematischeren Auslandsschulden werden regelmäßig mit dem *Club de Paris* nachverhandelt, im Bereich der Inlandsverpflichtungen wurde dies bislang unterlassen. Volkswirtschaftlich ist es wenig sinnvoll, die Ungleichverteilung von Finanzmitteln über Zins- und Schuldenzahlungen an den privaten Bankensektor weiter zu betreiben, indem sich der Staat laufend neu verschuldet. Die Größen der Inlandsschulden, der Zinsforderungen, der stillgelegten Geldmenge und der ausstehenden *bonos* und *CENIVACU* sind daher von Grund auf neu zu bestimmen. Die Zinsverminderung auf neu aufgenommene Staatsanleihen, wie sie ab Juli 1997 bis Oktober 1997 zu verzeichnen war (zwischen 11 - 9 Prozent p.a.; *Banco de Guatemala* 1997 :8), schiebt die bestehenden Verpflichtungen nur auf und verursacht zusätzliche Kosten.

Die Staatsausgaben sollten sich vor allem positiv auf die Faktoren Arbeit und Kaufkraft auswirken, und dazu dienen, daß die soziale Infrastruktur des Landes ausgebaut wird. Daher müssen zunächst die Unterhaltskosten für den Staatsapparat gesenkt werden. Lokale Arbeitsbeschaffungsprogramme könnten dann für produktive Multiplikatoreffekte sorgen: Infrastrukturmaßnahmen (Straßenbau, Schulen, Wohnungen, Kliniken) sollten möglichst arbeitsintensiv, unter Einsatz lokaler Ressourcen und Arbeiter ausgeführt werden. Die bisherige Strategie, neue Auslandsverpflichtungen aufzunehmen (267 Millionen US$ von Januar bis Oktober 1997), die zur Umsetzung des Friedensabkommens in den Bereichen Investition, Wohnbau, Gemeindeentwicklung, Bildung und Gesundheit ausgegeben werden sollen, könnte eher kontraproduktiv wirken. Denn in Höhe der überwiesenen Auslandskredite wird die umlaufende Geldmenge in Quetzales und damit die Inflation erhöht. Die Verwendung dieser Kredite wurde darüberhinaus oberflächlich und ohne die notwendige institutionelle Transparenz geplant (*Taráno Girón* 1997 :26). Eine Neustrukturierung der überkommenen finanziellen Verpflichtungen des Staates an den privaten Bankensektor, die allein für ausstehende Staatsanleihen 6 Milliarden Q, bzw. 1 Milliarde US$ beträgt (Stand 31.12.1996; *Superintendencia de Bancos* 1996 :34), wäre demgegenüber viel interessanter. Denn das grundlegende Problem im Finanzsektor und der Nationalwirtschaft Guatemalas ist nicht der Mangel an Finanzmitteln, sondern deren Verteilung.

7.1.3.2 Handlungsansätze auf lokaler Ebene

Damit eine Vielzahl wirtschaftlicher Alternativen und Handlungsräume eröffnet werden kann, müssen neben den regulatorischen Ansätzen auf der nationalen Ebene auch lokal und regional wirksame Veränderungen eingeleitet werden. Diejenigen Personen, die nicht unternehmerisch tätig sein wollen oder können, benötigen ebenfalls Chancen zur Gestaltung ihres sozialen und wirtschaftlichen Lebens. Die möglichen Ansatzpunkte liegen in den Bereichen der Landwirtschaft, der regionalen Warenzirkulation und effizienten Nutzung vorhandener Ressourcen. Anstelle der üblichen Förderung der Klein- und Kleinstproduzenten des informellen Sektors, bei denen falsche Hoffnungen geweckt werden, sollten Alternativen für und mit jenen *empresarios por necesidad* (Unternehmern aus Not) entstehen. Denn diese 40

Prozent der ökonomisch aktiven Bevölkerung werden sich nicht alle zu formellen, kapitalorientierten Unternehmern verwandeln lassen.

Eins der größten Potentiale im ländlichen Raum ist das bäuerliche und kulturelle Selbstverständnis bestimmter gesellschaftlicher Gruppen. Ihre emotionale und religiöse Bindung an den Herkunftsort ist vielfach stark ausgeprägt. Also sollten wirtschaftliche Chancen auch dort entwickelt und wirksam werden. Aber nicht allein die Perspektive der Eltern wird dabei in Betracht gezogen werden müssen, sondern auch die Vorstellungen der jüngeren Generationen. Heute gibt es kaum wirtschaftliche Alternativen im dörflichen Rahmen und der Bevölkerungsdruck auf das vorhandene Land ist sehr hoch. Junge, ehrgeizige und ideenreiche Akteure versuchen sich an anderen Orten durchzusetzen, aber nur den „erfolgreichsten" gelingt der Sprung in die USA, die meisten ziehen in die Städte. Durch ihre Erfahrungen mit dieser anderen Welt verändert sich ihre Sichtweise der dörflichen Lebensweise. Das Handeln der Väter wird hinterfragt, sie haben Kenntnisse, die ihnen „dort" nichts nützen, ihre Vorstellungen vom Familienleben wandeln sich.

Lokale Ansätze werden versuchen müssen, den verschiedenen Vorstellungen, wie Leben wirtschaftlich und sozial gestaltet werden kann, gerecht zu werden, wenn es nicht um die Errichtung sinnentleerter Museumsdörfer gehen soll. Es ist daher ziemlich unwahrscheinlich und vielleicht auch nicht wünschenswert, daß mit der Renaissance der Maya-Kultur der letzten Jahre eine erfolgreiche agrarische Restaurationsbewegung eingeleitet werden kann. Denn die ursprünglichen Landnutzungssysteme bauten auf einem qualitativ und quantitativ besseren Angebot der zu bewirtschaftenden Flächen auf, und sind auch bei weitem nicht allen heute lebenden Nachfahren bekannt.

Für die Verwirklichung der wichtigen Prinzipien einer ökologisch angepaßten und subsistenten Produktion muß auf heutige Mittel zurückgegriffen werden. Das schließt z.B. die Nutzung von Solar-Energie, Tröpfchenbewässerungssystemen oder biologischer Kläranlagen ein. Es stehen theoretisch vielfältige Techniken und Technologien, die aus dem Erfahrungsbereich unterschiedlichster Kulturen stammen (*Weizsäcker/Lovins/ Lovins* 1997), zur Verfügung. Ihre Anwendung wird von der geistigen und unternehmerischen Mobilität der zukünftigen Generationen abhängen. Als vordringlich können die Verbesserung von Menge und Qualität des Nahrungsmittelangebots, der Schutz von Boden, Wasser und Wald und der Aufbau lokaler und regionaler Vermarktungssysteme gelten.

Landwirtschaft muß aber nicht als Subsistenzproduktion allein betrieben werden. Aufgrund der vielfältigen Landschaftstypen in Guatemala ist eine ganzjährige Agrarproduktion in großer Diversität möglich. Sobald es aufgrund der finanzwirtschaftlichen und rechtlichen Vorgaben möglich und rentabel sein wird, könnten im Land sowohl für den inländischen Bedarf als auch für den Export zusätzliche Nahrungsmittelprodukte hergestellt werden. Mit veränderten Rahmenbedingungen kann auch die lokale Herstellung und Vermarktung von Sekundärgütern und Dienstleistungen an Bedeutung gewinnen. Zum gegenwärtigen Zeitpunkt steht die geringe Qualität solcher Güter und die mangelnde unternehmerische Perspektive lokaler Produzenten dem entgegen. Eine gezielte technische und unternehmerische Fortbildung für junge und engagierte Akteure ist daher sehr wichtig.

Auf marktorientiertes Handeln kann nicht verzichtet werden, damit die Menschen, die nicht auf eigenes Land zählen (wollen), gewerbliche Alternativen ergreifen können. Die Kapitalismuskritik darf nicht in der Richtung fehlverstanden werden, daß die Produktion von Gütern für einen Markt verurteilenswert wäre, und folglich nurmehr Subsistenzproduktion betrieben werden dürfe (*Lang* 1996:77-78). Es muß aber versucht werden, den kapitalistischen Wachstumszwang und der Ungleichverteilung von Gütern und Gewinnen etwas entgegenzustellen, um die sozialen und natürlichen Lebensgrundlagen zu erhalten. Je reger der Austausch von realwirtschaftlichen Gütern zwischen Akteuren des Binnenmarktes und je geringer die Verdienste aus Zinseinkommen sind, umso näher kann man diesem Ziel von der Seite der Warenproduktion kommen.

Die dazu notwendige Kooperation auf Gemeindeebene ist gegenwärtig nicht vorhanden, sondern der Kampf um die zu geringen Ressourcen und die erst kurz zurückliegenden Erfahrungen des Bürgerkrieges bestimmen die sozialen und wirtschaftlichen Beziehungen. Die lokale Zukunft wird daher von dem Handeln individueller Akteure auf der Gemeindeebene und ihrer Bereitschaft zur Kooperation mit anderen abhängen, damit Mißtrauen, Angst, Neid, Niedergeschlagenheit und Hoffnungslosigkeit als Handlungsmotivationen abnehmen können.

7.2 Akteure und Beziehungen

Die vorangestellten Überlegungen, welche Handlungsansätze verfolgt werden könnten, um einige der analysierten Bereiche im Alltags- und Wirtschaftsleben Guatemalas für die Betroffenen positiv zu verändern, entstanden aus einer vielschichtigen Perspektive. Diese zeichnet sich einerseits durch Distanz aus, da sie die Gedanken und Wertungen einer Person sind, die nicht Teil des analysierten gesellschaftlichen Systems ist. Die Autorin hatte jederzeit die Möglichkeit, wieder auszureisen. Andererseits gründen alle Bemerkungen aber auch auf eine direkte Betroffenheit. Denn es sind Freundschaften während des „Forschungs-aufenthaltes" entstanden und angesichts einer alltäglichen Ungerechtigkeit und Gewalt erscheint es auch notwendig, sich zu engagieren.

Diese besondere Position, in der sich ebenfalls viele andere Personen befinden, die unter ähnlichen Umständen tätig waren und sind, ist in zweierlei Hinsicht von Bedeutung. Erstens ermöglicht die relative Distanz zum Geschehen, daß die eigenen Ideen die Sichtweise direkt betroffener Menschen ergänzen kann. Zwar interpretiert man schon Interpretiertes, ist also in einer hermeneutisch doppeldeutigen Situation, aber gerade deshalb können auch Überlegungen angestellt werden, die den unmittelbar Handelnden ferner liegen. Zweitens aber besitzt kein Beobachter das Recht, Urteile zu fällen und Maßnahmen einzufordern. Denn er wird die Folgen solcher Handlungen nicht tragen müssen.

Die Entscheidung und Verantwortung, was getan werden soll, wie es geschieht und wer daran beteiligt sein wird, kann daher nur bei den Personen, deren Lebensumfeld sich verändern soll, liegen. Handlungsmacht kann nicht von außen geschaffen werden, sondern konstituiert sich im Vollzug individueller Aktivitäten. Auch unter dem Gesichtspunkt der Wirksamkeit und Nachhaltigkeit von Veränderungen ist es unerläßlich, daß Akteure in ihrem spezifischen gesellschaftlichen System bestehende Strukturmomente und -prinzipien durch wiederholtes Handeln modifizieren. Veränderungen zu bewirken, wird daher ein Prozeß und keine singuläre Aktion sein. So gesehen relativiert sich die Bedeutung von „Projekten" in der „Entwicklungszusammenarbeit". Diese werden nach wie vor außerhalb der kulturell-sozialen Zusammenhänge, in denen sie „implementiert" werden sollen, geplant. Die sog. „verantwortlichen Koordinatoren" der Zusammenarbeit sind ausländische Spezialisten und ihr Engagement ist kurzfristig. Ihre Lebensweise, ihr materieller Hintergrund und ihr persönlicher Erfahrungsschatz, manchmal auch ihre kommunikative Kompetenz, trennen sie von der angepeilten Zielgruppe. Aber gerade sie sollen etwas in Gang setzen, was sonst nicht geschehen würde. Es muß daher gefragt werden, ob die Rollenverteilung im gegenwärtigen System internationaler Zusammenarbeit sinnvoll ist, oder alternativ gestaltet werden sollte.

7.2.1 Handeln am konkreten Ort

Angesichts der fragmentarischen sozialen Gemeinsamkeiten, der langandauernden Untergrabung gemeindlichen Zusammenhalts und der bedrängten wirtschaftlichen Situation, die die guatemaltekische Gesellschaft von heute charakterisieren, erscheint es verwegen, auf lokale Initiativen und Bewegungen zu vertrauen. Denn die Beispiele, wie aus einer Gruppe von

Menschen, die ihr konkretes Lebensumfeld positiv verändern wollen, sich zusammenschließen, andere überzeugen möchten, Unterstützung suchen, sich organisieren, Regeln aufstellen, eine Hierarchie bilden und schließlich eine lokale Institution darstellen, die über soziale und finanzielle Macht verfügt, sind entmutigend. Wenn aus einer Gruppe, die sich zuerst an den freien Sonntagnachmittagen traf, eine NRO mit Angestellten wird, nimmt das persönliche Interesse, die eigene Stelle zu erhalten und auszubauen, an Bedeutung zu. Wenn das ursprüngliche Engagement zum Beruf wird, an dem die Existenz hängt, sind einzelne Menschen erpreßbar und die Verwirklichung von Ideen darf nicht mit den Vorstellungen der Finanziers kollidieren. Zusätzlich gibt es immer wieder Akteure, die institutionelle Zusammenschlüsse gezielt und ausschließlich zu ihrem eigenen Vorteil ausnützen. Die Korruption einiger Vertreter von NROs bringt damit ihren ganzen Sektor in Verruf. Eine kurzfristige Nutzung von Programmen, Initiativen oder Kursen durch Gemeindemitglieder ist dahingegen häufig von dem individuellen Wunsch geprägt, schnell und problemlos an neue Ressourcen zu gelangen.

Neue Formen des sozialen und wirtschaftlichen Miteinanders haben im lokalen Umfeld dennoch eine besondere Chance: Die Akteure sind anwesend, können sich relativ problemlos miteinander verständigen, haben ähnliche kulturelle Erfahrungen und können den direkten Folgen ihres gemeinsamen Handelns kaum ausweichen. Sie sind zunehmend darauf angewiesen, zusammenzuarbeiten, um überleben zu können. Kooperation wird für die meisten Personen kaum aus ethischer Überzeugung, sondern eher aus einem Selbsterhaltungstrieb heraus entstehen. Darauf, daß charakterlich herausragende Persönlichkeiten den lokalen Verteilungskampf beenden, und ein harmonisches Miteinander verwirklichen, kann man sich kaum verlassen.

In der Praxis internationaler Zusammenarbeit haben im Zusammenhang der integrierten ländlichen Entwicklung die Anwendung partizipativer Methoden und die Kontakte mit außerstaatlichen Gruppen und Institutionen im lokalen Rahmen quantitativ und qualitativ an Bedeutung gewonnen (*Gapel* 1994, *Oakley* 1991), aber eine entscheidende Wandlung in der Lebensqualität der Betroffenen entstanden dadurch nicht. Zunächst ist es aufgrund der Vielzahl nationaler NROs und ihrer Programme für internationale Entwicklungsorganisationen schwierig, auch nur einen Überblick über Form und Gehalt all der Tätigkeiten zu gewinnen, die angeblich im lokalen Kontext von diesen ausgeführt werden. Die administrative Organisation von NROs ist Außenstehenden noch weniger zugänglich. Trotzdem werden gerade ihre funktionalen Kriterien wie Bilanzen, Personalbestand und Jahresplanung herangezogen, um eine materielle Unterstützung zu rechtfertigen. Die Frage, wie die Tätigkeiten dieser Gruppen im lokalen Kontext bewertet werden, spielt für die Budgetplanung zwischen internationalen und nationalen Organisationen keine entscheidende Rolle. Das hierarchische Verhältnis zwischen Geldgeber und -nehmer und die Betonung der organisatorischen vor den sozialen Faktoren sind Gründe dafür, daß sich die Aktivitäten verschiedener NROs überschneiden, oder Programme nicht durchgeführt werden können, die vor Ort erwünscht wären. Die Veruntreuung von Finanzmitteln durch NROs wird bestenfalls im Nachhinein bekannt und kann nicht mehr rückgängig gemacht werden. Entweder müßten daher die Kompetenzen neu aufgeteilt werden, oder internationale Agenturen sollten ihr Scheitern eingestehen, und sich zurückziehen.

Wenn in Gemeinden Interesse daran besteht, bestimmte Aktivitäten zu verwirklichen, müssen sie auch die Verantwortung für Organisation und Realisierung anteilig tragen. Im Bewußtsein der sogenannten Zielgruppen der Entwicklungszusammenarbeit nach partizipativem Muster ist aber die Idee verankert, daß „von außen" Geldzuwendungen kommen, die dann im lokalen Kontext „verteilt" werden. Gemeinschaftliche Anstrengung, um auf ein konkretes Ziel hinzuarbeiten, hat demgegenüber gegenwärtig keinen Rückhalt. Bevor also institutionelles Engagement jenseits von Geschenken beginnt, muß deutlich werden, daß dieses auch unterstützt wird. Organisatorisch wäre das zu erreichen, indem NROs erstens ein deutliches und professionelles Profil entwickeln, wo ihre speziellen Fähigkeiten liegen, die sie im lokalen Kontext anbieten möchten. So könnten sich ihre möglichen Aufgaben komplementär zu denen anderer Organisationen oder informeller Gruppen verhalten. Zweitens muß die Entscheidung über Themen und Inhalte in der Gemeinde verankert sein. Drittens sollte die Verantwortung für die Durchführung und Finanzierung von lokalen Initiativen geteilt werden. Auch können auf Dauer aus internationalen Quellen keine Aufgaben unterstützt werden, für die staatliche Mittel bereits existieren. Ohne den lokalen und nationalen Beitrag, der den vorhandenen Möglichkeiten entspricht, gerät die Bitte um Unterstützung ins Zwielicht von Almosenempfang und Unaufrichtigkeit. Viertens ist eine systematische Information über die Ideen, Aktivitäten und Erfahrungen der lokalen Bewegungen erforderlich, sodaß eine Verbindung zwischen den unterschiedlichen Ansätzen in den Gemeinden und den beteiligten Personen im lokalen, nationalen und internationalem Rahmen geschaffen werden kann.

7.2.2 Grenzüberschreitendes Handeln

Eine Unterstützung lokaler Bewegungen kann auch in internationalem Maßstab erfolgen, wenn die gegenseitigen Verantwortlichkeiten geklärt sind. Der gezielte Austausch von Informationen über Staatsgrenzen hinweg ist ein Mittel, damit Menschen ihre Gestaltungsspielräume verbessern können. Die finanziellen und organisatorischen Mittel dazu sind aber auf der lokalen und staatlichen Ebene selten vorhanden. Die internationalen Entwicklungs-agenturen können finanziell und organisatorisch dazu beitragen, daß Berater aus lateinamerikanischen Ländern ihre Erfahrungen und Lösungsansätze diskutieren und potentiellen Interessenten zugänglich machen. Das würde allerdings einen grundlegenden Wandel im Selbstverständnis internationaler Experten und Institutionen voraussetzen, da ihnen in erheblichem Maße die Definitionsmacht darüber, was in Entwicklungsländern zu geschehen habe, genommen wäre. Darauf ist in absehbarer Zeit kaum zu hoffen.

Ergänzend dazu müßte ein grundlegendes humanitäres Engagement Ziele und Inhalte internationaler Akteure bestimmen. Den Friedensprozeß in Guatemala zu unterstützen, heißt, dafür einzutreten, daß die alltägliche physische, politische und wirtschaftliche Gewaltausübung im Land abnimmt. Das schließt die Kritik an staatlichen Institutionen und Amtsinhabern und eine potentielle Bereitschaft, Bürgerrechtsbewegungen finanziell und ideell im Konfliktfall zu unterstützen, ein. Die notwendigen Veränderungen im Finanzsektor Guatemalas sind, wenn überhaupt, nur durch internationalen Druck zu erreichen. Auch dies wird, solange internationale Entwicklungsorganisationen ihren Regierungen Rechenschaft ablegen müssen, kaum eintreten. Die internationale „Zusammenarbeit" hat nach vier UN-Dekaden bislang mehr negative als positive Ergebnisse produziert (*Menzel* 1991). Wenn sie sich nicht grundlegend wandelt, gibt es daher kaum Anlaß, sie in dieser Form von den Bürgern der beteiligten Staaten weiterhin finanzieren zu lassen.

Wenn es den Mitgliedern von Industriegesellschaften wirklich ein Anliegen wäre, daß mehr Verteilungsgerechtigkeit auf der Welt herrschen sollte, müßte es dort eine Diskussion über neue Formen in den internationaler Beziehungen geben. Aber angesichts einer verbreiteten Ratlosigkeit, wie mit den veränderten geopolitischen und wirtschaftlichen Strukturen nach 1989 umgegangen werden soll, und aufgrund zunehmender existentieller Sorgen von Bürgern aus Industrienationen, wird diese Diskussion gegenwärtig überhaupt nicht geführt. Je mehr die persönliche Lebensplanung durch Arbeitslosigkeit, den Abbau des Sozialstaates, hohe Steuerlasten und einen sich verschärfenden Konkurrenzkampf belastet wird, umso entfernter erscheinen die Probleme derer, die jenseits der Grenzen der gemeinsamen Märkte leben.

Aber jene Phänomene des modernen Wirtschaftssystems, wodurch sich die Handlungskompetenz der Nationalstaaten verringert und der demokratische und soziale Zusammenhalt ihrer Gesellschaften in Gefahr gerät, sind Teil eines globalen Prozesses. Daher muß auch nach transnationalen Lösungsansätzen für diese Probleme gesucht werden (*Erne* u.a. 1995; *Gross*

1996). Da Globalisierung zu einem immer härteren Verteilungskampf zwischen Staaten oder Wirtschaftsverbünden führt, sind strukturell schwache Regionen und Länder den Regeln des Wettbewerbs ausgeliefert. Wenn westliche Gesellschaften es den internationalen Konzernen überlassen, diese Regeln nach ihren Bedürfnissen, das heißt ausschließlich renditeorientiert, zu gestalten, werden die Abstände zwischen den mehr und weniger „entwickelten" Regionen im globalen Maßstab und auch innerhalb der Industrienationen weiter zunehmen. Dies muß zu kriegerischen oder kriegsähnlichen Auseinandersetzungen führen. Überlegungen zur Neugestaltung der internationalen Wirtschaftsbeziehungen sind daher zwingend notwendig.

Also wird auch im internationalen Maßstab nicht die ethische Überzeugung, daß alle Menschen auf der Welt dieselben Chancen haben sollten, den entscheidenden Antrieb liefern, sondern eher das Bewußtsein, daß das zukünftige Überleben aller Nationen und die Vermeidung von Kriegen von ihrer Zusammenarbeit abhängt.

Schließlich ist jeder Akteur darauf angewiesen, die Handlungsregeln in seinem eigenen Umfeld zu hinterfragen und gegebenenfalls zu verändern, sodaß individuelle Lebensplanung und soziale Gemeinschaft zugleich realisiert werden können. Niemand anderer, als die es etwas angeht, werden diese Aufgabe übernehmen. Weder in Guatemala, noch in Europa kann oder darf darauf gehofft werden, daß bestehende Probleme glücklich von außen gelöst werden. Die Beziehungen von Personen über Staatsgrenzen hinweg sollten daher so verstanden werden, daß die Verantwortung zur Gestaltung des unmittelbaren sozialen und wirtschaftlichen Umfeldes vor allem bei den Mitgliedern der jeweiligen Gesellschaften liegt. Aber internationale Problemzusammenhänge müssen über staatliche Grenzen hinweg geregelt werden.

7.3 Zusammenfassung

Die Konzeption der möglichen Handlungsansätze in Guatemala und der Versuch der Neubestimmung internationaler Beziehungen als Gefüge aus individuellen Kontakten und institutionell abgesicherten Freiräumen gründet auf der idealistischen Annahme, daß das je notwendige persönliche Engagement zur Verwirklichung der vorgestellten Ideen auch vorhanden sein wird. Die formulierten Vorschläge stellen somit die positivste Version dessen, was geschehen *sollte*, dar. Nicht, was sicherlich geschehen wird. Die praktische Umsetzung dieser oder anderer Ideen hängt davon ab, welche Handlungsstrategien Menschen in Guatemala und im internationalen Kontext in Zukunft verfolgen und wie diese die gesellschaftliche Struktur beeinflussen werden.

Die Vorstellung möglicherweise wünschenswerter Veränderungen geht über den Ansatz der Handlungsanalyse heraus, indem er zukünftiges Handeln projiziert, und es ist strittig, ob dieses wissenschaftlich vertretbar ist. Aber da von der philosophischen These ausgegangen wurde, daß individuelle und damit auch wissenschaftliche Verantwortung persönliche Stellungnahme erfordert, wurde diese auch bewußt zum Teil der vorliegenden Arbeit gemacht. Das „Prinzip Verantwortung" kann zunächst als Ansporn verstanden werden, ethische Gesichtspunkte und reale Möglichkeiten kontrovers zu diskutieren. Ideale Konzeptionen können so als Leitfaden zukünftigen Handelns dienen, das dazu beiträgt, der Verwirklichung erwünschter Veränderungen näher zu kommen. Als ein ethisches Diktat, wie „richtig" gehandelt wird, dürfen sie nicht interpretiert werden. Jenes sollte durch das „Prinzip Freundschaft" erweitert werden, das sich in grenzüberschreitenden und lokalen Beziehungen zwischen Menschen zeigt, die langfristig und freiwillig in einem solchen Prozeß engagiert sind. Neben Verantwortung schließt dies eine gegenseitige Achtung, Toleranz und Anteilnahme ein.

Mein Freund, die Zeiten der Vergangenheit
Sind uns ein Buch mit sieben Siegeln.
Was ihr den Geist der Zeiten heißt,
das ist im Grund der Herren eigner Geist,
in dem die Zeiten sich bespiegeln.
(J.W.v Goethe, Faust I, 575-579)

8. Zusammenfassung und Schlußbemerkung

In dieser Arbeit wurde von vier Thesen ausgegangen, die sich auf Entstehung und Besonderheiten der wirtschaftlichen und sozialen Situation Guatemalas und die Frage der wissenschaftlich angemessenen Auseinandersetzung mit diesen bezogen. Da die Konstitution von Gesellschaft und die Ausprägung von Wirtschaftssystemen im Kern nicht voneinander zu trennen sind, wird wirtschaftsgeographische Forschung interdisziplinär vorgehen müssen. Die Entwicklung eines handlungstheoretischen Ansatzes und die modellartige Darstellung der Wechselwirkungen zwischen gesellschaftlicher Struktur, individuellem Handeln und räumlich-materiellem Umfeld legte dann die methodologische Grundlage für die weitere Auseinandersetzung mit den Phänomenen der sozialen und wirtschaftlichen Realität dieses Landes.

Zunächst stand die Analyse der strukturellen Bedingungen wirtschaftlichen Handelns im Zentrum der Betrachtung. Es wurde deutlich, daß das Handeln einer Gruppe gesellschaftlich mächtiger Akteure zu Resultaten führt, die den Großteil der übrigen Bevölkerung des Landes in ihrem individuellem Handlungsrahmen stark beeinflußt. Für die Bereiche der Finanzwirtschaft und der organisierten Kriminalität, die für das Wirtschaftssystem von zentraler Bedeutung sind, wurde dies exemplarisch mit empirischen Daten belegt.

Daran schloß sich die Darstellung verschiedener individueller Strategien des wirtschaftlichen Handelns an. Diese zeigte, daß neben den strukturellen Handlungsregeln auch die subjektiven Bedeutungszuweisungen und der individuelle Erfahrungsschatz von Personen ihr Handeln und die Gestaltung ihres wirtschaftlichen Umfeldes entscheidend prägen. Daher beruht eine Regionalisierung des wirtschaftlichen Handelns auf dem guatemaltekischen Territorium auf strukturellen, individuellen und materiellen Faktoren. Die materiellen Spuren bereits erfolgter Handlungen, die Präsenz einer bestimmten gesellschaftlichen Gruppe von Akteuren und Aspekte der naturräumlichen Ausstattung eines Gebietes treffen so zusammen, daß jeweils typische Handlungsabläufe an bestimmten Orten verwirklicht werden, die für diese Region dann als charakteristisch gelten können.

Aus theoretischer Sicht wurde dann eine Begrifflichkeit vorgeschlagen, die der unterschiedlichen zeiträumlichen Ausdehnung wirtschaftlicher Handlungen Rechnung trägt. Mit den Konzepten des „Action Settings", des „Aktionsraumes" und der „Region" kann die Wirtschaftsgeographie als handlungsorientierte Regionalwissenschaft verstanden werden. Da Regionen in die Dualität lokaler und globaler wirtschaftlicher Zusammenhänge eingebettet sind, wurden diese Konzeptionen zusätzlich durch eine theoriegeleitete Darstellung des sich globalisierenden Wirtschaftssystems ergänzt. In bezug auf das Wissenschaftsverständnis wurde es als Teil des handlungstheoretischen Ansatzes verstanden, strukturelle Handlungszwänge zu benennen und aufgrund der differenzierten Analyse Lösungsvorschläge zu entwikkeln.

Dieses Engagement führte zu grundsätzlichen Überlegungen, welche die Bereichen zukunftsorientierten Handelns im lokalen, regionalen und globalen Maßstab und welche die dabei beteiligten Akteure sein werden, womit die vorliegende Untersuchung schließt. So wurden sowohl die Ausgangsthesen differenziert begründet und erhärtet, als auch die wissenschaftliche Analyse mit Horizonten für gesellschaftliches Handeln in internationalen Zusammenhängen verbunden.

Die Ergebnisse dieser Arbeit laden in vielerlei Hinsicht zu Widerspruch ein, da sie als unbequem empfunden werden können. Die gezeigten Ausschnitte alltäglichen Handelns fügen sich weder zu einem positiven oder harmonischen Bild „Guatemalas", noch ist die Analyse struktureller Hintergründe von der Überzeugung getragen, daß die augenblickliche Form des globalen Wirtschaftens dazu führen wird, Ungleichheit und Gewalt zu verringern. Darüber hinaus sind auch die gezeigten Ansätze für zukünftiges Handeln weder Allheilmittel noch leicht zu verwirklichen. Und letztlich ist jede wissenschaftliche Analyse, als Versuch der Darstellung von Wirklichkeit, notwendigerweise begrenzt.

Karte 1

Ethno-linguistische Gliederung Guatemalas

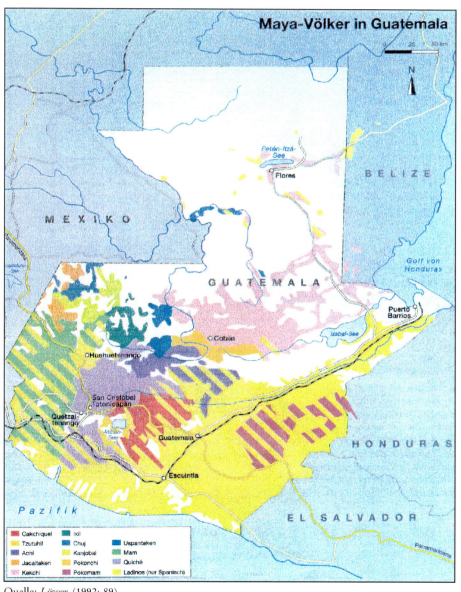

Quelle: *Löwer* (1992: 89)

Karte 2

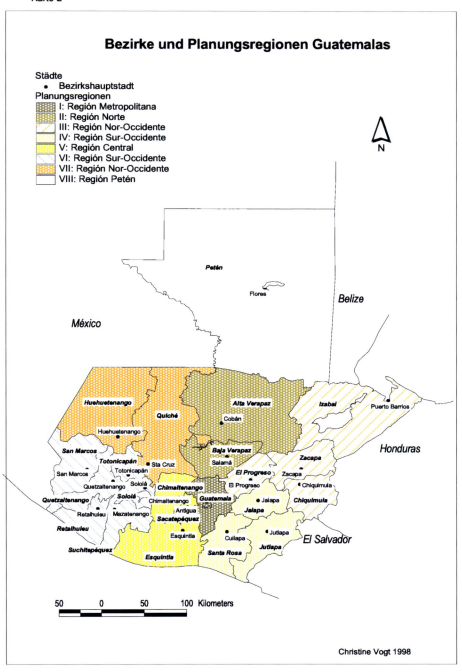

Bezirke und Planungsregionen Guatemalas

Städte
- Bezirkshauptstadt

Planungsregionen
- I: Región Metropolitana
- II: Región Norte
- III: Región Nor-Occidente
- IV: Región Sur-Occidente
- V: Región Central
- VI: Región Sur-Occidente
- VII: Región Nor-Occidente
- VIII: Región Petén

N

Petén

Flores

Belize

México

Huehuetenango

Quiché

Alta Verapaz

Izabal

Puerto Barrios

Cobán

Huehuetenango

Honduras

San Marcos

Totonicapán

Sta Cruz

Baja Verapaz

Salamá

Zacapa

Totonicapán

El Progreso

Zacapa

San Marcos

Quetzaltenango

Sololá

Sololá

Chimaltenango

El Progreso

Chiquimula

Chiquimula

Quetzaltenango

Sololá

Chimaltenango

Guatemala

Jalapa

Retalhuleu

Mazatenango

Antigua

Jalapa

Chimaltenango

Sacatepéquez

Retalhuleu

Esquintla

Cuilapa

Jutlapa

El Salvador

Suchitepéquez

Esquintla

Santa Rosa

Jutlapa

Jutlapa

50   0   50   100 Kilometers

Christine Vogt 1998

145

Karte 3:

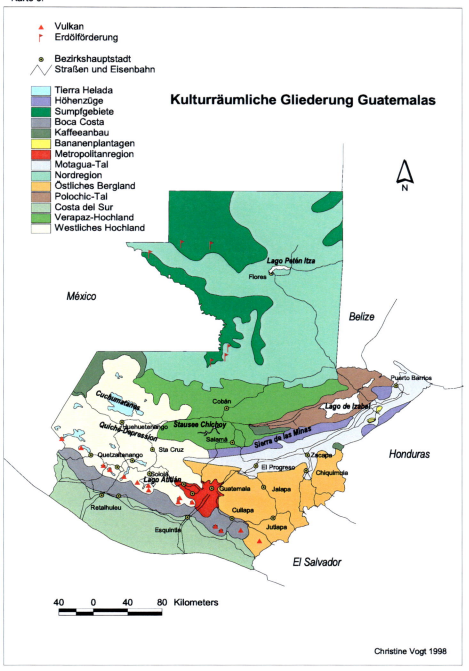

Vulkan
Erdölförderung

Bezirkshauptstadt
Straßen und Eisenbahn

Tierra Helada
Höhenzüge
Sumpfgebiete
Boca Costa
Kaffeeanbau
Bananenplantagen
Metropolitanregion
Motagua-Tal
Nordregion
Östliches Bergland
Polochic-Tal
Costa del Sur
Verapaz-Hochland
Westliches Hochland

Kulturräumliche Gliederung Guatemalas

N

México

Belize

Honduras

El Salvador

Lago Petén Itza
Flores

Puerto Barrios

Cobán
Lago de Izabal

Cuchumatanes

Quiché-Depression
Huehuetenango
Stausee Chichoy
Salamá
Sierra de las Minas

Quetzaltenango
Sta Cruz
Zacapa

El Progreso
Chiquimula

Sololá
Lago Atitlán
Guatemala
Jalapa

Retalhuleu
Cuilapa

Esquintla
Jutiapa

40   0   40   80   Kilometers

Christine Vogt 1998

147

Karte 4

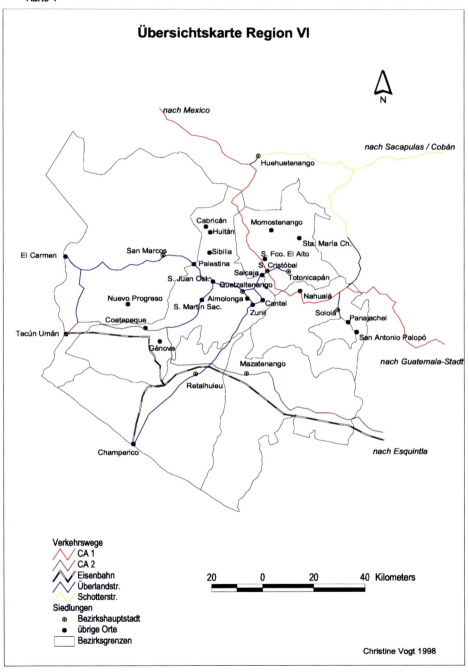

Übersichtskarte Region VI

N

nach Mexico

nach Sacapulas / Cobán

Huehuetenango

Cabricán
Huitán
Momostenango
Sta. María Ch.

San Marcos
Sibilia
S. Fco. El Alto

El Carmen
Palestina
S. Cristóbal
Salcaja
Totonicapán
S. Juan Ost.
Quetzaltenango

Nuevo Progreso
Almolonga
Nahualá
S. Martin Sac.
Cantel
Coatepeque
Zunil
Sololá
Panajachel

Tecún Umán
Génova
San Antonio Palopó

Mazatenango
nach Guatemala-Stadt

Retalhuleu

Champerico
nach Esquintla

Verkehrswege
CA 1
CA 2
Eisenbahn
Überlandstr.
Schotterstr.
Siedlungen
Bezirkshauptstadt
übrige Orte
Bezirksgrenzen

20   0   20   40 Kilometers

Christine Vogt 1998

149

Karte 5

Geographische Verteilung von Finanzressourcen in Guatemala

Anzahl von Bankenfilialen in
Bezirkshauptstädten (1995)

Stadt	Anzahl
Quetzaltenango	22
Retalhuleu	9
Huehuetenango	17
Sololá	2
Totonicapán	3
Sta Cruz, Quiché	4
San Marcos	3
Chimaltenango	8
Antigua	11
Mazatenango	13
Coatepeque	17
Esquintla	22
Guatemala Stadt	235
Cobán	12
Salamá	3
Jalapa	9
Flores	2
Jutiapa	8
Chiquimula	11
Zacapa	11
Puerto Barrios	12
Cuilapa	1

Kredite im Jahresdurchschnitt
1977-86 (Quetzales /p. cap.)
Städte

⊙   Bezirk

jährl. Kreditsumme (Q) pro Kopf

5 - 16
17 - 37
38 - 70
71 - 185
466

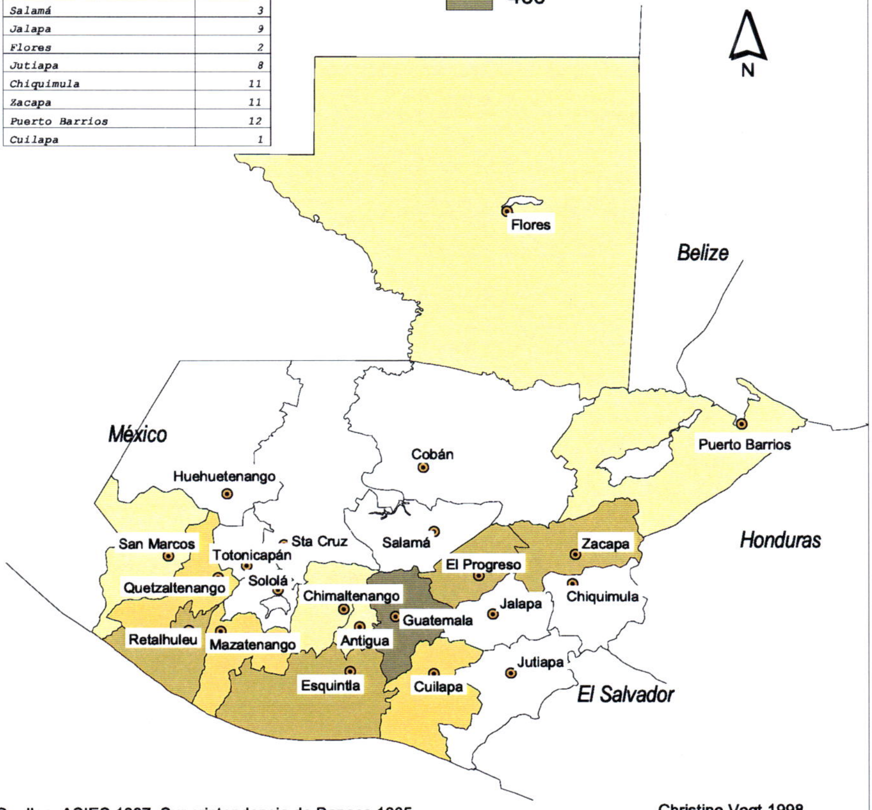

N

Belize

México

Honduras

El Salvador

Flores

Puerto Barrios

Cobán

Huehuetenango

Sta Cruz   Salamá
San Marcos
Totonicapán   Zacapa
                El Progreso
Quetzaltenango   Sololá
            Chimaltenango   Chiquimula
                        Jalapa
Retalhuleu   Mazatenango   Antigua
                    Guatemala
        Esquintla   Cuilapa   Jutiapa

Quellen: ASIES 1987, Superintendencia de Bancos 1995

Christine Vogt 1998

151

Karte 6

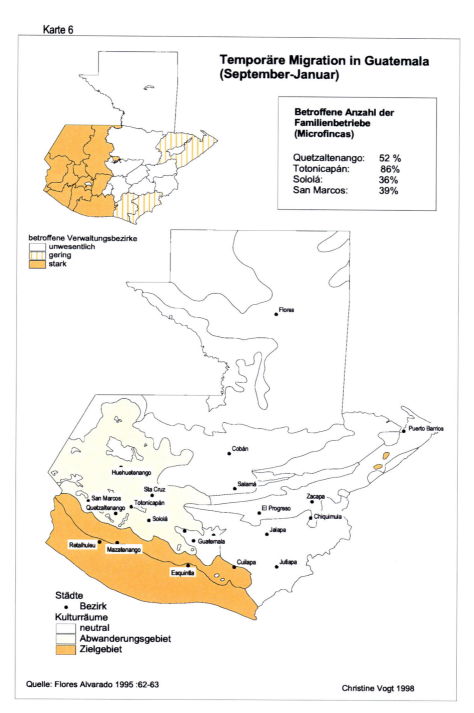

Temporäre Migration in Guatemala (September-Januar)

Betroffene Anzahl der Familienbetriebe (Microfincas)

Quetzaltenango:	52 %
Totonicapán:	86%
Sololá:	36%
San Marcos:	39%

betroffene Verwaltungsbezirke
- unwesentlich
- gering
- stark

Flores

Puerto Barrios

Cobán

Huehuetenango

Sta Cruz

Salamá

San Marcos   Totonicapán   Zacapa

Quetzaltenango   El Progreso   Chiquimula

Sololá

Jalapa

Retalhuleu   Mazatenango   Guatemala

Cuilapa   Jutiapa

Esquintla

Städte
- Bezirk

Kulturräume
- neutral
- Abwanderungsgebiet
- Zielgebiet

Quelle: Flores Alvarado 1995 :62-63

Christine Vogt 1998

153

Karte 7

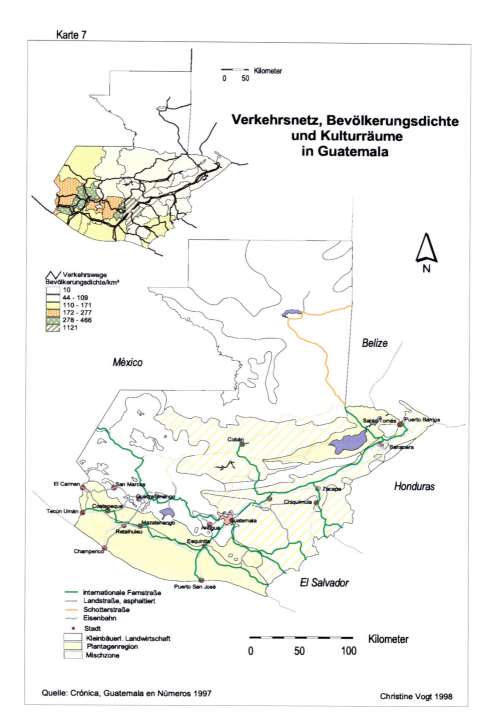

Kilometer
0   50

Verkehrsnetz, Bevölkerungsdichte
und Kulturräume
in Guatemala

N

Verkehrswege
Bevölkerungsdichte/km²
- 10
- 44 – 109
- 110 – 171
- 172 – 277
- 278 – 466
- 1121

México

Belize

Cobán

Santo Tomás   Puerto Barrios

Bananera

Honduras

El Carmen   San Marcos
Quetzaltenango
Tecún Umán   Coatepeque
Mazatenango   Antigua   Guatemala
Retalhuleu   Esquintla
Champerico

Zacapa
Chiquimula

Puerto San José

El Salvador

internationale Fernstraße
Landstraße, asphaltiert
Schotterstraße
Eisenbahn
Stadt
Kleinbäuerl. Landwirtschaft
Plantagenregion
Mischzone

Kilometer
0   50   100

Quelle: Crónica, Guatemala en Números 1997

Christine Vogt 1998

Karte 8

Guatemala-Stadt: Verkehrsnetz und Bezirke

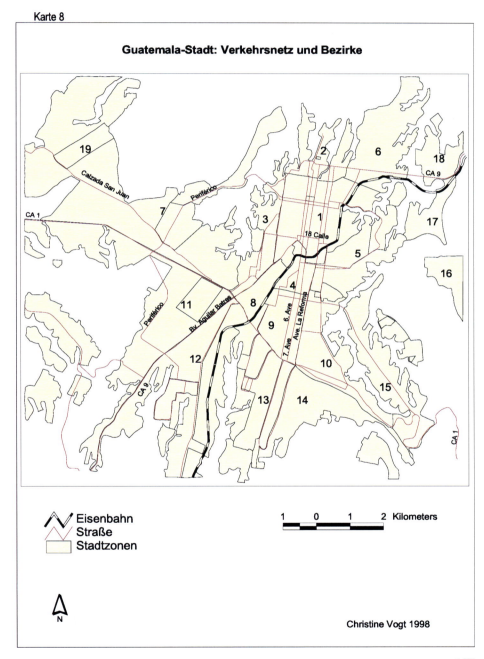

Eisenbahn
Straße
Stadtzonen

1   0   1   2 Kilometers

N

Christine Vogt 1998

Karte 9

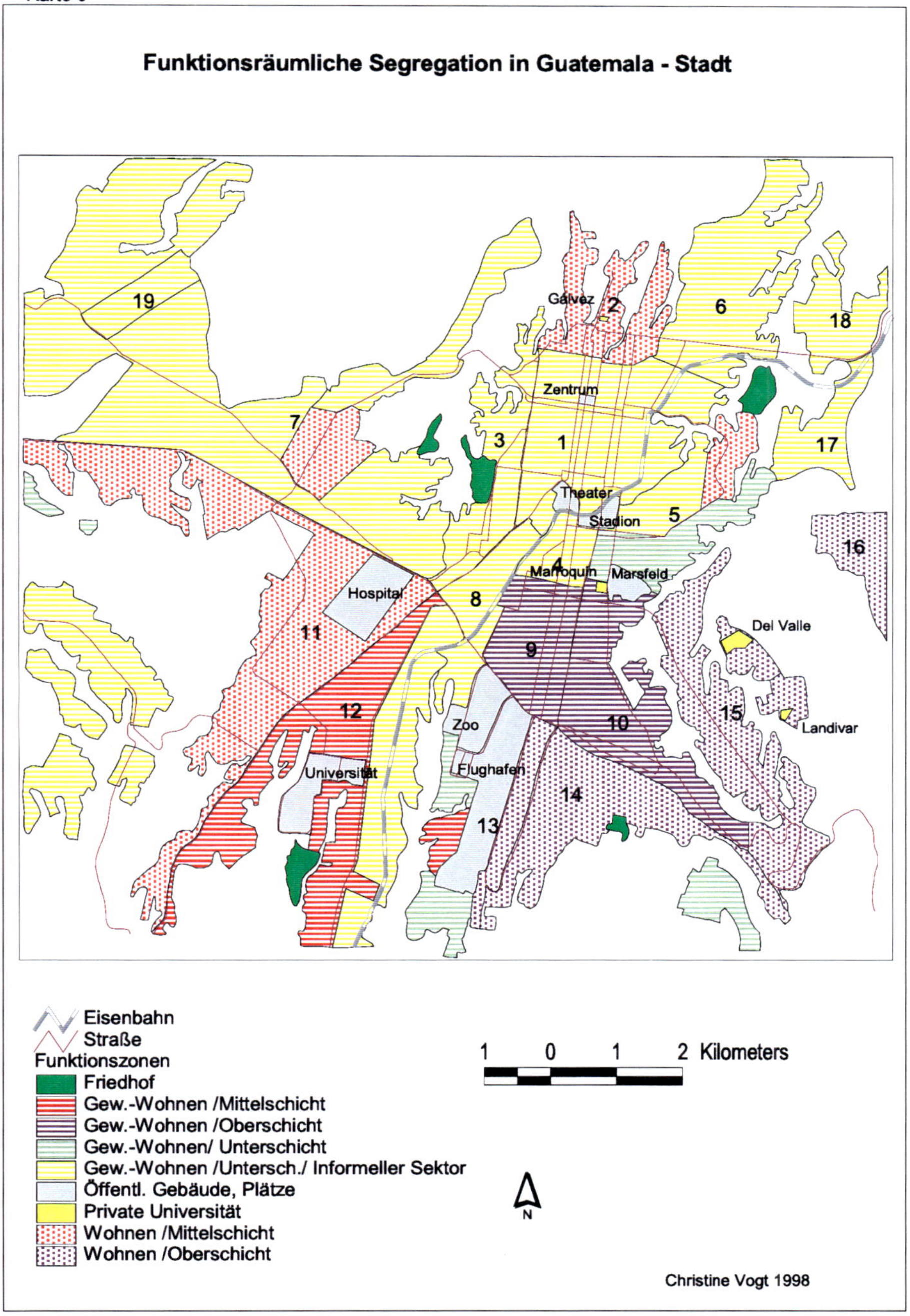

Funktionsräumliche Segregation in Guatemala - Stadt
19
Gálvez
2
6
18
Zentrum
7
3
1
17
Theater
Stadion
5
16
4
Marroquín
Marsfeld
Hospital
8
Del Valle
11
9
12
Zoo
10
15
Landivar
Universität
Flughafen
14
13
Eisenbahn
Straße
Funktionszonen
Friedhof
Gew.-Wohnen /Mittelschicht
Gew.-Wohnen /Oberschicht
Gew.-Wohnen/ Unterschicht
Gew.-Wohnen /Untersch./ Informeller Sektor
Öffentl. Gebäude, Plätze
Private Universität
Wohnen /Mittelschicht
Wohnen /Oberschicht
1 0 1 2 Kilometers
N
Christine Vogt 1998

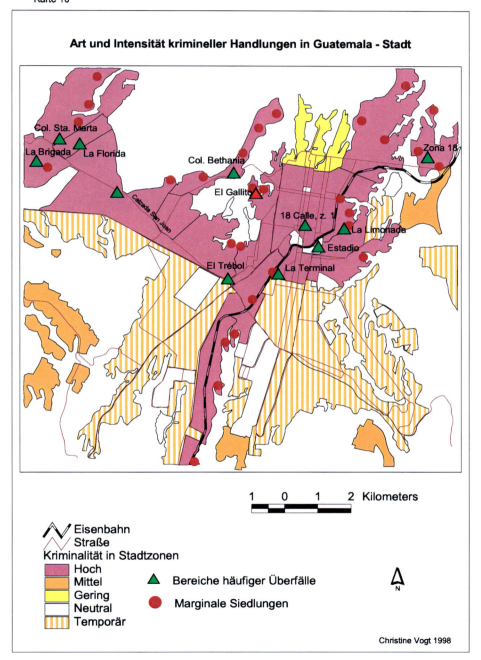

Art und Intensität krimineller Handlungen in Guatemala - Stadt

Col. Sta. Marta
La Brigada La Florida
Col. Bethania
Calzada San Juan
El Gallito
18 Calle, z. 1
La Limonada
Estadio
El Trébol La Terminal
Zona 18

1 0 1 2 Kilometers

Eisenbahn
Straße
Kriminalität in Stadtzonen
Hoch
Mittel
Gering
Neutral
Temporär

△ Bereiche häufiger Überfälle

⬤ Marginale Siedlungen

N

Christine Vogt 1998

Organisierte Kriminalität und Konfliktzonen Guatemalas

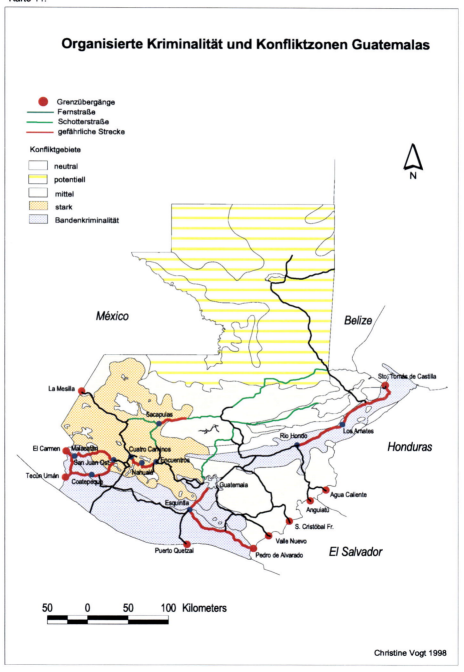

Christine Vogt 1998

163

Abkürzungsverzeichnis

ARTEXCO: Federación de Cooperativas de Producción Artesanal de Occidente
ASDESARROLLO: Asociación Civil Guatemalteca para el Desarrollo Integral
ASIES: Asociación de Investigación y Estudios Sociales
ATAMEGUA: Asociación de Talleres y Mecánicos de Guatemala
BANGUAT: Banco de Guatemala
CACIF: Comité Coordinador de Asociaciones Agrícolas, Comerciales, Industriales y Financieras
CADISOGUA: Coordinadora de Asociaciones de Desarrollo Integral del Sur-Occidente de Guatemala
CDRO: Centro de Desarrollo Integral Rural
CEDEPEM: Centro Experimental para el Desarrollo Integral de la Pequeña y Mediana Empresa
CEIPA: Centro Eucomenico para la Integración Pastoral
CIEN: Centro de Investigación Económica Nacional
COPAZ: Comisión para la Paz
FES: Friedrich-Ebert-Stiftung
FIE: Fundación para la Investigación Económica
FUNDESPE: Fundación para el Desarrollo de la Pequeña Empresa
FRG: Frente Republicano Guatemalteco
GTZ: Deutsche Gesellschaft für Technische Zusammenarbeit
INACOP: Instituto Nacional de Cooperativas
INDE: Instituto Nacional de Electrificación
INE: Instituto Nacional de Estadística
INGECOOP: Inspección General de Cooperativas
IWF: Internationaler Währungsfonds
MF: Ministerio de Finanzas
MINUGUA: Misión de Naciones Unidas para Guatemala
NAFTA: North American Free Trade Agreement
NRO: Nicht-Regierungs-Organisation
ORPA: Organización del Pueblo en Armas
PRI: Partido de la Revolución Institucionalizada
PROFOCO: Fomento de la Micro- y Pequeña Empresa. Cooperación Guatemala-Alemania.
PRONEBI: Programa Nacional para la Educación Bilingüe
SEGEPLAN: Secretaría General de Planificación
UNICEF: United Nations International Childrens and Education Fund
URNG: Unidad Revolucionaria Nacional de Guatemala
US-AID: United States Agency for Internacional Development

Literaturverzeichnis

Altvater, E. (1992²): Die Zukunft des Marktes: ein Essay über die Regulation von Geld und Natur nach dem Scheitern des „real existierenden" Sozialismus. Münster.

Altvater, E. (1996): Globale Verteilungskonflikte. In: Haedrich, M; W. Ruf (Hg.): Globale Krisen und europäische Verantwortung - Visionen für das 21. Jahrhundert. (=Schriftenreihe der Arbeitsgemeinschaft für Friedens- und Konfliktforschung e.V. (AFK) 23). Baden-Baden. 79-95.

Altvater, E.; B. Mahnkopf (1997²):Grenzen der Globalisierung. Ökonomie, Ökologie und Politik in der Weltgesellschaft. Münster.

Arnold, H. (1988): Soziologische Theorien und ihre Anwendung in der Sozialgeographie (=Urbs et Regio 49). Kassel.

ASIES (Hg.) (1993): Caracterización de la región Sur-Occidente. (=Momento, 8. Jg., H. 11). Guatemala Ciudad.

ASIES (Hg.) (1994): Guatemala: El sistema financiero y el proceso de desintermediación bacaria. (=Momento, 9. Jg., H. 11). Guatemala Ciudad.

Ayau Cordón, M.F. (1989): La década perdida. Guatemala Ciudad.

Banco de Guatemala (1980-1997): Boletines Estadísticos. Guatemala Ciudad.

Banco de Guatemala, Departamento de Estudios Económicos (1997): Indicadores de corto plazo de las principales variables de los sectores monetario y externo. Al 9 de Octubre 1997. Guatemala Ciudad.

Barker, R.G. (1968): Ecological Psychology. Concepts and Methods for Studying the Environment of Human Behaviour. Stanford.

Bartels, D. (1968): Zur wissenschaftstheoretischen Grundlegung einer Geographie des Menschen. Wiesbaden.

Bartels, D. (1970): Einleitung. In: Bartels, D. (Hg.): Wirtschafts- und Sozialgeographie. Köln/Berlin. 13-48.

Bartels, D. (1979): Theorien nationaler Siedlungssysteme und Raumordnungspolitik. In: Geographische Zeitschrift, 67. Jg., H.2. 110-146.

Bastos, S.; M. Camus (1995): Los mayas de la Capital. Un estudio sobre identidad étnica y mundo urbano. Guatemala Ciud. FLACSO.

Beck, U. (1986): Risikogesellschaft. Auf dem Weg in eine andere Moderne. Frankfurt a.M..

Beck, U. (1988): Gegengifte. Die organisierte Unverantwortlichkeit. Frankfurt a.M..

Berger, S. A. (1992): Political and agrarian development in Guatemala (Westview special studies on Latin America and the Caribbean). Boulder/Oxford.

Binswanger, H.C. (1991): Geld und Natur. Das wirtschaftliche Wachstum im Spannungsfeld zwischen Ökonomie und Ökologie. Stuttgart/Wien.

Birk, F. (1995a): Kommunikation, Distanz und Organisation. Dörfliche Organisation indianischer Kleinbauern im westlichen Hochland Guatemalas. (=Tübinger Geographische Studien 115; Tübinger Beiträge zur Geographischen Lateinamerika-Forschung 13). Tübingen.

Birk, F. (Hg.) (1995b): Guatemala. Ende ohne Aufbruch, Aufbruch ohne Ende? Aktuelle Beiträge zur Gesellschaftspolitik, Wirtschaft und Kultur. Frankfurt a.M..

Birk, F. (1995c): Lokale Kultur, regionale Gesellschaft und globale Wirtschaft - Zur Inkulturation der Moderne in indigenen dörflichen Institutionen. In: Birk, F. (Hg.) Guatemala. Ende ohne Aufbruch, Aufbruch ohne Ende? Aktuelle Beiträge zur Gesellschaftspolitik, Wirtschaft und Kultur. Frankfurt a.M.. 67-80.

Birk, F. (1996): Informe final del trabajo de asesoría administrativa y técnica en la Cooperativa Santiago Cabricán, R.L.. (Unveröffentl. Manuskript). Quetzaltenango.

Birk (Hg.) (1997): Guatemala: Oprimida, pobre o princesa embrujada? Discusiones abiertas sobre economía y sociedad. (= Colección Construyendo la Paz 2, Friedrich-Ebert-Stiftung Guatemala). Guatemala Ciudad.

Blanck, E. (1996a): El caso Guzmán, un crimen sin castigo. In: Crónica v. 25.10.1996. 30-31.

Blanck, E. (1996b): La quiebra de la URNG. In: Crónica v. 1.11.1996. 19-24.

Blotevogel, H.H. (1997): Stellungnahme zu B. Werlens „Sozialgeographie alltäglicher Regiona-lisierungen". Vortrag auf dem 51. Deutschen Geographentag, Bonn 1997: Europa in einer Welt im Wandel. (Unveröffentl. Manuskript). Bochum.

Bobek, H. (1950): Aufriß einer vergleichenden Sozialgeographie. In: Mitteilungen der Geographischen Gesellschaft Wien 92. 34-35.

Boesch, M. (1989): Engagierte Geographie. Zur Rekonstruktion der Raumwissenschaft als politikorientierte Geographie. (=Erdkundliches Wissen 98). Stuttgart.

Borsdorf, A. (1976): Valdivia und Osorno. Strukturelle Disparitäten und Entwicklungsprobleme in chilenischen Mittelstädten. Ein geographischer Beitrag zu Urbanisierungserscheinungen in Lateinamerika. (=Tübinger Geographische Studien 69). Tübingen.

Braudel, F. (1985): Sozialgeschichte des 15.-18. Jahrhunderts. Bd. 1. Der Alltag. München.

Brunner, M. (1995): Guatemala im Weltsystem. In: Birk, F. (Hg.): Guatemala. Ende ohne Aufbruch, Aufbruch ohne Ende? Aktuelle Beiträge zur Gesellschaftspolitik, Wirtschaft und Kultur. Frankfurt a.M.. 213-228.

Brunner, M.; W. Dietrich; M. Kaller (1993): Projekt Guatemala: Vorder- und Hintergründe der österreichischen Wahrnehmung eines zentralamerikanischen Landes. Frankfurt a.M..

Cambranes, J.C. (1985): Coffee and Peasants. The Origins of the Modern Plantation Economy in Guatemala, 1853-1897. Guatemala City.

Cambranes, J.C. (1986): Introducción a la Historia Agraria de Guatemala, 1500-1900. Guatemala Ciudad.

Campos, E.; Hernández, R. (1997): Decomisan mil kilogrmas de cocaina. In: Prensa Libre v. 15.05.1997. (Internet) 11-12.

Carlstein, T.; D. Parkes; N. Thrift (Hg.) (1978): Timimg Space and Spacing Time. Bd. 2: Human Activity and Time Geography. London.

Carmack, R. (1988): Harvest of violence: The Maya Indians and the Guatemalan Crisis. Norman.

Castañeda (1993) La utopia desarmada - intrigas, dilemas y promesa de la izquierda en América Latina. Mexico D.F.

CCC-CA (Confederación de Cooperativas del Caribe y Centro America) (Hg.) (1993): Cooperativismo de Guatemala en cifras. San José.

CEG (Centro de Estudios de Guatemala) (1994): La democracia de las armas. Gobiernos civiles y poder militar. Mexico D.F.

CEIDEC (Centro de Estudios Integrados de Desarrollo) (1988):Guatemala: Polos de Desarrollo. El caso de la desestructuración de las comunidades indígenas. Mexico D.F.

Cervantes, J. (1997): Alltag in Chiapas. In: Panorama.Lateinamerika Anders. Jg. 22, H. 10. Wien. 6-7.

CIEDLA (Centro Interdisciplinario de Estudios sobre el Desarrollo Latinoamericano de la Fundación Konrad Adenauer)(Hg.) (1992): Cooperativismo: Instrumento de Desarrollo en un Orden Libre. Buenos Aires.

Chinchilla, L. (1994): La verdad sobre el sector PYME en Guatemala. (=Materiales de estudio y trabajo 2, Friedrich-Ebert Stiftung Guatemala und Federación de la Pequena y Mediana Empresa Guatemalteca (FEPYME)). Guatemala Ciudad.

Clemente Marroquín, O. (1996):El gobierno no se atreve a procesar a empresarios. In: Crónica v. 1.11.1996. 30-31.

Cojtí Cuxil, D. (1997a): Unidad del estado mestizo y regiones autónomas mayas. In: Birk, F. (Hg.): Guatemala - Oprimida, Pobre o Princesa Embrujada? Discusiones abiertas sobre economía y sociedad. (= Colección Construyendo la Paz 2, Friedrich-Ebert-Stiftung Guatemala). Guatemala Ciudad. 175-190.

Cojtí Cuxil, D. (1997b): Eine Politik für mein Volk. In: Allebrand, R. (Hg.): Die Erben der Maya. Indianischer Aufbruch in Guatemala. Bad Honnef. 136-171.

Colindres, F.; Gramajo, S. (1996): Alarma Roja. In: Crónica v. 1.03.1996. 17-23.

Colindres, F.; Recinos, M. (1996): Fraude por cielo, mar y tierra. In: Crónica v. 18.10.1996. 19-24.

Colindres, F. (1997): El MP encuentra más evidencias en caso Moreno. In: Crónica v. 18.07.1997. 19-21.

Conde, M. (1997): Excombatientes niegan estar realzados Triangulo Ixil, Quiché. In: Prensa Libre v. 30.06.1997. (Internet) 10-12.

Congreso de la República de Guatemala (1994): Constitución de la República de Guatemala. Guatemala Ciudad.

Cooperativa Santiago Cabricán (1985-1995): Estado de Resultados y Balance General de los anos 1985-1995. (Unveröffentl. Manuskripte). Cabricán, Quetzaltenango.

Cooperativa Santiago Cabricán (1961): Libro de Actas del Consejo de Administración. (Unveröffentl. Manuskript). Cabricán, Quetzaltenango.

Cooperativa Ixchel (1995): Estado de Resultados y Balance General del ano 1995. (Unveröffentl. Manuskript). Quetzaltenango.

Creutz, H. (1993): Das Geldsyndrom. Wege zu einer krisenfreien Marktwirtschaft. München.

Crónica (Hg.) (1996): Guatemala en números 1996. Los datos claves de la sociedad, la economía y las finanzas. Suplemento especial. Guatemala Ciudad.

Crónica (Hg.) (1997): Guatemala en números 1997. Los datos claves de la sociedad, la economía y las finanzas. Suplemento especial. Guatemala Ciudad.

Crónica v. 14.07.1995: El éxodo de las máquilas. 41-42.

Crónica v. 15.03.1996: Disparando Cocaina. 19-24.

Crónica v. 29.11.1996: Cómo se gastarán los dineros de la paz. 39-40.

Crystal Group (1997): Perfil de Guatemala. Datos de Economía y Sociedad. Guatemala Ciudad.

Danielzyk, R.; J. Oßenbrügge (1996): Lokale Handlungsspielräume zur Gestaltung internationalisierter Wirtschaftsräume. Raumentwicklung zwischen Globalisierung und Regionalisierung. In: Zeitschrift für Wirtschaftsgeographie, Jg. 40, H. 1-2. 101-112.

Deutsche Gesellschaft für die Vereinten Nationen (Hg.) (1994): Bericht über die Menschliche Entwicklung 1994 (Veröffentlicht für das Entwicklungsprogramm der Vereinten Nationen = UNDP Human Development Report 1994). Bonn.

Dietrich, W. (1994): Hawa Mahal. Menschen. Rechte. Staaten. In: Borsdorf, A. (Hg.): Lateinamerika: Krise ohne Ende? (=Innsbrucker Geographische Studien 21). Innsbruck. 147-160.

Dietrich, W. (1995): Utziläj k´aslen - Zur Unvereinbarkeit von Staat, Militär und ziviler Gesellschaft in Guatemala. In: Birk, F. (Hg.): Guatemala. Ende ohne Aufbruch, Aufbruch ohne Ende? Aktuelle Beiträge zur Gesellschaftspolitik, Wirtschaft und Kultur. Frankfurt a.M.. 161-176.

Dixon, M.; Jonas, S. (Hg.) (1983): Revolution and intervention in Central America. San Francisco.

Duwendag, D.; K.-H. Ketterer; W. Kösters; R. Pohl; D.B. Simmert (1993[4]): Geldtheorie und Geldpolitik. Eine problemorientierte Einführung mit einem Kompendium monetärer Fachbegriffe. Köln.

Erne, R.; A. Gross; B. Kaufmann; H. Kleger (Hg.) (1995): Transnationale Demokratie. Impulse für ein demokratisch verfasstes Europa. Zürich.

Escher, A.; E. Wirth (1992): Die Medina von Fes: geographische Beiträge zu Persistenz und Dynamik, Verfall und Erneuerung einer traditionellen islamischen Stadt in handlungstheoretischer Sicht. (=Mitteilungen der Fränkischen Geographischen Gesellschaft, 39). Erlangen.

Ellegard, K.; T. Hägerstrand; B. Lenntorp (1977): Activity Organization and the Generation of Daily Travel: Two Future Alternatives In: Economic Geography. Jg. 53. , H. 3. 126-152.

Esteva, G. (1992): Fiesta - jenseits von Entwicklung, Hilfe und Politik. Frankfurt a.M./Wien.

Falk, R. (1996): Gefährdungen und Chancen in der Weltgesellschaft - Anmerkungen zu einigen Trends der globalen Entwicklung. In: Haedrich, M; W. Ruf (Hg.): Globale Krisen und europäische Verantwortung - Visionen für das 21. Jahrhundert. (=Schriftenreihe der Arbeitsgemeinschaft für Friedens- und Konfliktforschung e.V. (AFK) 23). Baden-Baden. 24-29.

Ferrigno Figueroa, V. (1997): Legitimidad, elecciones y gobernabilidad en Guatemala. In: Birk, F. (Hg.): Guatemala: Oprimida, Pobre o Princesa Embrujada? Discusiones abiertas sobre economía y sociedad. (= Colección Construyendo la Paz 2, Friedrich-Ebert-Stiftung Guatemala). Guatemala Ciudad. 191-216.

Flores, S. (1997):Ocho Hombres armados asaltan agencia bancaria en Centro Comercial La Quinta. In: Prensa Libre v. 20.08.1997. (Internet) 12-13.

Flores Alvarado, H. (1995): Migración de Jornaleros. (=Materiales de estudio y trabajo 5, Friedrich- Ebert Stiftung Guatemala). Guatemala Ciudad.

Frieling v., H.-D. (1996): Zwischen Skylla und Charybdis. Bemerkungen zur Regulationstheorie und ihrer Rezeption in der Geographie. In: Zeitschrift für Wirtschaftsgeographie, Jg. 40, H. 1-2. 80-88.

FUNDESA (1997): Viva Guatemala. The Official Visitor and Business Guide to Guatemala. Guatemala Ciudad.

Galtung, J. (1996): World: The Society of societies. In: Zapotoczky, K.; H. Griebl-Shehata (Hg.): Weltwirtschaft und Entwicklungspolitik. Wege zu einer entwicklungsgerechten Wirtschaftspolitik. Wien. 9-18.

Gapel, D. (1994): Aktionsfoschung und Kleingewerbeförderung. Methoden partizipativer Projektplanung und -durchführung in der Entwicklungszusammenarbeit. (= Ifo-Studien zur Entwicklungsforschung, 26). Köln/ München/ London.

Garzón Valdés, E. (1994): Verfassung und Stabilität in Lateinamerika. In: Borsdorf, A. (Hg.): Lateiname-rika: Krise ohne Ende? (=Innsbrucker Geographische Studien 21). Innsbruck. 43-60.

George, S. (1990): Sie sterben an unserem Geld. Die Verschuldung der Dritten Welt. Reinbek.

Gesell, S. (1984[10]): Die Natürliche Wirtschaftsordnung durch Freiland und Freigeld. Lauf b. Nürn-berg.

Giddens, A. (1992): Die Konstitution der Gesellschaft. Grundzüge einer Theorie der Strukturierung. Frankfurt/New York.

Gobierno de Guatemala; Unidad Revolucionaria Nacional Guatemalteca -URNG- (1997): Acuerdos de Paz. (=Materiales de estudio y trabajo 17, Friedrich-Ebert Stiftung Guatemala). Guatemala Ciudad.

González, A. L.(1996): El gasto social del gobierno para el ano 2000. In: Crónica v. 28.6.1996. 45-46.

González, M.; H. Shetemul; E. Blanck; D. Velasquéz (1996): El cascabel al gato. In. Crónica v. 20.09.1996. 19-24.

González Merlo, J.R. (1995): Estamos pagando la factura de la improvisación. In: Crónica v. 21.4.1995. 46-49.

González Moraga, M. (1996a):El caso Cifuentes, sigue la depuración. In: Crónica v. 4.10.1996. 23-24.

González Moraga, M. (1996b):La guerra de la Costa Sur. In: Crónica v. 6.12.1996. 21-23.

González Moraga, M. (1996c):Lo que cuesta protegerse. In: Crónica v. 19.07.1996. 15-20.

González, M.; C. Léon (1997): Primeros resultados de la cruzada anticorrupción. In: Crónica v. 24.10.1997. 19-20.

GTZ (=Deutsche Gesellschaft für Technische Zusammenarbeit) (Hg.) (1995): Guatemala: Grundbildung in ländlichen Regionen (= Bildungsreport 66). Eschborn.

Gutiérrez, E. (1997): Derechos Humanos y Sociedad Civil en la Dificil Transición Guatemalteca. In: Birk, F. (Hg.): Guatemala - Oprimida, Pobre o Princesa Embrujada? Discusiones abiertas sobre economía y sociedad. (= Colección Construyendo la Paz 2, Friedrich-Ebert-Stiftung Guatema-la). Guatemala Ciudad. 19-88.

Guzmán Boeckler (1986): Donde enmudecen las conciencias: Crepúsculo y aurora en Guatemala. México D.F..

Gross, A. (1996): Auf der politischen Baustelle Europa. Zürich.

Habermas, J. (1985): Die Krise des Wohlfahrtsstaates und die Erschöpfung utopischer Energien. In: Habermas, J.: Die Neue Unübersichtlichkeit. Kleine Politische Schriften V. Frankfurt a.M. 141-163.

Hägerstrand, T. (1975): Space, Time and Human Conditions. In: Karlquist, A. ; L. Lundquist; F. Snickars (Hg.): Dynamic Allocation of Urban Space. Westmead (Mass.). 3-14.

Hägerstrand, T. (1977): The time impact of social organization and environment upon the time-use of individuals and households; In: Kuklinski (Hg.): Social issues in regional policy and regional planning. Mouton. 59-67.

Hägerstrand, T. (1978): A note in the quality of life-times. In: Carlstein, T.; D. Parkes; N. Thrift (Hg.): Timimg Space and Spacing Time. Bd. 2: Human Activity and Time Geography. London. 215-224.

Handy, J. (1984): Gift of the Devil. A History of Guatemala. Boston.

Hankel, W. (1983): Die Finanzkrise zwischen Nord und Süd. Gründe, Lehren, Schlußfolgerungen. In: Simonis, U.E. (Hg.): Entwicklungsländer in der Finanzkrise. Berlin. 9-62.

Hard, G. (1989): Geographie als Spurenlesen. Eine Möglichkeit den Sinn und die Grenzen der geographie zu formulieren. In: Zeitschrift für Wirtschaftsgeographie. Jg. 33, H. 1/2. 2-11.

Hartke, W. (1959): Gedanken über die Bestimmung von Räumen gleichen sozialgeographischen Verhal-tens. In: Erdkunde. Jg. 13, H.4. 426-436.

Helbrecht, I. (1994): „Stadtmarketing". Konturen einer kommunikativen Stadtentwicklungspolitik. (=Stadtforschung aktuell, 44). Basel.

Hernández, R. (1997a): Tramitan tres órdenes de captura contra narcos vinculados con Ochoa. In: Prensa Libre v. 13.05.1997. (Internet) 9-10.

Hernández, R. (1997b): Reyes ingresó al país dos mil 500 furgones con ayuda del Comisariato. In: Prensa Libre v. 19.05.1997. (Internet) 4-5.

Herr, F. (1985): Die Fugger und ihre Zeit. Augsburg.

Hoegen v., M. (1987): Concentración geográfica de préstamos y descuentos concedidos por el sistema financiero de Guatemala. (= Publicaciones corrientes de ASIES, 4). Guatemala Ciudad.

Instituto Nacional de Estadística (INE) (1986): Los Principales Variables Económicos. Guatemala Ciudad.

Inforpress Centroamericana v. 30.01.1997: Guatemala: Recursos frescos para problemas viejos. 1-3.

International Monetary Found (IMF) (1994) (Hg.): International Financial Statistics Yearbook. New York.

Jonas, S. (1991): The Battle for Guatemala. Rebels, Death Squads, and U.S. Power. Boulder / San Francisco.

Jonas, H. (1993[3]): Das Prinzip Verantwortung. Versuch einer Ethik für die technologische Zivilisation. Frankfurt a.M..

Kalny, E. (1997): Das Gesetz, das wir im Herzen tragen. Aspekte familienrechtlicher Normen in zwei Hochlandgemeinden in Sacapulas, Quiché, Guatemala. (Unveröffentl. Manuskript). Wien.

Kant, I. (1985):Kritik der reinen Vernunft. Stuttgart.

Kaster, T.; A. Lammers (1979): Ausgewählte Materialien zur Zeitgeographie. (=Karlsruher Manuskripte zur Mathematischen und Theoretischen Wirtschafts- und Sozialgeographie 35). Karlsruhe.

Kennedy, M. (1991): Geld ohne Zinsen und Inflation. - Ein Tauschmittel, das jedem dient. München

Kihn, J.; Blanck, E. (1996): La estratégia del dragón. In: Crónica v. 6.09.1996. 17-20.

Klingbeil, D. (1978): Aktionsräume im Verdichtungsraum. Zeitpotentiale und ihre räumliche Nutzung. (=Münchner Geographische Hefte 41). München.

Krätke, S. (1996): Regulationstheoretische Perspektiven in der Wirtschaftsgeographie. In: Zeitschrift für Wirtschaftsgeographie, Jg. 40, H. 1-2. 6-19.

Lamnek, S. (1993[2]): Qualitative Sozialforschung. Bd. 2 Methoden und Techniken. München.

Landes, J. (1997):Análisis de la comercialización de hortalizas en la región de Quetzaltenango, Guatemala. (Unveröffentl. Manuskript). Quetzaltenango.

Lang, E. (1996): Die Bedeutung des informellen Sektors in der Weltwirtschaft. In: Zapotoczky, K.; H. Griebl-Shehata (Hg.): Weltwirtschaft und Entwicklungspolitik. Wege zu einer entwicklungsgerechten Wirtschaftspolitik. Wien. 73-83.

Larra, M. (1997): Repatriados pernoctan en la capital antes de llegar a su destino en Patulul. In: Prensa Libre v. 27.07.1997. (Internet) 5-6.

Löhr, D. (1993): Geld und Unsicherheit im Transformationsprozeß. In. Zeitschrift für Sozialökonomie. H.99. 22-27.

Löwer, H.-J. (1992): Wir sind noch nicht gestorben. Inka, Maya, Azteken. Einst - Jetzt. Nürnberg.

López Ovando, O. (1997):Llega a 357 número de asentamientos urbanos. In: In: Prensa Libre v. 30.08.1997. (Internet) 6-7.

Lovell (1988):Surviving Conquest. The Maya of Guatemala in Historical Perspective. In: Latin American Research Review, Jg. 23, H.2. Albuquerque. 25-57.

Mathis, F. (1992): Die Deutsche Wirtschaft im 16. Jahrhundert. München.

Martínez, G. (1995): Diagnóstico Cooperativa San Antonio Palopó. (Unveröffentl. Manuskript). Quetzaltenango.

Martínez Peláez, S. (1990[4]): La patría del criollo. Ensayo de interpretación de la realidad colonial guatemalteca. Guatemala Ciudad.

Martínez Peláez, S. (1991):Motines de indios. Guatemala Ciudad.

Maul, H. (1994): Perspectivas económicas para 1994. (=Carta Económica 133. Centro de Investigaciones Económicas Nacionales -CIEN-.) Guatemala Ciudad.

Méndez Zetina, M. A. (1997): BM presta al país Q 198 millones para educación. In: Prensa Libre v. 22.5.1997. (Internet) 2-5.

Mendoza Yaquián, M. (1995): El gobierno engordó los gastos en 1994. In: Crónica v. 24.2.1995. 36.

Menzel, U. (1991): Das Ende der Dritten Welt und das Scheitern der großen Theorien. Frankfurt a.M.

Ministerio de Trabajo y Previsión Social (1996): Salarios mínimos vigentes según actividad económica. Guatemala Ciudad.

Morales, C.; Colindres, F. (1996): La corrupción judicial. In: Crónica v. 4.10.1996. 19-22.

Morales de la Cruz, F. (1996): Arzú no responde. In. Crónica v. 12.07.1996. 19-23.

Morales Monzón, C. (1996): Los otros capos del narcocontrabando. In. Crónica v. 27.09.1996. 28-32.

Niederegger, G. (1997): Das Freigeldsysndrom. Für und Wider ein alternatives Geldsystem. Eine kritische Bestandsaufnahme. Wien.

Onken, W. (Hg.) (1993): Perspektiven einer ökologischen Ökonomie. Lütjenburg.

Oakley, P. (1991): Projects with people: The practice of participation in rural development. Geneva.

Oßenbrügge, J.; G. Sandner (1994):Zum Status der Politischen Geographie in einer unübersichtlichen Welt. In: Geographische Rundschau, Jg. 46 , H.12. 676-684.

Oßenbrügge, J. (1997): Stellungnahme zu B. Werlens „Sozialgeographie alltäglicher Regiona-lisierungen". Vortrag auf dem 51. Deutschen Geographentag, Bonn 1997: Europa in einer Welt im Wandel. (Unveröffentl. Manuskript). Hamburg.

Parsons, T. (1960): The principal structures of community. In: Parsons, T. (Hg.): Structure and process in modern societies. Glencoe /Illinois. 250-279.

Pérez-Sáinz, J.P. und R. Menjívar (1991): Informalidad urbana en Centroamérica. Entre la acumulación y la subsistencia. FLACSO. Guatemala Ciudad.

PNUD (Hg.) (1996): Informe sobre Desarrollo Humano 1996. Extracto Centroamericano. San José.

Popper, K. R. (1980[6]): Die offene Gesellschaft und ihre Feinde. Bd.2. München.

Posada, R. (1996): Hemos despedido el 60 por ciento de los empleados de la industria de calzado. In: Crónica v.12.6.1996. 47

PROFOCO/GTZ (1995): Protokolle der Veranstaltungen mit den grupos de acción (Schuhmacher, Bäcker, Schweißer, Stickerinnen) vom 26.5.1995, 27.5.1995, 1.06.1995, 8.6.1995. (Unveröffentl. Manuskripte). Quetzaltenango.

PROFOCO/GTZ (1996): Informe de investigación sobre necesidades de capacitación técnicas-empresariales. ATAMEGUA, CADISOGUA, CDRO, CEDEPEM, CEIPA y FUNDESPE. (Unveröffentl. Manuskript). Quetzaltenango.

Prensa Libre v. 28.02.1996: Veinte mil vehículos robados circulan en el país con documentos falsificados. 2.

Prensa Libre v. 15.05.1997: Fiscalía reconoce 36 casos de secuestro. (Internet) 10.

Prensa Libre v. 15.05.1997: Venta de activos del INDE. (Internet) 2-9.

Prensa Libre v. 17.05.1997: Empresas internacionales presentan ofertas para trabajar en nueve áreas petroleras.(Internet) 6-7.

Prensa Libre v. 18.05.1997: El treinta por ciento de la población es evangélica. (Internet) 2-3.

Prensa Libre v. 18.05.1997: Otro escándalo surge en torno a la URNG. (Internet) 4-5.

Prensa Libre v. 18.08.1997: Muerte de piloto provoca escasez de transporte y disturbios en El Milagro. (Internet) 6.

Prensa Libre v. 18.08.1997: Vinculan muerte de alcalde de La Unión, Zacapa, con narcotráfico. (Internet) 6-7.

Prensa Libre v. 18.08.1997: Atacan a niños de la calle sindicados de delincuentes. (Internet) 7-8.

Prensa Libre v. 18.08.1997:PNC está tras pista de cuatro secuestradores. (Internet) 8-9.

Prensa Libre v. 19.08.1997: Reformas a la ley de Bancos prevén sanciones a gerentes. (Internet) 3-4.

Prensa Libre v. 22.08.1997: Tres muertos deja balacera en zona 9, a inmediaciones del mercado La Terminal. (Internet) 11-12.

Prensa Libre v. 30.08.1997:Human Rights Watch denuncia abusos contra niños guatemaltecos. (Internet) 10.

Raffer, K. (1996): Internationale Verschuldung: Entstehung, „Management" und Lösungsansätze. In: Zapotoczky, K.; H. Griebl-Shehata (Hg.): Weltwirtschaft und Entwicklungspolitik. Wege zu einer entwicklungsgerechten Wirtschaftspolitik. Wien. 41-57.

Recinos, O. (1997): Con el Estado de Excepción se controlaría la delincuencia. Entrevista con Oscar Recinos, Presidente de Guardianes del Vecindario. In: Crónica v. 7.02.1997. 26.

Recinos Lima: (1996): Se incrementa la ola de secuestros. In. Crónica v. 29.11.1996. 24-25.

Reitz, M.; E.-M- Thoms (1997): Mut macht trotzig. In: Die Zeit v. 29.08.1997. 13-15.

Rojas Lima, F. (1988): La Cofradía. Reducto Cultural Indígena. Guatemala Ciudad.

Rojas Lima, F. (1990): Etnicidad - téoría y praxis, la revolución cultural de 1990. Guatemala Ciudad.

Rorty, R. (1997): Zurück zur Klassenpolitik. Über die Ungerechtigkeit in den Vereinigten Staaten und die Zukunft der Gewerkschaften. In: Die Zeit v.18.07.1997. 40.

Rosenthal, G.; R. Caballeros (1992): Ajuste estructural en Guatemala. In: Rodriguez, M. A. (Hg.): Ajuste estructural y progreso social. La experiencia centroamericana. San José. 223-247.

Salazar Santizo, J. G. (1995): Guatemala. Un pais de esperanza. Una estrategia para enfrentar los grandes desafíos del Siglo XXI. Guatemala Ciudad.

Sangmeister, H. (1994): Verschuldung und soziale Schuld. In: Junker, D.; D. Nohlen; H. Sangmeister (Hg.): Lateinamerika am Ende des 20. Jahrhunderts. München. 104-123.

Schlesinger, S.; Kinzer, S. (1986): Bananen-Krieg: das Exempel Guatemala. München.

Schütz, A.; T. Luckmann (1991[4]): Strukturender Lebenswelt. Bd.1. Frankfurt a. M..

Sedlacek, P. (1982): Kulturgeographie als normative Handlungswissenschaft. In: Sedlacek, P. (Hg.): Kultur-/Sozialgeographie. Paderborn. 187-216.

Sedlacek, P. (1988): Wirtschaftsgeographie. Darmstadt.

Senft, G. (1990): Weder Kapitalismus noch Kommunismus. Silvio Gesell und das libertäre Modell der Freiwirtschaft. (=Archiv für Sozial- und Kulturgeschichte 3). Berlin.

Shetemul, H. (1997): Con el Estado de Excepción se controlaría la delincuencia. In: Crónica v. 7.02.1997. 26.

Siglo Veintiuno v. 1.03.1996: Tras la pista de la violencia. 3.

Smith, C.A. (Hg.) (1990):Guatemalan Indians and the State: 1540-1988. Austin.

Sosa López, L. A. (1995): Guatemala - eine Wirtschaft der verhinderten Anpassung. In: Birk, F. (Hg.): Guatemala. Ende ohne Aufbruch, Aufbruch ohne Ende? Aktuelle Beiträge zur Gesellschaftspolitik, Wirtschaft und Kultur. Frankfurt a.M.. 187-198.

Sosa López, L. A. (1996): A la Hood Robin! In: Crónica v. 28.6.1996. 19.

Sosa López, L. A. (1997):La bomba monetaria supera los Q 10 millardos. In. Crónica v. 21.2.1997. 31-32.

Soto, H. de (1990): The other path. The invisible revolution in the third world. New York.

Statistisches Bundesamt (Hg.) (1996): Länderbericht Guatemala. Wiesbaden.

Suhr, D. (1983): Geld ohne Mehrwert - Entlastung der Marktwirtschaft von monetären Trans-aktionskosten. Frankfurt a. M..

Suhr, D. (1986): Befreiung der Marktwirtschaft vom Kapitalismus. Berlin.

Suhr, D. (1988): Kapitalismus als monetäres Syndrom. Frankfurt a.M..

Superintendencia de Bancos (Hg.) (1980): Boletin Anual de Estadísticas del Sistema Financiero 1980. Guatemala Ciudad.

Superintendencia de Bancos (Hg.) (1996): Boletin Anual de Estadísticas del Sistema Financiero 1996. Guatemala Ciudad.

Superintendencia de Bancos (Hg.) (1997): Boletin de Estadísticas Bancarias. III Trimestre de 1997. Guatemala Ciudad.

Suter, C. (1990): Schuldenzyklen in der Dritten Welt: Kreditaufnahme, Zahlungskrisen und Schuldenregelungen peripherer Länder im Weltsystem von 1820-1986. Frankfurt a. M.

Tárano, C. (1996a): La ley de lynch. In: Crónica v. 28.06.1996. 27.

Tárano, C. (1996b): La lucha por la Limonada, una zona sin ley ni autoridad. In: Crónica v. 5.07.1996. 24-27.

Tárano Girón, C. (1997): El PAN apruebe los préstamos de la discordia. In: Crónica v. 24.10.1997. 26.

Tax, L.; Sáenz, E.R. (1997): Disputa limítrofe entre aldeanos de Sololá y Totonicapán deja 10 muertos. In. Prensa Libre v. 30.06.1997. (Internet) 2-3.

Tobin, J. (1994): A Tax on International Currency Transactions. In: UNDP (United Nations Development Program): Human Development Report. Oxford/New York. 70.

Torres Rivas, E. (1981[7]): Interpretación del desarrollo social de Centroamérica. San Jose.

UNDP (United Nations Development Program) (1994): Human Development Report. Oxford/New York.

Vogt, C. (1997a): La informalidad: El último rescate para los pobres o la gestión determinante? In: Birk, F. (Hg.): Guatemala - Oprimida, Pobre o Princesa Embrujada? Discusiones abiertas sobre economía y sociedad. (= Colección Construyendo la Paz 2, Friedrich-Ebert-Stiftung Guatemala). Guatemala Ciudad. 313-332.

Vogt, C. (1997b): Guatemala: Macht und informelle Aktionsräume. Oder: Wer organisiert die nationale Wirtschaft? In: Die Erde. Jg. 128, H.4 (in Druck).

Wallerstein, I. (1974): The Modern World System I. Capitalist Agriculture and the Origins of the European World-Economy in the Sixteenth Century. New York.

Wallerstein, I. (1979): Aufstieg und künftiger Niedergang des kapitalistischen Weltsystems. Zur Grundlegung vergleichender Analyse. In: Senghaas, D. (Hg.): Kapitalistische Weltökonomie. Kontroversen über ihern Ursprung und ihre Entwicklungsdynamik. Frankfurt a.M..

Wallerstein, I. (1984): Der historische Kapitalismus. Berlin 1984.

Wallerstein, I. (1990): Bourgeois(ie): Begriff und Realität. In: E. Balibar, E.; I. Wallerstein: Rasse, Klasse, Nation. Ambivalente Identitäten. Hamburg/Berlin. 167-189.

Weber, M. (1980[5]): Wirtschaft und Gesellschaft. Tübingen.

Weichhart, P. (1986): Das Erkenntnisobjekt der Sozialgeographie aus handlungstheoretischer Sicht. In: Geographica Helvetica. Jg. 41, H.2. 84-90.

Weichhart, P. et. al. (1990): Partizipative Planung auf der Stadtteilsebene. Nutzerspezifische Problemsichten am Beispiel kulturbezogener Infrastruktur in Lehen (Salzburg). In: Berichte zur deutschen Landeskunde, 64. 105-130.

Weichhart, P. (1996a): Die Region - Chimäre, Artefakt oder Strukturprinzip sozialer Systeme? In: G. Brunn (Hg.): Region und Regionsbildung in Europa. Konzeptionen der Forschung und empirische Befunde. Wissenschaftliche Konferenz, Siegen, 10.-11. Oktober 1995. Baden-Baden (= Schriftenreihe des Instituts für Europäische Regionalforschungen, 1). 25-43.

Weichhart, P. (1996b):Das Salzburger Stadtviertel Lehen in der Vorstellung seiner Bewohner. In: C. Fridrich (Red.): Die verzerrte Welt in unseren Köpfen. Beiträge zur Umweltwahrnehmung. (=Schulheft 82). Wien.

Weichhart, P. (1997a): Dorf- und Stadterneuerung - was ist das eigentlich?. Kritische und aufmunternde Anmerkungen zu Praxis und Theorie einer Institution. In: P. Weichhart u. P. Haider (Hg.): 10 Jahre Dorf- und Stadterneuerung im Bundesland Salzburg. Salzburg (=Schriftenreihe des Salzburger Instituts für Raumordnung und Wohnen (SIR), 17). 7-18.

Weichhart, P. (1997b): Aktuelle Strömungen der Wirtschaftsgeographie im Rahmen der Humangeographie. In: E. Aufhauser u. H. Wohlschlägl (Hg.): Aktuelle Strömungen der Wirtschaftsgeographie im Rahmen der Humangeographie. Wien. (1997)

Weizsäcker v., E.U.; A.B. Lovins; L.H. Lovins (1997[10]): Faktor Vier. Doppelter Wohlstand - halbierter Naturverbrauch. Der neue Bericht an den Club of Rome. München.

Weltbank (1989)(Hg.): Weltentwicklungsbericht 1989. Finanzsysteme und Entwicklung. New York.

Weltbank (1992)(Hg.): Weltentwicklungsbericht 1992. Entwicklung und Umwelt. New York.

Werlen, B. (1986): Thesen zur handlungstheoretischen Neuorientierung sozialgeographischer Forschung. In: Geographica Helvetica. Jg. 41, H.2. 67-76.

Werlen, B. (1988[2]): Gesellschaft, Handlung und Raum. Grundlagen handlungs-theoretischer Sozialgeographie. Stuttgart.

Werlen, B. (1993): Gibt es eine Geographie ohne Raum? Zum Verhältnis von traditioneller Geographie und zeitgenössischen Gesellschaften. In: Erdkunde, Jg. 47, H. 4. 241-255.

Werlen, B. (1995): Sozialgeographie alltäglicher Regionalisierungen. Bd. 1. Zur Ontologie von Gesellschaft und Raum. (= Erdkundliches Wissen 116). Stuttgart.

Werlen, B. (1997): Sozialgeographie alltäglicher Regionalisierungen. Bd. 2. Globalisierung, Region und Regionalisierung. (= Erdkundliches Wissen 119). Stuttgart.

Wirth, E. (1981): Kritische Anmerkungen zu den wahrnehmungszentrierten Forschungsansätzen in der Geographie. Umweltpsychologisch orientierter „behavioural approach" oder Sozialgeographie auf der Basis moderner Handlungstheorien? In. Geographische Zeitschrift, 65. 161-187.

Wöhlke, W. (1969): Die Kulturlandschaft als Funktion von Veränderlichen. Überlegungen zur dynamischen Betrachtung in der Kulturgeographie. In: Geographische Rundschau, Jg. 21, H. 8. 298-308.

World Bank (Hg.): World Debt Tables. New York. (Versch. Jahrgänge)

Wuppertal Institut für Klima, Umwelt Energie (1996): Zukunftsfähiges Deutschland. Ein Beitrag zu einer global nachhaltigen Entwicklung, hg. von BUND und Misereor. Basel, Boston, Berlin.

Yrigoyen Fajardo, R. (1997): Una fractura original en América Latina: La necesidad de una juricidad democrático-pluralista. In: Birk, F. (Hg.): Guatemala: Oprimida, Pobre o Princesa Embrujada? Discusiones abiertas sobre economía y sociedad. (= Colección Construyendo la Paz 2, Friedrich-Ebert-Stiftung Guatemala) Guatemala Ciudad. 217-239.

Bemerkung: Bei den mit (Internet) gekennzeichneten Presseartikeln orientiert sich die Paginierung an den Formatvorgaben des Internet und entspricht nicht der Standard-Ausgabe der jeweiligen Zeitungen.

Verzeichnis der Interviewpartner

Arías, A. (Interview v. 20.02.1997): Möbeltischler, selbständiger Kleinstunternehmer in Quetzaltenango, seit etwa 30 Jahren in seinem Beruf tätig. Gründungsmitglied der ersten dortigen Tischlervereinigung, die 1996 registriert wurde.

Barrios, E. (Interview v. 5.7.1995): Leitender Direktor der NRO ASDESARROLLO, Retalhuleu, die ein Kreditsystem für Kleinst- und Kleingewerbeunternehmer aus Mitteln der International Development Bank unterhält. Kooperationsabkommen mit deutschen, schweizer und österreichischen Entwicklungsorganisationen im Bereich der unternehmerischen Weiterbildung.

Brenner, R. (Interview v. 12.1.1997): Geschäftsführer der Reiseagentur PANAMUNDO in Guatemala - Stadt. Wuchs in Guatemala als Sohn des leitenden deutschen Ingenieurs im Chichoy-Wasserkraftwerks-Projekt auf. Ist dort seit 10 Jahren beruflich tätig.

Cárcamo, M. (Interview v. 12.10.1996): Mitarbeiterin von CADISOGUA in Nuevo Progreso, seit zwei Jahren verantwortlich für Kleinkreditprojekte an Neusiedler in der Kaffeezone.

Chojolán, M. (Interview v. 7.2.1997): Selbständige Fortbilderin und Unternehmensberaterin im Bereich des Kleingewerbes. Schwerpunkt: Kleinkredite an Gruppen im ländlichen Raum. Unternehmerausbildung nach der CEFE-methodologie. Bis 1996 Leiterin des Kreditprogrammes von CADISOGUA, Quetzaltenango. Seitdem freie Mitarbeiterin von PROFOCO/GTZ und anderen internationalen Organisationen.

Lang, G. (Interview v. 3.9.1996): Selbständiger Unternehmer in Quetzaltenango. Seit zehn Jahren für dort ansässige Privatbanken im Bereich der Kreditevaluierung tätig.

Martínez, G. (Interview v. 6.2.1997): Mitarbeiter der FES, Guatemala. Freier Unternehmensberater und Fortbilder für nationale und internationale Organisationen. Schwerpunkte: Förderung von Kleinunternehmern im Genossenschaftssektor, Controlling, angepaßte Fortbildungstechniken. Seit1996 Vorstandsmitglied in der Gremial de Exportadores de Productos No-Tradicionales (GEXPRONT), Quetzaltenango.

Mora, O. (Interview v. 7.2.1997): Selbständiger Fortbilder und Unternehmensberater im Bereich des Kleingewerbes. Schwerpunkt: Unternehmerausbildung nach der CEFE-Methodologie. (Creación de Empresas y Formación de Empresarios). 1996 Leitender Direktor von PROFOCO, Quetzaltenango.

Nottebohm, J.D. (Interview v. 25.2.1997): Präsident des TRANSCAFE- Konsortiums in Guatemala-Stadt, des zweitgrößten Kaffeevermarkters Guatemalas. Stammt von deutscher Einwandererfamilie aus Hamburg ab, die seit der liberalen Ära in Guatemala als Kaffeeproduzenten und Industrielle tätig sind.

Samayoa, L. (Interview v. 26.9.1995): 1990-1996 Geschäftsführer von ARTEXCO. Seit 1997 selbständiger Unternehmer im Nahrungsmittelhandel und als Exporteur von Kunstgewerbeartikeln. Hat familiäre Verbindungen in Sibilia, Quetzaltenango, einem der wichtigsten Ausgangsorte illegaler Schlepperorganisationen.

Soc, V. (Interview v. 7.11.1995): 1995 und 1996 Direktor der Bezirksfiliale von INACOP in Quetzaltenango, ab 1997 Geschäftsführer von ARTEXCO.

Sosa López, L.A. (Interview v. 25.3.1996): Nationalökonom, Schwerpunkt Finanzwissenschaft. 1990-91 Direktor der Nationalbank Banco de Guatemala. 1995-1996 Abgeordneter für die Democracia Cristiana und Parlamentspräsident.Gegenwärtig wissenschaftlicher Direktor bei ASIES.

Soto, V. (Interview v. 21.2.1996): Mitarbeiter von ASDESARROLLO in San Pedro Sacatepéquez. Unternehmens- und Kreditberater für Kleingewerbeunternehmer der Region.

Stuhlhofer, F. (Interview v. 27.3.1995): Ingenieur und Agrartechniker. Seit 15 Jahren Verwalter der Finca Oná, Coatepeque.